dtv
premium

Ruth Zucker

Meine sieben Leben

Autobiographie

Deutscher Taschenbuch Verlag

Von Ruth Zucker ist im Deutschen Taschenbuchverlag erschienen:
›Im Auftrag für Israel‹ (dtv 8444)

Originalausgabe
November 2000

www.dtv.de

Umschlagkonzept: Balk & Brumshagen
Umschlagfoto: © Giovanni Ausserhofer
Satz: Fotosatz Reinhard Amann, Aichstetten
Gesetzt aus der Bembo 10,5/12,25˙ (QuarkXPress)
Druck und Bindung: Kösel, Kempten
Gedruckt auf säurefreiem, chlorfrei gebleichtem Papier
Printed in Germany · ISBN 3-423-24229-9

Dieses Buch widme ich meinem »Kleeblatt«: Ariel, Inbal und Elinor, sowie ihren Eltern Tami und Jossi Cabiri. Meine weitere Widmung gilt der Berlinerin Mirel Mayer, der großen Israel-Wohltäterin.

Vorwort

Ich glaube, ich muß dieses Buch schreiben, weil mich gelegentlich die Angst packt, es könne mir ein Muster aus dem reichen Teppich, den mein Leben gewebt hat, verlorengehen. Die Angst, es könne all die Fülle des aufregenden, beglückenden Erlebten, auch des furchtbar schmerzenden und grenzenlos mysteriösen, aus meinem Gedächtnis schwinden. Heute, mit sechsundachtzig Jahren, empfinde ich zwar eine gewisse Abgeklärtheit meinem Leben gegenüber, sogar eine intime nachsichtige Zärtlichkeit, mit der ich meine Erinnerungen hüte. Wenn ich mich frage: Was bedeutete mein Leben wirklich?, gibt es nur eine Antwort: Liebe, immer wieder Liebe – und Leidenschaft, aber auch Todesnot.

Ich wurde 1914 in Bonn am Rhein geboren, mit einem »goldenen Löffel im Mund«, der jedoch relativ früh schmolz, und leider blieb im Laufe meines Lebens gar nichts davon übrig. Wir wohnten in einer schönen Villa in der Argelander Straße, Ecke Poppelsdorfer Allee. Der Erste Weltkrieg hatte bereits begonnen, und es war nicht der einzige Krieg, den ich erleben mußte.

Über meine Geburt hat meine Mutter mir alles erzählt. Sie hat mich zu Hause geboren, wie es damals üblich war, und sie sagte, es sei ihre leichteste Geburt gewesen, ich hätte ihr kaum weh getan. Ich hatte daher keinerlei Geburtstrauma. Vielleicht bin ich deshalb so optimistisch geworden. Mutter erzählte mir, der Arzt hätte gesagt, diese Frau »wirft wie eine Hündin«! Meine Amme Dinah, die ich sehr, sehr liebte, war bei der Geburt dabei. Aus den Erzählungen kann ich mir auch mein Kinderzimmer von damals gut vorstellen. Mein geliebter Schäferhund lag immer vor meinem kleinen Bett: Nie hätte er sich von der Stelle gerührt, als ob er als mein Wächter dort liegen wollte.

Ich liebte Dinah mehr als meine Mutter. Bis zu meinem sechsten Lebensjahr war sie der Mensch, der mir am nächsten stand, wobei ich meinen Vater abgöttisch liebte. Dinahs fromme Seele und ihre warme Mütterlichkeit haben mich ins Leben eingeführt. Daher fühlte ich schon ganz früh, instinktiv, und später sehr bewußt, daß das Schicksal mich sanft an der Hand führen und ich nichts zu fürchten haben würde.

Viel später jedoch, als das Schicksal mich laufend an der Gurgel packte und ich viel, sehr viel, zu fürchten hatte, hätte ich des öfteren beinahe die Liebe zum Leben verloren. Doch mein tief verwurzelter Glaube an den Sinn unseres Universums gab mir die innere Überzeugung, daß wir all das, was wir nicht verstehen können – und nicht verstehen sollen? –, demütig zu akzeptieren haben. Demut den großen, rätselhaften Dingen gegenüber, jedoch Stolz im Kampf mit dem Leben und der Welt haben mich stets über Wasser gehalten.

Es würde den Rahmen dieser Biographie sprengen, wenn ich alle die Freunde im Text gewürdigt hätte, ohne die mein Leben wesentlich ärmer gewesen wäre, als es war: Keinen von ihnen und auch noch viele andere möchte ich missen.

Wenn ich mit Wehmut an mein geliebtes Strandhaus Shavej-Zion denke, schließt dies meine dortige Freundin Betty Linver ein, deren Heim ich auch heute noch als Refugium benutzen darf. Unvergeßlich ist uns beiden unsere gemeinsame, allzu früh verstorbene Freundin Ruth, die Mutter der berühmten Schauspielerin und Sängerin Daliah Lavi, ein Kind aus Shavej-Zion, das ich von klein auf kannte. Meine so mütterliche Freundin Tola Shapira ist aus meinem Haifaer Freundeskreis nicht wegzudenken! Auch ist die Psychologin und Wissenschaftlerin Martha Kassierer meine große Liebe, mit der ich leider viel zu wenig zusammen bin, da wir beide Workaholics sind. Dann meine deutschen Freunde, ohne die ich Deutschland sicher nicht mehr ins Herz hätte schließen können. Ich verbrachte mit ihnen gesegnete Jahre. Wie schade, daß es mir dennoch nach all den schlimmen Jahren, die, Gott sei Dank, vergangen sind, unmöglich ist, in diesem wunderschönen, grünen und fruchtbaren Land wieder Wurzeln zu schlagen.

Da sind zuerst mein so guter Freund Joe Bodenstein, der menschlichste aller Menschen; Nikolas Graf Bernstorff aus Schloß Wotersen, einer der wenigen Gentlemen, wie es sie heute kaum mehr gibt, mit internationalem Flair; und Jan Künster und seine Familie, der weltberühmte moderne Pferdemaler, dessen Bilder, die er mir schenkte, mich täglich erfreuen.

Eine große Rolle spielte in meinem Leben Manfred Wilden, und er wird diese hoffentlich auch weiter spielen. Ich erfuhr durch ihn eine erstaunliche Bereicherung.

Nicht wegzudenken sind Gerhard Schmidt, »mein Freund aus einem vorigen Leben«, und seine Frau Eva Schmidt.

Auf keinen Fall möchte ich die Stunden missen, die ich mit meiner lieben Freundin Sabine Gräfin von Nayhaus in ihrem und dem Heim ihres Gatten Graf von Nayhaus erleben durfte.

Die Freundschaft mit Antonius und Katharina Nienhaus und mein Besuch in ihrem Zuhause, in dem ich eine Atmosphäre erlebte wie nirgendwo anders, werden mir immer präsent sein.

Ebenfalls nicht wegzudenken aus meinen »Deutschland-Erlebnissen« ist das Ehepaar Niesters, die Hüter des Wildgeheges Hellental. Horst Niesters ist einer der ganz großen Tierphotographen, und er und seine auffallend schöne Frau teilen meine Leidenschaft zur Natur, welche das Fundament unserer Freundschaft wurde.

Eines meiner schönsten Erlebnisse war mein Besuch bei Doris Pilgram auf Gut Frohenhof. Beide sind wir Pferdenarren, jedoch verbindet uns auch vieles mehr.

Tiefe Dankbarkeit und Sympathie empfinde ich bis heute für Sigi Aust vom ZDF, auf dessen nächsten Israelbesuch ich von Mal zu Mal warte.

Eng verbunden bin ich bis heute mit John Zarrel, dem Gründer des »Museum of European Art«, New York, den ich immer in Deutschland traf. Ganz eng verbunden fühle ich mich bis heute meinem Freund und »Hoffotografen« Michael Ebner.

Falls ich unter so vielen jemanden vergessen habe, so bitte ich um Nachsicht und Verzeihung!

Last not least gehören meine lieben Freunde Peter und Gerlinde Eickenboom hierher.

Meine Mutter Elisabeth war bildhübsch. Sie verglich sich mit Marlene Dietrich und war sehr stolz auf ihre Beine. Mein Großvater mütterlicherseits, den ich nur von seinem Porträtbild kannte, war ebenfalls wunderschön anzusehen. Er starb sehr früh. Meine Mutter hat seinen Tod nie verschmerzt. Ich liebte sein Porträt und die vielen Erzählungen, die ich über ihn hörte, so daß es mir vorkam, als kennte ich ihn. Dieser Großvater Karl, Besitzer einer Diamantenschleiferei in Amsterdam, war sehr phantasiebegabt: Er war der erste, der echte persische Teppiche nach Holland importierte. Als noch junger Mann fuhr er selbst per Schiff bis nach Persien und brachte die Teppiche persönlich zurück. Ich habe Zeit meines Lebens eine Vorliebe für Perserteppiche gehabt und weiß, daß jeder echte Perserteppich einen ganz kleinen Fehler hat, weil laut Koran nur Gott »vollkommene Dinge« schaffen darf. Auf einer seiner Rückreisen wurde mein Großvater von einem Insekt gestochen, bekam auf hoher See eine Blutvergiftung und starb an Bord. Sein Körper wurde ins Meer geworfen, ohne Begräbnis. Meine Großmutter Mathilde mußte als seine Witwe nach altjüdischem Brauch den ledigen Bruder ihres Mannes heiraten und wurde weinerlich depressiv. Stiefgroßvater Salomon – genannt »Selm« – war in keiner Weise mit seinem begabten, liebevollen Bruder zu vergleichen: Er war durchaus nicht dumm, litt jedoch unter neurotischen Ängsten und war vielleicht auch deshalb krankhaft geizig.

Er zog in das Haus zu Mathilde, das von seinem Bruder geschmack- und prunkvoll eingerichtet war. Trotz des Wohlstandes befahl er der Familie, einmal in der Woche einen Tag lang ausschließlich Reis zu essen – Reis ohne irgend etwas dazu –, um zu sparen. Diese Sitte wurde eisern weitergeführt, und auch seine Enkelkinder bekamen sie zu spüren. An diesen Reis-Tagen durften wir die sonst so gastfreundliche Oma Mathilde nicht besuchen.

Neben seinen anderen Ängsten hatte Opa Selm auch panische Angst vor Frauen. Da er sowohl Regen wie auch Sonne fürchtete, ging er nie ohne einen riesengroßen, schwarzen Schirm aus dem Haus. Als ihn eines Tages ein, wie er sagte, »leichtes Mädchen« ansprach, schlug er mit dem großen Schirm nach ihr, ärgerlich und wutschnaubend, bis ihr entsetztes Geschrei Retter herbeirief. Ab diesem Zeitpunkt wurde er in weitem Kreis »Shlomoh-Schirmschläger« genannt (Shlomoh = Salomon).

Meine Mutter besaß neben ihrer Schönheit ein fast übermenschliches Gedächtnis. Sie konnte schon als junges Mädchen fast den ganzen Goethe und Schiller auswendig. Als sie auf die Schauspielakademie wollte, bekam sie von ihrem Stiefvater Ohrfeigen mit den Worten: »Schauspielerinnen sind alles Huren! Du wirst Oberschullehrerin!«

Obwohl ich eine schwierige Beziehung zu meiner Mutter hatte, liebte ich sie. Ich konnte ihr vieles verzeihen, da ich von ihrer schweren Jugend wußte. Meinen Vater liebte ich abgöttisch. Er sah aus wie ein Spanier, eine schöne Gestalt mit tiefdunklen Augen, dichtem, schwarzgewelltem Haar und einem wunderschönen Mund. Er kannte seinen Stammbaum zurück bis nach Spanien. Er erzählte mir, daß seine jüdischen Vorfahren vor der Inquisition nach Holland geflohen seien – wie Spinoza, sein Lieblingsphilosoph. Die Familie, hauptsächlich Akademiker, hieß ursprünglich »Mendez«. Da sie als jüdische Flüchtlinge in Holland keine akademischen Berufe ausüben durften, wurden sie Kaufleute. Und um sich besser zu assimilieren, nannte sich die Familie meines Vaters seither »Koopmann« (= Kaufmann) – zu meinem großen Leidwesen, da mir »Mendez« viel besser gefällt.

Mein Vater war bewußter Jude und sogar etwas zionistisch angehaucht. In seinem Privatbüro hingen zwei große, kostbare Holzschnitzereien. Der Künstler hieß Boris Schatz, der Gründer der berühmten Bezalel-Kunstakademie in Jerusalem. Schatz schuf nur wenige Exemplare dieser schweren, aus dunkel poliertem Holz geschnitzten und heute unbezahlbaren Kunstwerke. Ich erinnere mich, daß diese Bilder von einem Kranz großer hebräischer Buchstaben eingerahmt waren, die mir immer sehr mysteriös erschienen. Die Bilder selber stellten Rabbiner dar, die mit kostbaren Weinbechern den Shabbat segneten. Wie das ganze Mobiliar meiner Eltern sind auch diese Werke von Boris Schatz in den dreißiger Jahren verlorengegangen. Ich suche sie bis heute.

Mein Großvater väterlicherseits, Jakob Koopmann, war wie sein Sohn ein sehr sanfter Mensch, sensitiv und tieffühlend, jedoch dem praktischen Leben gegenüber etwas fremd. Er war modern und tolerant, und doch besuchte er jeden Samstag die Bonner Synagoge, deren Vorsitzender er war. Ich erinnere mich, daß er mich als kleines Kind einmal an seiner Hand dorthin mitnahm. Ich war begeistert von der »Ewigen Lampe« aus schwerem Kristall und konnte nicht verstehen, wieso sie »ewig« leuchtete. Und es gab einen geheimnisvollen hochpolierten Mahagonischrank, in dem die beiden Thora-Rollen, die zum Gebet herausgenommen wurden, verwahrt waren. Sie waren mit goldbesticktem rotem Samt bedeckt und trugen zwei kleine goldene, mit Glöckchen verzierte Kronen. Mir kamen sie vor wie ein kleines Königspaar. Das Wiegen und Singen der Gläubigen in ihrem seidenen weiß-schwarzen Gebetsschal wirkte einschläfernd auf mich. Im nachhinein kam mir dies alles wie ein wunderbares Märchen vor, welches mir Geborgenheit vermittelte. Meine Mutter, die zeitlebens bedauerte, nicht als Katholikin geboren zu sein, erlaubte mir nach diesem ersten Synagogenbesuch nie wieder, mit Großvater dorthin zu gehen.

Dieser Großvater war als wohlhabender holländischer Einwanderer nach Bonn gekommen, wo er sehr bald ein Mädchen namens Amélie Freudenthal heiratete. Sie stammte aus einer relativ armen Familie und wurde sehr früh in eine Großstadt in die Lehre in ein Warenhaus geschickt. Sie wird damals zwischen vierzehn und sechzehn Jahre alt gewesen sein und war sehr ehrgeizig. Von ihren Eltern bekam sie ein Taschengeld, wovon sie sich ein Zimmer mieten sollte. Ihren Lebensunterhalt sollte sie von ihrem Lehrlingsgehalt bestreiten. In dem großen Warenhaus studierte sie aufmerksam jede Abteilung. Um all ihr Geld zu sparen, ließ sie sich abends, wenn das Geschäft geschlossen wurde, heimlich einschließen. Im Stofflager gab es große Fächer mit Stoffballen, auf die sie sich zum Schlafen legte. Tagsüber hatte sie sich mit Sandwiches versorgt, und Wasser zum Trinken war in den Waschräumen vorhanden. So verbrachte Amelie ihre Lehrjahre und sparte einiges zusammen. Als sie meinen reichen Großvater heiratete, brachte sie dieses Geld als »Mitgift« in die Ehe. Und sie ermutigte meinen Großvater, ein Warenhaus in Bonn zu errichten. In Bonn gab es damals nämlich noch kein Kaufhaus dieser Art, wie sie es als Lehrmädchen kennengelernt hatte. Der Bau wurde vierstöckig 1910 vollendet.

Meine Großmutter Amélie, deren Namen ich als zweiten Vornamen trage, war die treibende Kraft und »Fachmännin« dieses ersten Bonner Warenhauses. Sie starb sehr früh, und mein Vater verlor seine innig geliebte Mutter mit kaum neun Jahren. Mein Vater erzählte mir so oft und viel von ihr, daß ich bis heute das Gefühl habe, auch sie – wie meinem Großvater Karl – gekannt zu haben. Mein Vater sagte immer, ich sei ihr wie aus dem Gesicht geschnitten. Ich wurde in der Familie von allen nur »Trönschen« genannt, weil ich oft meinen Tagträumen nachhing und scheinbar in »Trance« versunken war. Trotzdem versicherte mir mein Vater, ich würde einmal so werden wie seine verstorbene Mutter: mutig, entschlossen und, vor allen Dingen, gütig. Bis heute steht Amélie mir nahe: Wann immer ich den Bonner jüdischen Friedhof aufsuchen konnte, ging ich zuerst an das Grab dieser Großmutter, die neben meinem Großvater begraben liegt, und dann an das Grab meiner eigenen Eltern und der anderen Verwandten. Dort steht auch auf dem Kriegerdenkmal der Name meines sehr geliebten Onkels, der viel jüngere Bruder meines Vaters, Walther Koopmann. Er fiel im Ersten Weltkrieg für Deutschland.

Nachdem Großvater Amélie verloren hatte, heiratete er meine Stiefgroßmutter Hete. Hete zog in das Haus mit der prunkvollen Marmortreppe in der großen, ebenfalls mit weißem Marmor ausgelegten Diele. Der Reichtum dieser dreistöckigen Villa, der Salon, die kostbaren Vasen, Statuen und Ölgemälde, das Silber und

Kristall – all das gefiel mir sehr. Mir schienen es wunderbare Spielzeuge. Mein Großvater merkte es und sagte mir: »Das wird alles einmal dir gehören.« Am besten aber gefiel mir der gepflegte Garten. Das Haus in der damaligen Marienstraße grenzte an ein großes Kloster. In der Nazizeit wurde Großvaters Haus mitsamt der Einrichtung und dem Mobiliar in den Klosterbau »inkorporiert«. Meine Familie hat nie wieder etwas davon gesehen.

Hete, das »Rosenknöspchen«, wie mein verliebter Großvater sie nannte, die »das Haus zum Blühen« bringe, war das genaue Gegenteil von Amélie. Sie »blühte und knospete«, reich mit Diamanten behangen, fröhlich dahin. Meinem Vater Paul und dem kleinen Walther wurde sie allerdings nie eine Mutter.

Sie gebar ein einziges Kind, Lotte, die sehr früh starb, sie hatte gerade ihr Medizinstudium begonnen. Wir lebten damals schon in der Schweiz und kamen einige Wochen nach Bonn zu Besuch, um Hete zu trösten. Ich wurde, ganz gegen meinen Willen, in Lottes Zimmer einquartiert. Dort stand – für ihre Studienzwecke – ein echtes menschliches Skelett! In den mir endlos scheinenden Nächten habe ich versucht, mich mit dem Tod zu versöhnen. Es gelang mir nicht ganz und auch das Einschlafen nicht.

In späteren Jahren, als ich, völlig verarmt, in dem damaligen Palästina lebte, verfolgte mich sehr oft der immer gleiche Traum: Ich war in diesem großväterlichen Haus in der Mansarde unter dem Dach. Dort fanden sich all die Schätze des ehemaligen Hauses versammelt. Voller Entzücken streichelte ich Kristallvasen, Bilder und Skulpturen, ich nahm Silbergegenstände in die Hand und stand auf weichen vielfarbigen Perserteppichen. Ich atmete auf und sagte mir im stillen: »Du bist ja gar nicht arm – schau nur hin!« Dann hörte ich ein Knistern, und ein schleierhafter Geist mit bösen gelben Augen wehte bedrohlich durch den Raum – ich floh zur Treppe, und während ich mich hinunterstürzte, wachte ich mit wahnsinnigem Herzklopfen auf.

Mein Vater erbte als junger Mann das großväterliche Warenhaus, und da er begabt und phantasievoll war, florierte es. Er war der erste Warenhausbesitzer in Deutschland, der eine »Imbißstube« innerhalb des Hauses eröffnete. Bald wurde daraus ein richtiges Restaurant, und mein Vater engagierte einen berühmten französischen Koch, Monsieur La Roche, der es mit einer exklusiven Konditorei erweiterte. Jahre später übernahm La Roche das berühmte Hotel Dreesen in Godesberg, welches von Hitler und seinem Anhang bevorzugt aufgesucht wurde.

Nach Ende des Ersten Weltkriegs, als Deutschland unter den Alliierten aufgeteilt war, etablierte mein Vater eine Wechselstube innerhalb des Warenhauses. Mit Hilfe meines Stiefgroßvaters Selm, der damals eine Bank in Köln besaß, konnte die Wechselstube als Zweigstelle dieser Bank geführt werden. In Deutschland raste die Inflation. Die alliierten Besatzer mußten, um etwas kaufen zu können, ihre harte Währung gegen die inflationäre Deutsche Mark einlösen. Durch diese Wechselstube im größten Bonner Kaufhaus, die zudem den Weg zur Bank ersparte, wurde mein Vater vielfacher Dollarmillionär, was meiner Mutter zu Kopfe stieg.

Bereits kurz vor Ausbruch des Krieges hatte mein Vater ein Anwesen mit einem Bauernhof gekauft, den »Jägerhof«. Es lag genau auf halber Strecke zwischen Bonn und Godesberg, und meine Eltern zogen alsbald auf dieses ländliche Gut, um der Lebensmittelknappheit der Stadt zu entkommen. Meine ersten Erinnerungen stammen von dort. Ich war ein glückliches Landkind in einem für mich wie verzauberten Garten und befreundete mich mit allen Tieren. Als ganz kleines Kind, ungefähr im Alter von drei, schenkte mir Dinah ein neugeborenes Entlein. Beglückt nahm ich das gelbe flaumige Wesen in meine Händchen und drückte es an mein Herz. In dem Moment brach ich ihm das Genick! Es war mein erstes Erlebnis mit dem Tod. Ich war untröstlich, und lange Zeit konnte Dinah mich nicht beruhigen. Sie war fromme Katholikin, lehrte mich sehr früh christliche Gebete und bei der Gelegenheit »den lieben Gott« um Verzeihung zu bitten.

Auf dem Jägerhof durfte ich bis zu meinem achten Lebensjahr leben. Noch heute versetze ich mich gern in dieses wunderbare Kinderparadies, träume von der Kirschblüte, von der Kuh, die ich selber auf die »Apfelwiese« führen durfte, erinnere mich an den Ententeich und vor allem an meinen geliebten Schäferhund Tell, den ich mehr liebte als meinen älteren Bruder Karl. Dort, in meinem »Zaubergarten«, entstand meine tiefe Liebe zur Natur, die mich bis heute begleitet.

In unserem Haus wurde nicht nur Chanukka, das »Lichterfest«, mit dem schönen, achtarmigen Leuchter gefeiert, sondern auch das etwa zeitgleiche Weihnachten mit einem großen, reich geschmückten Baum. Die Geschenke bekamen wir Kinder zusammen mit den Angestellten am Weihnachtsabend. Den Duft des Christbaums, wenn die Kerzen die Tannennadeln anwärmten, kann ich bis heute nicht vergessen.

Einen besonders schönen Weihnachtsabend bescherte mir mein Vater, als er meinen einzigen Spielgefährten Toni Goy zu unserer Bescherung einlud. Da wir auf dem Land wohnten und keine direkten Nachbarn hatten, war ich ja meist in meinem Zaubergarten allein. Wir waren im gleichen Alter, und mein Vater sagte, als er ihn bei seinen Eltern abholte, die Einladung geschehe auf besonderen Wunsch seiner Tochter Ruth. An Toni erinnerte ich mich immer gern, da er mir sehr mutig erschien: Er vertrieb mir die Angst vor den großen Fröschen, die sich unter dem Rhabarber nahe am Ententeich versteckten. Er wagte, sie in die Hand zu nehmen! Auch gefiel mir sein Pony, den er im Gegensatz zu anderen Jungs trug, die immer so kurz geschoren waren.

Mein Vater, stolz auf sein »Eisernes Kreuz«, empfing kurz nach Kriegsende zwei junge Leute, die ihm erklärten, sie wären einer wunderbaren, progressiven, neuen politischen Partei beigetreten. Diese Partei hieß »Nationalsozialistische deutsche Arbeiterpartei«. Da mein Vater sich als echter Deutscher fühlte und sehr viel für Gerechtigkeit gegenüber weniger bemittelten Menschen übrig hatte, stiftete er freigiebig für diese Partei! Gleichzeitig, getrieben von seiner jüdischen Seele, wollte er gerne, daß seine Kinder Hebräisch lernten. Ich war begeistert, da ich verstand, daß ich dann die schön geschnitzten, seltsamen Zeichen auf den Holzbildern verstehen könnte. Ich muß damals etwa fünf Jahre alt gewesen sein, und konnte schon, wenn auch mit Mühe, selber in meinem groß gedruckten deutschen Märchenbuch lesen.

Mein Vater engagierte also einen jungen Hebräischlehrer und besorgte je eine Sprachfibel für meinen Bruder und mich. Meine Mutter jedoch stellte sich entschieden gegen diesen Unterricht: Der Lehrer wurde von ihr kurz und bündig aus dem Haus verwiesen, und die Fibeln landeten im Ofen ... Wie sehr hätte dieser Unterricht mir später geholfen, als ich aus Deutschland nach Palästina ging!

Bei Kriegsende wurden alle Hausbesitzer gezwungen, Menschen die ihr Haus durch Bombardierung verloren hatten, als sogenannte »Einquartierte« aufzunehmen. Uns wurde ein junger katholischer Priester zugewiesen: Leutnant Tilli, der als Pfarrer im Feld gedient hatte. Er kam zu uns, weil wir einen Stall für sein Pferd hatten, und zu meinem Entzücken – ich muß damals vier oder fünf Jahre gewesen sein – kam er auf einem schwarzen Hengst angeritten! Tilli war wunderschön und hatte Ähnlichkeit mit dem Schauspieler Richard Chamberlain. Er war meine erste große Liebe, und ich liebte ihn, weil er schön war. Bis heute habe ich eine Schwäche für schöne Menschen. Aber reines Glück und Seligkeit war es, wenn er mich vor sich auf den Sattel seines Pferdes hob und ich mit ihm reiten durfte – sogar im Galopp! Unsere Umgebung war ländlich, so daß lange Ritte möglich waren. Es war meine erste restlose Seligkeit. Daher stammt auch meine lebenslängliche große Liebe zu Pferden.

Als Tilli einmal durch den Garten schlenderte, verlor er einen Hosenknopf. Ich sah, wie der Knopf unter seiner schwarzen Kutte hervorfiel, hob ihn später heimlich auf und bettete ihn inmitten roter Rosenblätter in eine Streichholzschachtel. Diese wurde abends von der erstaunten Dinah unter meinem Kopfkissen entdeckt: »Was ist denn das?« Als ich es ihr erklärte, lächelte Dinah: »Jetzt sag mal schön dein Gebet und schlaf ein.« Ich betete, wie sie es mich gelehrt hatte: »Lieber Gott, mach mich fromm, daß ich in den Himmel komm«, und »Lieber Gott im Himmel, du«. Dann sang sie mir noch vor: »Weißt du wieviel Sternlein stehen, an dem großen Himmelszelt ...«. Ihre Hand haltend, schlief ich glücklich ein.

Am nächsten Morgen, als ich allein mit Tilli am Frühstückstisch saß, fragte ich ihn herzklopfend: »Werden Sie mich bitte, wenn ich erwachsen bin, heiraten?« Sichtlich geschmeichelt, lächelnd, mit jungen, blendend weißen Zähnen und strahlenden Augen, antwortete er: »Selbstverständlich, kleines Trönschen! Wen denn sonst?« Ich wollte ihn umarmen, aber das verbot mir der Respekt. Ich aß kaum zu Ende und rannte los, um Dinah alles zu erzählen. Ich suchte sie überall und kam schließlich in die Küche. Da war aber nur die Köchin. Ich konnte mein großes Glück nicht bei mir behalten und platzte damit heraus: »Leutnant Tilli wird mich heiraten, wenn ich groß bin, er hat es mir eben versprochen!« »Du dummes Gör! Der ist doch katholischer Priester! Die dürfen gar nicht heiraten – der hat dich glatt belogen!« Fast in Tränen, schrie ich die Köchin empört an: »Tilli lügt nicht! Tilli kann gar nicht lügen! Er lügt nie!«

Schließlich fand ich Dinah, die mit mir an der Hand zu Tilli ging und ihn zur Rede stellte. Da mußte er eingestehen, daß er mir das Heiratsversprechen gegeben hätte, um mich nicht zu enttäuschen. Ich brach in Tränen aus. Aber schon beim nächsten Ausritt konnte ich ihm verzeihen.

In diesem Alter ungefähr war ich auch betört von der Schönheit meiner Mutter und liebte sie sehr. Ich erinnere mich, wie sie in einem wunderschönen Seidenkleid unter einem Magnolienbaum stand und ich jauchzend zu ihr lief, voller Verlangen danach, daß sie mich in ihre Arme nimmt. Denn umarmt wurde ich eigentlich nur von Dinah.

Eine von Mutters Lieblingsbeschäftigungen war es, die großen, kostbaren Kristallvasen mit den schönsten Blumen aus dem Garten zu füllen, um das Haus zu schmücken. Eines Tages waren diese kostbaren Vasen wieder einmal im Hinterhof aufgestellt, um nach gründlicher Reinigung an der Sonne zu trocknen, damit Gott behüte ja keine Fusseln etwaiger Handtücher daran blieben. Als ich, stürmisch wie ich war, meinen Weg durch den Hinterhof in den Garten rennen wollte, stürzte ich über alle Vasen, und der Boden war mit tausend Scherben übersät. Ich schrie auf vor Schreck, so daß Dinah herbeieilte und mich tröstend auf den Arm nahm. Ich zitterte vor Angst vor meiner Mutter. Dinah beruhigte mich und sagte: »Wir werden es ihr zusammen beichten, hab keine Angst!« Schluchzend brachte sie mich zu meiner Mutter, die wortlos ging, um sich den Schaden mit eigenen Augen anzusehen. Zu meinem größten Erstaunen nahm sie mich, als sie zurück kam, auf den Schoß und sagte mit eindringlicher Stimme: »Trönschen, merk dir, um tote Dinge weint man nicht, weinen darf man nur, wenn etwas Lebendiges stirbt. Solche Vasen können wir wieder kaufen!« Bis heute habe ich diesen Satz nie vergessen. Ich hatte verstanden, daß es Sünde wäre, um materielle Dinge zu weinen.

Angerechnet habe ich ihr auch hoch, daß sie mir helfen wollte, meine panische Angst vor Spinnen zu überwinden. Mein Bruder Karl, der drei Jahre älter war als ich, hatte mitbekommen, daß ich bitterlich über das Schicksal der kleinen Biene Maja weinte. Die kleine Maja, mit der ich mich wie jedes Mädchen meines Alters identifizierte, verendete jämmerlich, weil sie sich im Netz der bösen Spinne verfangen hatte, die ihr das Blut aussaugte.

Karl und sein Spielkamerad sammelten in den Stallungen große schwarze Spinnen, mit denen sie mir eines Tages auflauerten. Mein Bruder steckte mir eine in den Ausschnitt meines Kleides, während sein Freund mir eine in den Nacken setzte. Schreiend und weinend wälzte ich mich am Boden, um die Spinnen loszuwerden.

Mutter kaufte mir daraufhin ein Buch mit dem Titel *Tiere, die wir häßlich nennen, weil wir sie nicht besser kennen.* Sie nahm mich an der Hand, suchte im Garten eine Kreuzspinne und begann mir zu erklären, wie schön dieses mit einem Kreuzmal geschmückte Krabbeltier doch sei. Mich gruselte weiter, und doch schätzte ich sie für diesen Versuch. Das Buch habe ich wegen der Abbildungen nie wieder in die Hand genommen. Mein Bruder, Liebling der Mutter, wurde nicht bestraft.

Vertieft war ich seit Ende meines fünften Lebensjahres in ein anderes reich bebildertes, dickes, schweres Buch, das mein Vater mir geschenkt hatte. Es waren Grimms Märchen. Dinah hatte mich frühzeitig lesen gelehrt, und die Gebrüder Grimm brachten mir obendrein das Gruseln bei. Meine Tagträume waren seitdem auch düsterer Art. Am meisten entsetzt war ich über das Bild des abgeschnittenen Kopfes des Pferdes Fallada, wo ich Pferde doch so sehr liebte! Und die vielen Geister machten mir sehr zu schaffen. Nachts in meinem Schlafzimmer verwandelten sich die schönen gestickten Batistvorhänge beim geringsten Luftzug zu gefährlichen Gespenstern. – Bis heute glaube ich an Geister, ich fürchte sie jedoch nicht mehr.

Da ich noch zu klein war, um ein richtiges Pferd zu reiten, wünschte ich mir zum Geburtstag sehnlichst ein Pony. Mein Vater versprach es mir sofort, während meine Mutter meinte, auch ein Pony sei viel zu gefährlich und ich noch zu klein. Daraufhin bat ich um ein Lämmchen, deren Fell ich so liebte. Statt dessen bekam ich eine Ziege, mit dem Kommentar meiner Mutter, die »gäbe wenigstens Milch«. Vor dieser Ziege, die in meinen Augen riesige Hörner hatte, habe ich mich zu Tode gefürchtet.

Mein Schäferhund Tell, der schon bei meiner Geburt in der Familie war, war mir in meinem »verzauberten« Garten mein liebster Spielkamerad. Er folgte mir auf Schritt und Tritt und erwiderte meine Liebe. Er hatte ein edles, grau-schwarzes Fell. An einem sehr heißen Sommertag konnte mich niemand zum Mittagessen finden. Die Eltern waren besorgt, und beide sowie Dinah und das sogenannte »Personal« suchten mich vergeblich überall. Endlich fand mich Dinah schlafend in der Hundehütte. Tell lag lang ausgestreckt auf der Seite und ich schmiegte mich mit dem Kopf an seine Brust.

Da Tell einen beachtlichen Stammbaum hatte, kam meine Mutter auf die Idee, als Hobby Hundezucht zu betreiben. Sie besorgte eine gelbbraune, bissige Hündin, Enny, der ich mich nicht nähern durfte, wahrscheinlich weil sie wegen Tell eifersüchtig auf mich war.

Die Nachkommenschaft der beiden fiel so gut aus, daß sie bereits halbwüchsig als Polizeihunde gekauft wurden, woraufhin meine Mutter sich obendrein als »Trainerin« für diese Hundeschar anbot. Sie besorgte sich die entsprechende Literatur, und von da an sah ich meine so zarte Mutter, wie sie sich stundenlang mit Stoppuhr, knallendem Revolver und großer Peitsche mit diesen sechs höchst gefährlichen Tieren in meinem geliebten Garten aufhielt. Ihre schrille Stimme, mit der sie unter den Augen eines prüfenden Polizisten ihre Kommandos ausgab, zerstörte meine verzauberte Traumwelt. Dieser Anblick erschütterte »das Trönschen«. Es sollte aber noch schlimmer kommen!

Tell wurde von einem Auto angefahren. Ein Hinterlauf war zweifach gebrochen. Mit einem verzweifelten Ausdruck im Gesicht brachte mein Vater das verunglückte Tier auf seinen Armen nach Hause. Der Tierarzt hatte ihm versichert, daß kein Gipsverband da noch irgend etwas ausrichten könne. Vater legte Tell behutsam auf den Teppich im Kinderzimmer. Er sagte mir: »Wenn er jetzt nicht gepflegt wird, muß er sterben! Dich liebt er am meisten, und für dich wird er versuchen, sich zu erholen. Du mußt ihm sein Futter hinhalten, damit er liegend fressen kann. Zweimal am Tag mußt du ihm dabei helfen, in den Garten zu kommen, vielleicht auch öfter. Er wird wahrscheinlich auf drei Beinen humpeln können, wenn du ihm dabei hilfst. Vielleicht mußt du ihn auch in deine Arme nehmen und ihn vorsichtig über den Boden ziehen. Ich weiß, daß du es tun kannst, kein anderer hier im Haus wird es tun, und ich bin meistens nicht hier!«

Tell konnte unter meiner Pflege von dem Unfall genesen. Laufen war ihm jedoch nur noch auf drei Beinen möglich. Das vierte blieb verkürzt.

Es war einige Zeit vergangen, und ich spielte mit Tell im Garten, als mein Vater kam und mit verstörtem Gesicht sagte: »Trönschen, geh mal zu Dinah rauf und in mein Privatbüro, da habe ich eine schöne Überraschung für dich. Ich habe dir ein neues Buch gekauft.« Von dem Büro meines Vaters aus konnte man den Garten nicht sehen. Das Trönschen hatte aber schon damals einen »sechsten Sinn«. Ich wußte, daß Vater etwas vor mir verbergen wollte. So ging ich zwar brav nach oben, rannte aber an das erste Flurfenster, das zum Garten hinausging, um zu erfahren, was mein Vater vor mir verbergen wollte. Zu meinem Entsetzen sah ich, daß Tell mit einem Seil an einen Baum gefesselt war. Vor ihm standen mein Vater und der Jäger des Nachbardorfes, der eine Flinte bei sich hatte. Ich raste zurück in den Garten und stellte mich mit ausgebreiteten Armen vor meinen Tell. Ich schrie: »Zuerst könnt ihr mich erschießen und dann den Tell!« Meinem Vater kamen die Tränen. Er steckte dem Jäger Geld in die Jackentasche und sagte: »Gehen Sie nach Hause.« Erst viel später verstand ich, daß der lahme Tell als Zuchthund für die Polizei nicht mehr akzeptabel war.

Nachdem ich mit meinen Eltern lange Jahre im Ausland verbringen und Tell verlassen mußte, bin ich noch einmal in meinen Garten zurückgekommen, um ihn zu besuchen. Er war bereits sehr alt, jedoch haben wir uns kurz vor seinem Tod noch einmal wiedersehen dürfen.

Auch die Kuh, die ich immer zur Apfelwiese führen durfte, war mir wie eine Freundin. Ich führte sie an einem Halfter über den Feldweg und bewunderte ihre großen, schönen Augen, in die ich unentwegt hinaufblickte. Nachdem sie sich zufrieden unter einen blühenden Apfelbaum ins Gras legte, durfte ich sie am Kopf kraulen. Auch konnte ich mit meiner kleinen Hand ihre warmen, weichen Lenden streicheln. Ich setzte mich dann zufrieden neben sie und buchstabierte mühselig in meinem großgedruckten Märchenbuch. Wenn ich müde war, versank ich in die schönsten Träumereien, blinzelte den Schmetterlingen nach und hörte das Zwitschern der Vögel. Dort war ich sehr glücklich.

Ich wußte, daß diese Kuh sehr alt war. Mit einer temperamentvolleren hätte man mich nicht alleine gehen lassen. Eines Tages, es war noch im Krieg, und das Fleisch war knapp, hörte ich rauhe Männerstimmen aus dem Hinterhof: »Jemand muß hier beim Schlachten die Hörner halten.« Ich lief zum Tor, wo ich meine Mutter sah, wie sie breitbeinig dort stand und bereits die Hörner meiner Kuh festhielt, während zwei Männer ihr den Hals durchschnitten. Es war eine sehr blutige Angelegenheit. Meine Kuh sank zu Boden. Schluchzend lief ich hinaus in ein Feld. Ich saß lange Stunden heulend zwischen Kohl und Rüben, wurde jedoch nicht vermißt.

Ein weiteres Hobby meiner Mutter war die Hühnerzucht. Sie züchtete drei verschiedene Hühnerrassen, die sich, Gott behüte, nicht untereinander paaren durften. Die erste Rasse hieß »Leghorn«, von der ich glaubte, sie hieße so, weil diese Hühner besonders viele Eier legen müßten. Diese Leghorn-Hühner waren schneeweiß und schlank. Die anderen waren rötlich dunkelbraun, sehr reich befiedert und daher behäbig aussehend. Die dritten waren gesprenkelte Perlhühner. Irgendwann muß wohl ein »Unfall« zwischen Leghorn und der braunen Rasse passiert sein. Heraus kam ein rötlich-braun-weißes, sehr behäbiges Huhn, das mir zum Geschenk gemacht wurde. Dieses Huhn nannte ich »Mimmi«, und es folgte mir auf Schritt und Tritt. Auch war Mimmi eine fleißige Legerin, und mir wurde versprochen, daß niemand außer mir ihre Eier essen dürfe. Mimmi war sehr zahm, und ich hegte und pflegte sie.

Eine andere Erinnerung aus dieser frühen Mädchenzeit waren die »Empfänge im Hause Koopmann«, die besonders beliebt waren. Meine Mutter gab sich Mühe, diese Empfänge besonders vornehm und originell zu gestalten. Sie sollten auf keinen Fall irgendeine Ähnlichkeit mit anderen gesellschaftlichen Ereignissen der Stadt Bonn haben. Ich erinnere mich ganz besonders an einen besonderen Abend, an dem sie zu einem »Bauernfest« geladen hatte: Die Gäste wurden in der Halle empfangen, in der meine Mutter, als Bäuerin gekleidet, mit Holzschuhen an den Füßen und einem ihrer schönen Beine wegen hochgeschürzten Rock mit einer Schürze, sich energisch an einem Butterfaß zu schaffen machte. Der sonst so herrschaftliche Salon war mit Tonnen von auf dem Boden verstreutem Heu verschandelt, und die Gäste mußten auf Strohballen Platz nehmen. Mitten während der sehr ländlichen reichlichen Mahlzeit wurden Ziegen in den Salon geführt, die sich alsbald, zum Ungemach der Gäste, über das Heu und die als Sitze fungierenden Strohballen hermachten. Zum Menü gehörten Blut- und Leberwürste, die als »frisch geschlachtet« angepriesen wurden. Ich weiß noch, daß bei dieser Gelegenheit auch über unsere Kinderbetten ein Kranz von Blut- oder Leberwürsten vom frisch Geschlachteten gehängt wurde.

Mich grauste davor, und ich bat Dinah, den Wurstkranz über meinem Bett abzuhängen, da ich sonst nicht hätte einschlafen können.

Ob dieses Fest der Bonner Haute Volée ausnahmslos gefallen hat, kann man natürlich nicht wissen. Daß jedoch darüber geredet wurde, war die Hauptsache – ob positiv oder negativ, war ja schließlich egal. Und langweilig war es sicherlich nicht. Da wir Kinder alle ein Instrument lernten, durfte mein älterer Bruder bei solchen Einladungen sogar schon vorspielen. Mein Vater konnte in meinen Augen ganz besonders schön Violine spielen, und meine Mutter produzierte sich als beachtliche Pianistin auf dem großen Konzertflügel. Ich war sehr glücklich, wenn die beiden zusammen musizierten, es klang wunderschön. Etwas anderes als Selbstmusiziertes konnte man damals ja nicht im Hause haben: Ein Grammophon wurde als zu proletarisch betrachtet. Meine Mutter nahm obendrein Gesangsunterricht und spielte wunderschön auf einer alten, sehr romantisch aussehenden Laute. Ich hingegen versuchte mich zuerst mit Violinunterricht, da ich mich gerne mit meinem Vater identifizierte. Als das nicht klappte, kam der Klavierunterricht und nachher noch Gitarren- und Akkordeonunterricht. Leider war all dies herausgeworfenes Geld. Ich liebe Musik zwar seit frühester Jugend, habe es jedoch niemals zu einer eigenen Fertigkeit gebracht.

Dennoch war diese Zeit bis zu meinem sechsten Lebensjahr die schönste in meiner frühen Jugend. Mein sechster Geburtstag stand an, als sich meine geliebte Dinah verlobte. Sie versprach mir jedoch: »Ich werde erst an dem Tag Hochzeit feiern, an dem du in die Schule gehst. Vorher werde ich dich nicht verlassen.« Dinah war die Güte selber, vermochte jedoch nicht auch nur zu ahnen, daß ich als Landkind Todesangst vor der städtischen Schule hatte. An dem Einschulungstag, den ich als den schwersten meines Lebens betrachtete, verließ mich also auch meine Dinah. Dazu kam, daß meine hochschwangere Mutter mir fast zur selben Zeit ein Schwesterchen, Miryam, »schenkte«. Natürlich war diese neue Schwester jetzt der Mittelpunkt der Familie.

In einer Limousine mit einem livrierten Chauffeur wurde ich in die »Engelhardtsche Privatschule« gebracht. Der Chauffeur öffnete mir die Wagentür und geleitete mich bis zum Eingang. Die Schulleiterin, Frau Engelhardt, war eine vollbusige, freundliche ältere Dame. Außer ihr gab es nur eine weitere Lehrkraft, der spitzbärtige Herr Bremenkamp, der mir Angst einjagte. Die Kinder in meiner Klasse waren Deutsche, bis auf einen Jungen, der aus Algerien stammte und Schwierigkeiten mit der deutschen Sprache hatte. Mit Herrn Bremenkamp durfte er sich auf französisch verständigen. Die Sprache klang für mich wie eine Melodie. Außerdem trug dieser Junge im Gegensatz zu allen anderen Jungs seine Haare länger und mit einem Pony. Er hatte schönes schwarzes Haar und fast schwarze Augen. An meinem siebten Geburtstag erschien er zur Feier mit dunkelroten Nelken. Er war mein »Traummann« in den kurzen zwei Jahren, in denen ich in meinem Leben überhaupt eine deutsche Schulbildung genießen durfte.

Nachdem Dinah nun nicht mehr da war, wurde für meine kleine Schwester Miryam ein Kindermädchen engagiert. Grete war eine kalte und harte Frau. Ich habe niemals verstehen können, wieso meine Mutter gerade sie ausgesucht hatte. Sie fand sich noch dazu befugt, meinen Bruder und mich herumzukommandieren. Meine Mutter war im wesentlichen mit ihren Hobbys und ihren großen berühmten »Empfängen im Hause Koopmann« beschäftigt.

Oft wurden auch Gäste zum Kaffee eingeladen. Diese nachmittäglichen Einladungen fanden nicht im großen Speisezimmer, sondern im Salon statt. Ich erinnere mich, daß mein geliebter Onkel Walther darauf bestand, mich als Kleinkind auf seinem Schoß dabeisein zu lassen. Später war es Neugier, die mich dazu trieb, immer darum zu betteln, daß ich dabeisein durfte. Ich saß dann mucksmäuschenstill auf einem Sofa und horchte auf das Summen der Stimmen, ohne irgend etwas zu verstehen. Ich versank in eine wohlige Trance und konnte verschiedene flimmernde Farbenschleier um die Köpfe der Gäste sehen – die Aura, wie ich viel später verstand. Als ich meiner Mutter mit etwa fünf Jahren davon erzählte, machte sie sich über mich lächerlich: »Dieses Trönschen! Hör auf mit dem Quatsch, das glaubt dir doch keiner.«

Ich war als kleines Mädchen schon »mütterlich« veranlagt. Meine erste Puppe, »die große Brigitte«, konnte laufen und roch wie ich: Als man meine langen Haare kürzte, machte man ihr daraus eine schöne Perücke, die man kämmen konnte. Verwandte schenkten mir dann bei jeder Gelegenheit immer mehr Puppen, so daß ich bald ein ganzes »Puppenheim« besaß. Besonders liebte ich ein kleines Negermädchen und zwei »neugeborene Zwillinge«, was damals der letzte Schrei im Spielwarenladen war. Ich liebte sie alle und konnte stundenlang mit ihnen spielen. In unserem Kinderzimmer war eine kleine Tür, die in eine winzige Mansarde unter dem schrägen Dach führte: das »Kabüffchen«, in dem ich alle meine Puppen, aus Porzellan und mit feinsten Kleidchen und Frisuren, vor den Angriffen von Karl und seinen Spielkameraden in Sicherheit brachte. Als das neue Kindermädchen Grete ins Haus kam, sperrte sie mich des öfteren in dieses Kabüffchen, wenn ich »unartig« war. Beim besten Willen kann ich mich nicht erinnern, was ich in diesem Alter angestellt haben sollte. Mir scheint, ich hatte mich öfter gegen sie gewehrt. Aber mir machte es nichts aus, bei meinen Puppen zu sein, wenn auch eingeschlossen. Wichtig war mir, meine kleinen »Kinder« in Sicherheit zu wissen.

Als meine Schwester Miryam in ihrem Bettchen stehen konnte und eines Tages der Teppich aus dem Kinderzimmer zum Klopfen im Garten war, war die Katastrophe passiert: Ich kam aus der Schule zurück und fand am Boden im Kinderzimmer einen Haufen Scherben, Grete hatte der Kleinen alle meine Puppen zur Unterhaltung ins Bettchen gegeben. Und Miryam fand es herrlich, diese für sie nichtssagenden Gegenstände im Bettchen stehend herunter auf den nackten Steinboden zu werfen, was wunderbar klirrte. Ich war am Boden zerstört. Grete beschied mir in Gegenwart meiner Mutter, ich sei jetzt ein großes Schulmädchen, und es sei, weiß Gott, an der Zeit, daß ich aufhörte, mit Puppen zu spielen!

So sehr ich Dinah liebte, so verlassen fühlte ich mich bei Grete. Dinah war, anders als Grete, die sehr gut aussah, keine Schönheit und schielte sehr. Aber ich fand sie wunderschön. Seit diesen frühen Kindertagen habe ich immer eine Schwäche für einen »Silberblick« gehabt.

Da ich die einzige Schülerin in meiner Schule war, die in einer Limousine hingebracht wurde, fing ich bald an, mich dessen zu schämen. So war es mir nur recht, daß Grete fand, ich sei groß genug, um mit der Straßenbahn zu fahren. Ich hatte die Wahl zwischen zwei Haltestellen, entweder Dottendorf oder Friesdorf, unser Haus stand genau in der Mitte. Von beiden Haltestellen führte nur ein Feldweg nach Hause. Auf den weiten Feldern ringsum gab es damals verstreut liegende kleine Ziegelhäuser. Sie waren zwar weitab von der Straßenbahnlinie, doch weil über deren Bewohner Schauermärchen erzählt wurden, war mir mein Schulweg äußerst unheimlich. Ich hörte die schlimmsten Geschichten über Zigeuner, Räuber und Mörder. Diese Ziegelhäuschen waren schnell im Krieg gebaute, improvisierte Unterkünfte für Ausgebombte, die nach dem Krieg weiterhin bewohnt waren. Ich habe jeden Tag von und zur Schule wesentlich schlimmere Ängste ausgestanden als in den Kriegsjahren selbst. Damals verbrachten wir etliche Nächte im Keller, ich in eine Decke gewickelt, in Dinahs Armen. Gelegentlich fielen Bomben, dann drückte Dinah mich ganz fest an sich.

Die größte Angst, die ich auszustehen hatte, war, als Vater ins Krankenhaus mußte. Damals herrschte in ganz Deutschland eine gefährliche Epidemie, die sogenannte »Kopfgrippe« oder »Spanische Grippe«. Dieser Virus war lebensgefährlich, und in Deutschland gab es ungezählte Todesopfer. Auch in Bonn blieben nur wenige Grippekranke am Leben. Vater erholte sich nur sehr langsam. Er war viel zu Hause, und ich war so oft wie möglich in seiner Nähe. Wir hatten eine zärtliche, fast wortlose Beziehung und verstanden uns durch Blicke.

Nach einiger Zeit rieten die Ärzte meinem Vater zu einem Klimawechsel, um vollständig zu genesen, und so siedelte die ganze Familie für eine gewisse Zeit in die Schweiz um. Alles wurde verpachtet: das Warenhaus sowie der »Jägerhof« mit seinem »verzauberten« Garten – die einzige Heimat, die ich je gehabt habe.

In der Schweiz mieteten wir in Lausanne eine kleine Villa. Das Viertel hieß »La Rosiaz«. Mein Vater erhielt die beste medizinische Betreuung und Pflege. Für Miryam wurde ein Schweizer

Kindermädchen engagiert und für meinen Bruder und mich ein mehrsprachiger Privatlehrer, Herr Skavran. Dieser war sowohl leichtsinnig als auch sadistisch: Er setzte mich auf ein schäbiges, geliehenes Fahrrad, ohne die Bremsen geprüft zu haben. Beim ersten Abhang stürzte ich und mußte wochenlang mit einem schwerverletzten Knie im Bett liegen. Als ich endlich wieder laufen konnte, zwang er uns zu einer sogenannten »Mutprobe«: In unserer Nähe war eine große Brücke, die über einen tiefen Abgrund führte. Er verlangte von uns, entlang der schmalen Betonbrüstung zu balancieren, und sagte, es sei verboten, dabei hinunter in den Abgrund zu schauen. Meinem Bruder mußte er die Hand geben und bezeichnete ihn daraufhin als Feigling. Ich selbst, von Todesangst gepackt, versetzte mich in meine Trance und brachte auf diese Weise diesen »Todesmarsch« hinter mich.

Die Lausanner Villa hatte einen großen Garten, der an das Gelände des feudalen Mädchenpensionats »Chauteau Mont-Choisi« angrenzte. Ich beobachtete die Kinder in ihrer schönen Schuluniform. Sie durften im großen Park reiten! Und sie spielten Tennis und Handball. Ich hörte das Lachen und fröhliches Schreien und träumte davon, dazu zu gehören.

Als mein Vater sich sichtlich erholt hatte, beschloß meine Mutter, mit der gesamten Familie eine »Tour d'Europe« zu machen. Das Kindermädchen sowie der Hauslehrer für meinen Bruder und mich sollten mit von der Partie sein.

Es wurde eine neue große Limousine gekauft, und Mario, der italienische Fahrer, der aussah wie ein Filmstar, stand bereit. Meine Mutter war sehr damit beschäftigt, sich ihre neue Garderobe, speziell für Monte Carlo, anfertigen zu lassen. Ich erinnere mich genau an eines ihrer Kleider: Es war ein langes, weißes Kleid, von oben bis unten mit buntem Straß bestickt. Es sah unwahrscheinlich kostbar aus. Dazu trug sie tatsächlich eine »Tiara«, eine pyramidenförmige, kronenähnliche Kopfbedeckung, ebenfalls aus Straß. Sie kam mir in dieser Aufmachung völlig fremd vor, und meine Abneigung dieser Reise gegenüber verstärkte sich. Als der Tag der Abreise sich näherte, konfrontierte ich meine Eltern mit einer Entschiedenheit, die sie von mir nicht gewohnt waren: »Ich fahre nicht mit, ich will in die Schule!« »Was meinst du damit, was für eine Schule?« »Ich will in das Internat neben uns, das ist eine Schule!« Von diesem Entschluß konnten meine Eltern, was immer sie auch versuchten, mich nicht abbringen. Das Internat war boshaft teuer. Die Kinder stammten aus den reichen Familien Europas. Das Geld schreckte meinen Vater nicht. Er erklärte mir aber – und nahm mich dabei verzweifelt in den Arm –, daß die Familie vorhätte, zwei ganze Jahre auf Reisen zu sein. Ich sah den Schmerz in seinen Augen, und dennoch flehte ich ihn an: »Bitte, bitte, laß mich in eine normale Schule gehen!« Ich konnte meine diffusen Gefühle nicht ausdrücken und ihm erklären, wie verrückt ich ihre ganzen Pläne fand. Ich sehnte mich nach Normalität.

Am Abend vor der Abreise schob sich in meinem Kopf die drohende Realität vor das idealisierte Internat. Ich fürchtete mich vor der Einsamkeit, vor dem Zusammentreffen mit wildfremden Menschen, ohne auch nur ein Wort ihrer Sprache zu verstehen. Ich brach vor Angst und Trennungsschmerz in Tränen aus. Die Eltern sagten beide: »Wir können alles noch rückgängig machen, keiner ist böse, wenn du nicht gehst.« Schluchzend erwiderte ich: »Ich will aber gehen!« In dieser Nacht nahm mich meine Mutter sogar in ihr Bett. Weinend schlief ich auf ihrem Busen ein. Am nächsten Tag brachte mich mein Vater ins Internat und erklärte der Direktorin, daß ich kein Wort Französisch verstünde. Wie viele Schweizer sprach die Direktorin Schwizer Dütsch, was ich zwar einigermaßen verstehen konnte, mich jedoch schrecklich befremdete.

Der Abschied von meinem Vater war traumatisch, nur gemildert durch seine letzten Worte: »Ruthchen, Amélie! Ich bewundere deinen Mut!« Für mich waren seine Worte der Grund, mich zwei Jahre lang mutig zu zeigen. Ich war acht Jahre alt.

Ich war das einzige deutsche Kind im ganzen Internat. Ich wußte nicht, daß man Juden ächtete, und nie hätte ich mir im Traum einfallen lassen, daß ich als Deutsche verpönt sein würde: Man nannte mich »la boche«! Ein viel haßerfüllteres Wort als »Kraut«. Da das Internat überfüllt war, wurde ich als Neuling in ein Fünfbettzimmer einquartiert. Dort waren zwei ältere Mädchen, die die

Nächte heimlich zusammen in einem Bett verbrachten und die Kleineren ewig hänselten. Ich habe während dieser zwei Jahre nicht eine einzige Freundin gehabt. Ich konzentrierte mich hauptsächlich darauf, möglichst schnell Französisch zu lernen, und mein Glück war, daß ich den Klang dieser Sprache besonders liebte. Wie bisher schrieb ich in gotischer Schrift, denn lateinische Buchstaben zu schreiben hatte ich nie gelernt, und es war auch niemand da, der es mir beigebracht hätte. Als ich das Internat wieder verließ, bat die Leiterin, meine Hefte behalten zu dürfen, da Französisch in gotischer Schrift ein »Schaustück« sei.

Mein großer Trost in dieser Zeit war, daß wir alle in einer Reitschule richtig reiten lernten. Als wir »sattelfest« waren, durften wir sogar Hürden springen. Und meinen ersten Preis nahm ich mit neun Jahren, im schicken Reitkostüm, mit der schwarzen Kappe und einer kurzen »Cravach«, entgegen. Der einzige Mensch, der sich um mich kümmerte, war die Französischlehrerin. Sie hieß Mathilde, durfte aber von ihren »Vorzugsschülern«, zu denen ich gehörte, »Mati« genannt werden.

Grauenhaft war für alle Kinder das Regime der strengen Haushälterin. Jeden Morgen zum Frühstück mußten wir einen trockenen klumpigen Haferbrei hinunterwürgen, vorher durften wir den Speisesaal nicht verlassen. Auch kontrollierte sie genauestens, wie oft wir unsere Höschen wechselten. Als meine Eltern von ihrer Reise zurückkamen, bedauerte ich es nicht, das Internat zu verlassen, und das ganz besonders, da meine Eltern Mati als Hauslehrerin mit nach Amerika nehmen wollten. Denn meine Mutter hatte sich in den Kopf gesetzt, kaum daß sie nun Europa gründlich kannte, Amerika kennenzulernen.

Alles wurde in riesige Schrankkoffer verstaut, und von einem französischen Hafen aus ging die Reise auf einem großen Luxusdampfer nach New York. Ich war zehn Jahre alt und von der Überfahrt begeistert. Gleich bei unserer Ankunft wurde die arme Mati verhaftet: Sie gehörte nicht zur Familie, sondern reiste als Angestellte und wurde damit der illegalen Einwanderung bezichtigt. Sie wurde nach Ellis Island gebracht, und es dauerte einige Zeit, bis mein Vater ihre Freilassung aus diesem »Immigrantengefängnis« bewirken konnte.

Meine Mutter hatte inzwischen ihren Führerschein gemacht, und in einem großen Packard chauffierte sie die ganze Familie mit dem nötigen Teilgepäck von »Coast to Coast«, bis nach Kalifornien. Mein Vater hatte in Hollywood bei Metro Goldwin Mayer, Universal Pictures und anderen Filmstudios geschäftlich zu tun. Ein sehr guter Freund meines Vaters, ein Elektroingenieur, hatte eine Erfindung gemacht, die Filmaufnahmen bei Nacht ermöglichten. Mein Vater betätigte sich als Importeur dieser speziellen Glühbirnen, für die auch die amerikanische Flugindustrie sich interessierte. Für uns drei Kinder hieß dies, daß wir uns am Wochenende und in den Ferien in den Filmstudios tummeln durften. Gefilmt wurde sowohl in den großen Hallen wie im Gelände in hingezauberter Kulissenlandschaft.

Ein Tag – MGM drehte gerade ›Ben Hur‹ mit dem unvergeßlichen Ramon Novarro in der Titelrolle – ist mir in ewiger Erinnerung geblieben: Für den Film war ein großer Zwinger mit Dutzenden von Löwen errichtet worden. Das Tor des Käfigs war mit einem großen Riegel und einem schweren Schloß gesichert. Wir Kinder standen mit den Eltern wie im zoologischen Garten vor dem Käfig und bestaunten die wilden Tiere. Da kam der Pfleger mit Kübeln voller Fleischbrocken und ging in den Käfig. Er warf das Fleisch in die Löwenmenge, die sich darauf stürzte. Als der Pfleger den Käfig verließ, um Wasser zu holen, verschloß er das Tor nur mit dem Riegel, nicht mit dem schweren Schloß. Als er uns kaum den Rücken gedreht hatte, schob meine Mutter den Riegel zurück und ging mitten in die fressende Löwenmenge hinein. Der Pfleger schaute auf, stürzte mit einem Aufschrei in den Käfig und zog meine Mutter aus der Löwenmenge in Sicherheit. Er brüllte sie an: »Sie verrücktes Weib, sind Sie noch bei Sinnen? Das sind keine Zirkuslöwen und auch keine Spielzeuge! Wenn die nicht mit dem rohen Fleisch beschäftigt gewesen wären, hätten die Sie in Stücke gerissen!!« Meine Mutter erwiderte ihm mit gefaßter Miene, hochmütig: »Ich weiß das!« Der Pfleger ging kopfschüttelnd Wasser holen, während meine Mutter sich vor uns drei zitternde Kinder und ihren fassungslosen Mann stellte und zu uns Kindern gewendet sagte: »Merkt euch das, für euer ganzes Leben! Eure Mutter fürchtet sich nicht einmal vor Löwen, die Löwen fürchten mich!« Wir haben diese Lektion nie vergessen, unsere Beziehung zu ihr war von diesem Zeitpunkt an immer mit Furcht gemischt.

Im übrigen war ich diese vier Jahre von 1924 bis 1928 restlos glücklich in Amerika. Ich ging auf eine Public School, lernte Englisch im Nu, und das Völkergemisch der Kinder fand ich herrlich. Es gab Afrikaner, Chinesen und andere asiatische Völker, und niemand schien einen Unterschied zu empfinden. Mein Glück war, daß man dort schwache Mathematikleistungen mit guten sportlichen Leistungen ausgleichen konnte, was mir leichtfiel. Da es keine »Samstags-Schule« für jüdische Kinder gab, ging ich mit meinen Klassenkameraden begeistert in die »Methodist-Sunday-School«, wo sich für mich das Gefühl der völligen Zugehörigkeit einstellte.

Wir lebten in einem typisch amerikanischen Bungalow mit einem schönen Garten in Pasadena neben Los Angeles, und die Sommerferien verbrachten wir in einem Strandhaus in Santa Monica. Santa Monica war noch beglückender als Pasadena. Ich lernte schwimmen und dabei die riesengroßen Wellen des Pazifischen Ozeans zu besiegen, indem ich unter ihnen hindurchtauchte.

In einem Hinterhof konnten wir Ferienkinder mit Hilfe aller Nachbarn eine kleine Bühne und Bänke aufstellen. Meine Aufgabe war es, Bühnenstücke zu erfinden, wobei ich vieles aus Filmen klaute, ich war auch die Regisseurin, und natürlich gab ich mir die Hauptrollen. Die Erwachsenen bezahlten Eintritt, den wir unter den armen Kindern verteilten, die in den Hinterhöfen wohnten. Neben dem Prunk und Wohlstand gab es viel Elend.

In der Anfangszeit in Hollywood war mein Vater glücklich und hatte als Importeur der Erfindung seines Freundes in den Studios sogar einen VIP-Status. Die finanziellen Aussichten waren glänzend. Dann jedoch wurde in der Fabrik des Freundes Industriespionage betrieben, und sehr bald wurde der amerikanische Markt mit verbesserten Produkten zu verbilligten Preisen überschwemmt. Die Geschäftsverbindungen meines Vaters bröckelten weg, und er verlor ein Vermögen.

Da sich zudem der Traum einer Schauspielerkarriere für meine Mutter nicht erfüllt hatte, bekam sie Europasehnsucht. Mein Vater hatte gerade die offiziellen Papiere zugeschickt bekommen, wodurch die Familie die amerikanische Staatsangehörigkeit hätte erwerben können. Trotz seines momentanen finanziellen Debakels wäre er noch gern im Land der »unbegrenzten Möglichkeiten« geblieben. Doch wie immer setzte sich meine Mutter durch. Für uns Kinder brach eine Welt zusammen. Nirgendwo waren wir so glücklich gewesen. Amerika war für uns ein Kinderparadies. Ich erinnere mich, wie ich bei der Abreise heulend am Bahnhof stand und im Zug weiter weinte. Damals schrieb ich viele verzweifelte Briefe an alle Freunde und Freundinnen sowie an meine Lehrer.

Die Eltern beschlossen, zunächst wieder in der Schweiz zu leben. Das Ziel war diesmal Genf, und da offensichtlich noch sehr viel Geld vorhanden war, wurde eine »Campagne«, ein herrschaftlicher Landsitz, in der Nachbarschaft eines alten Schlößchens oberhalb der Rhône gemietet: die »Campagne Valcrose«. Wie ich es vom heimatlichen Jägerhof kannte, gehörte auch zu diesem Anwesen ein landwirtschaftliches Gut, und es war mit kostbarsten, alten Möbeln eingerichtet. Im prunkvollen Salon stand sogar ein jahrhundertealtes Spinett. Vom Salon aus ging es mit Blick auf den Fluß auf eine breite Terrasse, auf der im Sommer viele Gäste empfangen wurden. Alle voraussehenden, jüdischen Verwandten kamen uns damals gerne besuchen, um ihr Vermögen aus Deutschland noch vor den heraufziehenden dreißiger Jahren herauszuschmuggeln. Ich erinnere mich, daß diese Besucher mit großen, schwarzen Regenschirmen ankamen: Jeder einzelne war mit einem solchen Schirm »bewaffnet«. Eines Tages hörte ich sie flüstern. Sie erzählten, der Stoff der Schirme sei doppelt genäht, so daß man unzählige Geldscheine größter Denomination (Nennung) zwischen die Stoffstücke schieben konnte, ohne auch nur irgendeinen Verdacht an der Grenze zu wecken. Diese Verwandten sind niemals nach Palästina geflohen, sie konnten getrost mit ihrem in der Schweiz geparkten Geld nach Amerika einwandern. Sie sprachen über Hitler, und meine Mutter bezeichnete diesen als

»Kinderschreck«. Sie behauptete, das »Volk der Denker und Dichter« würde sich niemals von einem solchen Proleten regieren lassen.

Die Tochter des Gutsverwalters der Campagne, Louisette, wurde meine beste Freundin. Sie half mir mein Französisch wieder aufzupolieren. Sie war wunderschön, groß und schlank, wie ich es gerne gewesen wäre. Da sie eine höhere Schule besuchte, empfand ich sie als höchst gebildet. Ich hatte keine Ahnung von europäischer Kultur! In dem großen Anwesen war eine Laube, in der wir in den Sommernächten zusammen übernachteten, damit wir ganz früh morgens bei Sonnenaufgang den Hang hinunter zur Rhône laufen konnten. Sie lehrte mich, mich furchtlos mit der Strömung des Flusses treiben zu lassen, bis zu einer Bucht, wo wir uns an ufernahen Sträuchern festhalten und aus den Fluten herausziehen konnten. Dann ging es zurück im Laufschritt bis zur Campagne. Ich glaube, ich verdanke diesem »Training«, daß ich die schweren körperlichen Lasten und Mühen, die in späteren Jahren auf mich zukommen sollten, überstehen konnte.

Als ich vierzehn Jahre alt war, wurde ich in die »École Internationale« eingeschult, die Schule des in Genf ansässigen damaligen Völkerbundes. Da zu dieser Zeit alle eleganten, jungen Frauen mit Vorliebe das berühmte »kleine Schwarze« trugen und meine Mutter diese teuren »petites noires« sehr schnell wieder ablegte, wurde ich gezwungen, sie in der Schule aufzutragen. Daher nannten mich meine Freunde stets »die lustige Witwe«.

In der Schule fühlte ich mich wohl: Zusammen mit meinem Freund Carol Meisels aus Polen, Jean-Louis, der aus Frankreich kam, und dem Schweizer Victor Karmin gründeten wir die Schulzeitung »Philia« (Freundschaft).

Carol, der schon als Vierzehnjähriger den Bildern von Einstein auffallend ähnlich sah, wurde tatsächlich später als mathematisches Genie erkannt. Er war klein, hatte jedoch einen auffallend großen Kopf und langes, helles, ewig wirres ungekämmtes Haar.

Er strahlte Wärme und Gutherzigkeit aus und war allgemein beliebt.

Jean-Louis war der Sohn eines Delegierten des Völkerbundes. Wenn wir als Freunde bei ihm zum Essen eingeladen wurden, standen hinter uns Kellner mit weißen Handschuhen. Ich habe ihn als den liebenswürdigsten und elegantesten Begleiter bei gelegentlichen Ausflügen in Erinnerung.

Victor Karmin war fast immer Klassenbester, und außerdem war er literarisch und musikalisch sehr begabt. Er hatte einen bereits sehr männlichen Körper, war aber nicht schön: Seine Nase, die er sich bei einem Unfall gebrochen hatte, war krumm geblieben, und er litt unter Akne. Seine Augen jedoch schienen mir die schönsten, die ich je gesehen hatte. Sie waren dunkelbraun und hatten goldene Pünktchen. Nie wieder habe ich solche Augen gesehen! Als er mich das erste Mal in der Campagne besuchte und auf dem alten Spinett wunderschöne Melodien improvisierte, verliebte ich mich hoffnungslos in ihn. Die anderen Mädchen hatten in ihm nie das gesehen, was ich in ihm erkannte – eine »verwandte Seele«, die sich in seiner Musik ausdrückte und die er auch bei mir entdeckte. Fast täglich schrieb er mir nun Gedichte, in denen er mir in herrlichem Französisch seine Gefühle offenbarte. Ich versuchte, diese Briefe in Gedichtform, so gut ich konnte, zu erwidern. Stundenlang saßen wir in dem schönen Salon auf einem Sofa, händchenhaltend, uns nur in die Augen schauend. Einmal, als wir zusammen im Fluß badeten, nahm mich Victor stürmisch in seine Arme. Als ich sein Glied fühlte, erschrak ich zu Tode. Von dieser Zeit an wurde unsere Beziehung schmerzlich. Wir waren inzwischen fünfzehn Jahre alt und begehrten einander leidenschaftlich. Unwissend wie ich war, hatte ich panische Angst vor einer Schwangerschaft.

Und ich hatte einen bösen Feind. Obwohl ich bis heute eigentlich keinen Menschen wirklich hassen kann – dieser, zumal Victors bester Freund, war zutiefst mein Feind! Er redete Victor ein, daß die jungen Amerikanerinnen von unserer Schule viel freigiebiger mit ihrem Körper wären als seine, wie er mich nannte, »sentimentale, rührselige Freundin«. Lange war Victor standhaft, und dennoch geschah mir das Unglück, daß sein Freund mir Victors Abschiedsbrief überreichte. Noch am selben Abend kletterte ich aus meinem im zweiten Stock gelegenen Schlafzimmer auf die Fensterbank, um mich hinunterzustürzen. Unser liebes Schweizer Dienstmädchen, das meine Verstörtheit wohl bemerkt hatte, kam in diesem Moment in mein Zimmer, um mich zu trösten. Sie holte mich aus dem offenen Fenster zurück. Da meine Verstörtheit anhielt und ich auch in den folgenden Tagen verändert aussah, wurde meine Mutter aufmerksam. Sie stöberte in meinem Zimmer und nahm alle Gedichte von Victor an sich, bis auf eines, das ich krampfhaft festhielt. Sie zwang mich, mit in den Keller zu gehen, und warf die Gedichte ins Feuer. »Jetzt ist es endlich aus mit Victor!« sagte sie. »Ich habe bei der Schulfeier euren griechischen Sportlehrer gesehen, mach *dem* schöne Augen, das ist wenigstens ein richtiger Mann!«

Als ich ein paar Jahre später wieder in Genf war, bekam ich die Nachricht, daß Victor in einem Schweizer Sanatorium, hoch in den Bergen, liege. Er sei sehr schwer an Rückenmarkstuberkulose erkrankt. Ich hatte Victor nicht vergessen, und trotz meiner Verlobung mit Walter, trotz der Zeit, die seit unseren Schülertagen vergangen war, war für mich diese Nachricht ein tiefer Schock! Ich hatte in meinem Inneren seine Zukunft als großer Musiker, Autor oder Wissenschaftler gesehen. Sollte das alles jetzt gefährdet sein? Meine tiefe und echte Anhänglichkeit war durch die Liebe zu Walter nicht verändert. Ich wollte Victor unbedingt aufsuchen, aber ich hatte damals weder die Zeit noch das Geld dazu.

Als ich schon in Palästina war, kurz nach der Geburt meines Sohnes 1935, bekam ich die Nachricht: Victor war mit einundzwanzig Jahren seiner Krankheit erlegen. Victor war für mich einer der wichtigsten Menschen meiner Jugend und einer der geliebtesten. Sein so früher Tod verursachte mir tiefe Trauer. Bis heute, an die siebzig Jahre später, ist er für mich unvergessen. Noch immer kann ich seine braunen Augen mit den goldenen Pünktchen vor mir sehen. Damals wollte ich ernsthaft seinetwegen sterben.

Meinem Vater wurde die Miete der Campagne zu teuer; wir lebten von den Zinsen seines Vermögens, das er nicht anrühren wollte. Also mußte meine Mutter sich herablassen, den Herrschaftssitz zu verlassen. Wir mieteten eine kleine Villa im Genfer Viertel »Les Grangettes«, in der Nähe meiner Schule, die sich in der breiten Route de Chêne befand. Ein großes Eisentor führte in den wunderbaren, weit ausladenden Park. Links war das große Schulgebäude und rechts das villenartige Internat. Es war ein wunderschöner Bau, mit beige-rosa Steinfassaden.

Trotz der sehr innigen Beziehung, die ich zu meinem Vater hatte, wünschte ich mir oft, ich könnte mit meinen Freunden in diesem Internat wohnen. Damals wurde ich darauf aufmerksam, daß mein gutaussehender Vater einen wunderschönen Mund hatte. Nach dem Willen meiner Mutter hätte er mich jedoch nicht mal auf die Wange küssen dürfen. Schon wenn er mir liebevoll über die Haare strich, sahen wir beide den bösen Blick meiner Mutter. Wie mein Vater selbst hatte auch ich ein gespanntes Verhältnis zu ihr. Ich fühlte, wie sehr er unter ihrer Dominanz litt. Mein älterer Bruder war nach wie vor der Liebling der Mutter. Meine kleine Schwester hatte sich inzwischen zu, wie meine Mutter sagte, »einem blonden Engel« entwickelt. Sie wurde als Jüngste verhätschelt. Das Klima bei uns zu Hause war unharmonisch und kalt. Mein Vater und ich vergruben uns in Bücher und verständigten uns meistens nur mit Blicken. Mein Vater setzte für mich durch, daß ich diese kostspielige Schule besuchen durfte, obwohl meine Mutter mir vorhielt, ich sei für die École Internationale zu unbegabt und völlig ungeeignet.

Das Motto der Schule war »Pazifismus«, und mehrmals im Jahr besuchte uns Mahatma Gandhi. Obwohl er ein altes, dürres Männchen war, verfielen wir alle seinem Zauber. Im Sommer erschien er nur in ein Leinentuch gehüllt, im Winter in einem großen, wollenen Schal. Immer war er barfuß in Sandalen. Was uns fesselte, waren seine unbeschreiblich beeindruckenden Augen hinter seiner komischen Brille aus billigem Metall.

Er sprach über Gewaltlosigkeit und die Unterdrückung seines Volkes durch Großbritannien. Auch erklärte er uns vieles über seine Religion, über »Selbstaufgabe« und »Hingabe«. Viele von uns waren tief beeindruckt, wir lasen die ›Bagavad-Gita‹ und interessierten uns brennend für Buddhismus und Hinduismus.

Bei einem seiner letzten Treffen mit uns sagte er, er möchte einige von uns aussuchen, die dazu bereit seien, nach einem Studium in seinen »Ashram«, seine persönliche, primitive Bleibe, zu kommen, um mit ihm für die Befreiung Indiens zu kämpfen.

Viele von uns hoben die Hand, um dabeizusein. Er aber sagte, daß er nur die auswählen werde, die er auch in der Zukunft für geeignet hielte. Erst viel später verstand ich, daß er uns nach unserer »Aura« ausgesucht hatte.

Auf einige von uns zeigte er und sagte: »Du und du!« – so wurden einige »auserlesen«, und ich war dabei, eine seiner »Jünger«! Ich kannte nun mein Ziel, Psychologie und Journalismus zu studieren und später »mit der Feder« den gewaltlosen Kampf für Indien gegen die Engländer aufzunehmen. Ich träumte bereits von meinem Leben in Gandhis Ashram. Ich habe keinerlei Zweifel daran, daß das Treffen mit Mahatma Gandhi und meine Liebe zu ihm sowohl meinen Charakter als auch meine Weltanschauung lebenslänglich beeinflußt hat.

Tatsächlich war ich noch immer sehr verträumt und rettete mich gerne in schöne Tagträume. Ich verließ mich kaum aufs Denken, jedoch auf meine Intuition. Ich beurteilte die Menschen nach ihrer Körpersprache, achtete auf Stimmen, und seit ich mich sehr für meine Schulkameraden interessierte, achtete ich auch auf deren Handschriften, die mir gewisse Empfindungen vermittelten.

Als ich eines Tages einem Klassenkameraden aus dessen Schulheft seine Stimmungen erklärte, wurde ein Lehrer darauf aufmerksam.

»Das ist ja Graphologie, was du da treibst! Kannst du das auch bei Erwachsenen?« Ich hatte dieses Wort »Graphologie« bisher noch nie gehört, geschweige denn gewußt, was das sei und daß man daraus sogar einen Beruf machen konnte. »Ich glaube schon«, antwortete ich ihm, »Kinder oder Erwachsene – es sind doch alles nur Menschen!« »Dann komm mal mit zum Direktor, ich möchte, daß du ihm das mal demonstrierst.«

Unser Direktor war ein sehr fortschrittlicher, allgemein beliebter junger Amerikaner. Der Lehrer, der in der Zwischenzeit seine Frau, unsere Französischlehrerin, dazugerufen hatte, brachte mich nun zum Direktor. »Wir haben hier ein graphologisches Wunderkind, die liest bei ihren Mitschülern anhand deren Schrift sowohl die Charakterzüge als auch die Stimmungen heraus. Sie glaubt, das auch bei Erwachsenen zu können, und ich wollte Ihnen das einmal demonstrieren.« Der Direktor lehnte sich mit amüsiertem Lächeln in seinem Sessel zurück und sagte zu dem Lehrerehepaar: »Dann schreiben Sie beide doch einfach ein paar Zeilen plus Ihrer Unterschrift. Soviel ich weiß, soll die Unterschrift für Graphologen sehr aufschlußreich sein.«

Meine beiden Lehrer folgten dieser Aufforderung, ich sah mir die Schriften an und platzte heraus: »Wie kann denn das gutgehen, daß ihr verheiratet seid? Ihr seid doch wie Katz und Maus!« Der Direktor lachte herzlich, und das Ehepaar verließ mächtig errötend den Raum.

Daraufhin schrieb auch er einige Zeilen mit seiner Unterschrift und reichte sie mir zur Begutachtung. Da ich ihn seit längerem kannte und ihn sehr gern hatte, hätte es für mich nicht der Schrift bedurft, um ihn zu »analysieren«. Schon damals konnte ich durch mein großes Interesse an Menschen sehr oft deren Gedanken lesen sowie ihre Regungen nachempfinden. Der junge Mann war jedoch hell begeistert, griff zum Telefon und sprach mit Professor Edouard Magnat, dem lebenslänglichen Vorsitzenden der berühmten Schweizer Graphologischen Gesellschaft.

Magnat, der außergewöhnlich ungern unterrichtete und in seinem Leben bisher nur eine einzige Schülerin gehabt hatte, gab der Bitte des Schuldirektors, mich wenigstens kurz kennenzulernen, nach, und ich erschien klopfenden Herzens an seiner Tür, ein sehr kleines, auch kleingewachsenes, schüchternes Mädchen. Als ich klingelte, öffnete mir statt eines ehrwürdigen, respektgebietenden Gelehrten, als den ich ihn mir vorgestellt hatte, ein zierlicher, freundlicher, pfiffig lächelnder Herr. Seine Augen unter einer sehr gewölbten Stirn fesselten mich, fesselten mich von der ersten Minute. Sein Blick durchschaute mich, wie mich noch niemals jemand zuvor durchschaut hatte. Ich fühlte sofort, ohne daß ich es hätte formulieren können, daß er *mich* anschaute und sah und durchschaute. Und ich glaube, daß ich zum ersten Mal in meinem Leben, wenn auch noch sehr dunkel, empfand, daß ich »jemand« war. – In meiner Familie wurde ich ja niemals bei meinem Namen genannt, immer nur »das Trönschen«. Mein Vater betonte Trönschen liebevoll, während es aus dem Mund meiner Mutter abwertend klang.

Wir blieben im Vorzimmer seiner großen alten Wohnung stehen, und seine ersten Worte waren: »Hast du jemals etwas über Graphologie gelesen?«

»Nein, niemals!«

»Dann werde ich dir ein Buch mitgeben, und wenn du das gelesen hast, dann kannst du mal wiederkommen.«

Er holte ein sehr dickes Buch aus dem Nebenzimmer und drückte es mir wohlwollend in die Hand, während er mir die Haustür wieder öffnete.

Ich las das Buch Wort für Wort voller Aufmerksamkeit, ohne den geringsten Zusammenhang zu verstehen, und meldete mich bei Professor Magnat. Wiederum im Vorzimmer fragte er mich: »Hast du das Buch wirklich gelesen?«

»Ja. Jedes Wort.«

»Hast du es auch verstanden?«

»Absolut nichts.«

»Dann nimm es wieder mit nach Hause und lies es noch mal«, worauf er mich wieder sehr freundlich lächelnd verabschiedete. Seltsamerweise war ich nicht enttäuscht über diese »Abfuhr«, weil sein Lächeln so überaus wohlwollend und seine Art so charmant waren. Ich machte mich mit neuem Eifer über das Buch her, und diesmal verstand ich etliche Sätze in ihrem Zusammenhang. Und wieder klingelte ich an seiner Tür.

»Hast du das Buch wirklich ein zweites Mal ganz gelesen?«

»Ja.«

»Hast du es verstanden?«

»Etwas schon.«

Zu meinem Erstaunen und großen Glück sagte er daraufhin: »Dann komm mal mit!«

Er führte mich in sein sehr unordentliches Studierzimmer. In einer Ecke standen zwei Sessel um einen runden Tisch. Es war ein orientalischer Tisch aus Damaskus zwei polierte Holzbeine über Kreuz, bedeckt von einer großen, gehämmerten Kupferplatte. Ich kannte solche Tische aus Illustrationen vom Heiligen Land. Auf der Kupferplatte lagen kunterbunt etliche Schriftstücke durcheinander, darunter viele handschriftliche Briefe.

Wir setzten uns einander gegenüber. Hinter ihm im Fenster sah ich über dem Genfer See die Sonne untergehen. Sein Gesicht lag im Dunkeln, während meines ihm gegenüber hell erleuchtet war. Er sagte:

»Such dir eine Schrift aus, welche du willst, zeig sie mir, und dann fängst du an, mir darüber etwas zu erzählen.«

An der Unterschrift konnte ich erkennen, ob es sich um eine männliche oder weibliche Schrift handelte. Ich versuchte mich mit meinem ganzen Wesen in die Schrift hinein zu projizieren, um jede Gebärde des Schreibens nachzuempfinden. Das konnte ich, indem ich mich in meiner Phantasie winzig klein machte und versuchte, innerhalb der Buchstaben spazieren zu gehen. Während ich sprach, schaute ich ab und zu zu ihm auf, konnte aber in seinen überschatteten Zügen weder positive noch negative Reaktionen erkennen.

Nach einer Weile sagte er: »Such dir noch eine aus!«

Diese »Prüfung« wiederholte sich sechsmal, ohne daß ich auch nur die Spur einer Reaktion seinerseits hätte erkennen können. Dann stand er auf und sagte: »Du bist meine Schülerin.«

Er legte väterlich den Arm um meine Schulter, führte mich zur Tür und sagte: »Komm morgen wieder, um fünf Uhr.« Die Reaktion meiner Mutter im Kopf, zögerte ich: »Was kostet der Unterricht?«

»Ich unterrichte normalerweise nicht, daher sind die Stunden teuer.« Magnat nannte einen Preis.

Mein Vater, der sofort merkte, wieviel mir daran gelegen war, war bereit, mir diesen Unterricht zu gestatten, während meine Mutter behauptete, daß es sich dabei um »brotlose Künste« handelte, und sagte, sie sei nicht bereit, auch nur einen Franken dafür auszugeben. Um fünf Uhr am nächsten Tag kam ich zu Magnat, um ihm mitzuteilen, sehr bald tränenüberströmt, daß ich keine Erlaubnis bekommen hätte, seine Schülerin zu werden.

Mit seinem weiterhin warmen Lächeln sagte er: »Du *bist* bereits meine Schülerin! Wie ich dich ansehe, wirst du mir später einmal alles zurückzahlen, was ich freudevoll in dich investieren werde, aber nicht mit Geld. Komm ins Studierzimmer!«

Von diesem Moment an hatte ich niemals mehr das Gefühl, daß ich Schwächen nicht zeigen dürfte. Mein Vater hatte mir die Liebe und die Achtung vor Büchern beigebracht, doch Magnat öffnete meinen Geist. Er war nicht nur Psychologe und Graphologe, sondern auch Astrologe, und sehr bald durfte ich mit seiner Hilfe die von ihm gestellten Horoskope psychologisch entziffern. Zudem war Magnat auch in allen Religionen bewandert. Seine Weltoffenheit und Vorurteilslosigkeit sowie sein tiefer religiöser Glauben wurden im Laufe der Jahre ein Teil von mir. Ich nannte ihn meinen »spiritual daddy«, und zeitlebens, wann immer er mir Briefe schrieb, zeichnete er diese mit »S. D.«

Bald erlaubte mir Magnat, jeden Tag bei ihm zu erscheinen, was ich liebend gerne annahm, da ich so der unharmonischen Atmosphäre meines Zuhauses entkommen konnte. Seine einfache, liebevolle Frau lud mich bald ein, mit der ganzen Familie in der Küche zu essen. Dort lernte ich seine Tochter Guinette, genannt Gui, kennen, die im gleichen Alter war wie ich und neben ihrer Schule nachmittags zu einem Juwelier in die Lehre ging. Ihr zwei Jahre älterer Bruder Theodor, genannt Teddy, war das Abbild seines Vaters. Hochintellektuell, jedoch körperlich robuster und auf mich mit seinen sechzehn Jahren bereits sehr männlich wirkend. Schon beim ersten Treffen dachte ich: »Wenn *der* nur mein Bruder wäre!« Teddys stets lachenden Augen strahlten die Güte des Vaters, gemischt mit jugendlichem Übermut, aus. Bald bot er mir an, mir bei Mathematik zu helfen, was meine sehr schwache Seite war. Zusammen über meine Schulaufgaben gebeugt, faßte ich nicht nur Vertrauen zu ihm, sondern bewunderte ihn restlos seiner Begabung und Selbstsicherheit wegen. Er war graphologisch und astrologisch sehr bewandert und interessierte sich für alles, was mit Mystik und Religion zu tun hatte.

Während der folgenden zwei, drei Jahre wurde meine Beziehung zu Gui intim und herzlich, während ich zu Teddy immer »aufschauen« mußte. Teddy war mir in allem überlegen, und es genügte mir, ihn bewundern zu dürfen. Eigentlich gehörte ich in dieser Zeit mehr zur Familie Magnat als zu meiner eigenen. Ich erinnere mich ganz besonders an einen Abend mit Teddy – er war jetzt neunzehn und ich knapp siebzehn –, an dem er mir verriet, daß er sein Taschengeld gespart hätte und mich zum Abendessen in ein elegantes Restaurant einladen möchte. Selbstsicher und galant bestellte er das teuerste Gericht auf der Speisekarte – es waren Schnecken! Um ihn nicht zu verletzen, würgte ich einen Teller voll hinunter, verließ ihn danach abrupt, um mich zu Hause die halbe Nacht zu übergeben.

Als Teddy zum Schweizer Militär ging, war er bald in Offiziersuniform. Als ich ihn besuchen durfte, saß er uniformiert auf einem prachtvollen Hengst. Ich erinnere mich an mein tiefes Entzücken, und meine Bewunderung für Teddy wuchs weiter. Es war auch Teddy, der mich auf folgende Art und Weise das Skifahren lehrte: Er schlug vor, um vier Uhr morgens den Sonnenaufgang auf dem ewigen Schnee der Alpen zu erleben. Zu dieser Zeit waren die elektrischen Seilbahnen noch lange nicht erfunden. Wir machten uns mit Gui und noch einigen Freunden bereits um vier Uhr nachmittags auf den Weg und kamen sehr spät abends auf einem Gipfel in einer Berghütte an. Es war eine Holzhütte mit einem Aufseher, der uns zum Abendessen und auch am nächsten Morgen zum Frühstück einlud und uns mit herrlichem frischen Brot, Milchkaffee und Schweizer Schokolade bewirtete.

Teddy hatte mir versprochen, er würde sowohl seine als auch meine Skier bei dem schweren Anstieg tragen – ich hatte noch nie auf Skiern gestanden – und auch die Schlafsäcke für uns. Vor dem Schlafengehen stellte sich heraus, daß er »irrtümlich« nur einen Schlafsack mitgenommen hatte. Sehr müde von dem langen, steilen Marsch bergauf, schliefen wir sehr schnell ein, jedoch immerhin eng umschlungen. Der Gute-Nacht-Kuß fand unschuldigbrüderlich mit geschlossenen Lippen statt. Ich liebte Teddy wie einen Bruder, ohne mir jemals bewußt gewesen zu sein, daß seine Gefühle für mich wesentlich für ihn waren und letztlich lebensbestimmend sein sollten.

Am nächsten Morgen, noch überwältigt von dem wunderbaren, vorher noch nie in den Alpen erlebten Sonnenaufgang, zog Teddy mir die Skier an und bereitete sich zur Abfahrt vor. Einen Moment lang hatte ich panische Angst: »Teddy, ich bin doch noch nie Ski gefahren!«

»Das macht nichts, ich werde die ganze Zeit deine Hand halten!« Seine starke Hand flößte mir eine solch absolute Sicherheit ein, daß ich ohne Zögern und voller Vertrauen mit ihm den Berg hinunter »flog«. Erst am Ende der Piste, als Teddy meine Hand losließ, fiel ich mit einem Ruck mit dem Hosenboden auf spitze Steine, was mir noch länger zu schaffen machte. Und dennoch fiel ich ihm begeistert um den Hals, als er mir mit sichtlich schlechtem Gewissen aufhalf, und sagte ihm: »Du hast mich Skifahren gelehrt!« Er blickte mich lange an, mit einem sehnsüchtigen Blick, den ich jedoch damals nicht verstand.

Mit siebzehn bestand ich mein Abitur und wollte nun an der psychologischen Fakultät der Genfer Universität studieren. Da es eine Zugangsbeschränkung für das Institut Rousseau gab, mußte ich eine Prüfung ablegen, die ich mit dem Resultat »Mention Excellente« (»mit Auszeichnung«) bestand. Ich glaube, ich war der glücklichste Mensch auf der Welt.

Als ich meiner Mutter dieses Resultat präsentierte, sagte sie: »Die sind wohl verrückt, dir so eine Note zu geben! Diese Universität braucht Geld, sonst würden sie jemanden wie dich nicht aufnehmen.« Es entbrannte ein wilder Kampf zwischen meinen Eltern, da mein Vater völlig auf meiner Seite war. Schließlich konnte ich mich immatrikulieren und freute mich auf den Semesterbeginn.

Dann aber bekam mein Vater aus heiterem Himmel die Nachricht, daß die Pächter seines Warenhauses, das bisher so vorbildlich geführt wurde, »Pleite gegangen seien«. Mein Vater beschloß, sofort nach Bonn zu fahren. Meine Mutter bestand jedoch darauf, daß bei dieser Gelegenheit die ganze Familie mit Sack und Pack endgültig zurück nach Deutschland gehen sollte. Denn sie hätte, wie sie sagte, »Deutschlandsehnsucht«. So kamen wir völlig unnötigerweise aus der sicheren Schweiz in die Arme von Hitler.

Unsere deutschen Pässe waren damals abgelaufen, und da jetzt alles sehr schnell gehen mußte, schickte mein Vater noch am selben Tag einen Boten mit unseren alten Pässen mit der Bitte um Neuausstellung in die deutsche Botschaft. Der Bote kam wenig später zurück, im Gepäck unsere alten Pässe mit einem kurzen Schreiben, daß die neuen deutschen Pässe für die Familie umgehend ausgestellt und meinem Vater zugeschickt würden. – Diese alten Pässe, die wir damals von der Botschaft zurückbekamen, haben uns allen später das Leben gerettet.

Meine Eltern hatten als »Auslandsdeutsche« ein legales Vermögen im Ausland. Da meine Mutter so fest entschlossen war, wieder auf Dauer in die »Heimat« zurückzukehren, sollte in ihren Augen auch dieses Vermögen »zurückkehren«: Es wurde in die Sanierung des Bonner Warenhauses investiert, das innen und außen auf das modernste renoviert wurde.

Meine Eltern mieteten zunächst eine Villa in Godesberg, jedoch sehr bald gab der Oberbürgermeister von Bonn, Wilhelm Daniels, der mit meinem Vater sehr befreundet war, ihm den dringenden Rat, aus »Sicherheitsgründen« die oberste Etage des im Umbau befindlichen Warenhauses ausbauen zu lassen und dort mit seiner Familie zu wohnen. Ich hatte bereits bei unserer Ankunft am Bonner Bahnhof durch die an die Wände gemalten schwarzen Hakenkreuze einen Schock erhalten und fand seinen Vorschlag begründet. Meine Mutter stellte sich anfangs gegen diesen Plan, nachdem sie jedoch den schönen architektonischen Entwurf der Wohnetage gesehen hatte, war sie einverstanden.

Ich selbst betrachtete meinen Aufenthalt in Bonn als völlig vorübergehend, als Ferien in Bonn, vor dem Genfer Studium.

Als unsere Familie im Ausland lebte und mein Vater noch voll kapitalkräftig war, hatte er zusammen mit seinem Schwager der »Zionistischen Studentenschaft« in Bonn ein Haus geschenkt. Damals hatte jede Studentenverbindung ihr eigenes Haus, nur die jüdischen Studenten hatten bis dahin keine Bleibe. In meinen »Bonner Ferien« nun stand der Jahrestag dieses Hauses an, der groß gefeiert werden sollte. Das Fest dauerte drei Tage, und eine mir liebe frühere Freundin nahm mich zu dem ersten festlichen Nachmittagstreffen mit. Die jungen Studenten dort kamen mir sehr unreif vor. Ich hatte das Gefühl, daß die gleichaltrigen Jugendlichen, mit denen ich in Genf befreundet gewesen war, wesentlich reifer waren. Sehr bald war ich gelangweilt. Plötzlich öffnete sich die Tür, und ein Mann erschien in unserer Mitte. Er war fünfundzwanzig, Zahnmedizinstudent und bereits ausgebildeter Elektroingenieur. Er war nicht groß, jedoch breitschultrig, und bewegte sich anmutig. Mir fielen sofort seine Augen auf. Sie waren tief dunkelgrün und blickten mit Fernweh in die Welt. Er machte die Runde, und sein Gesichtsausdruck verriet mir, daß er sich dachte: »Kindergarten!« Dann verließ er den Raum. Ich sagte zu meiner Freundin: »*Den Mann* möchte ich kennenlernen!«, worauf sie mir verriet, daß er ganz bestimmt noch am selben Abend auf dem Ball erscheinen würde. Ich war neugierig und voller Hoffnung, ihn kennenzulernen.

Als ich abends in »Balltoilette« dort erschien, kam mir Frau Cohn, die Frau des Reformrabbiners, mit den Worten entgegen: »Ach, Fräulein Koopmann, Sie befassen sich doch mit Graphologie. Ich habe Ihnen einen kleinen Tisch vorbereitet. Das wird den Abend interessant machen. Jeder darf zu Ihnen kommen und Ihnen zwei Zeilen mit einer Unterschrift geben, alles Weitere überlasse ich Ihnen.«

Natürlich wollte ich wesentlich lieber tanzen, jedoch dachte ich mir: Wenn alle kommen, wird auch der Mann mit dem Fernweh im Blick mir seine Handschrift geben. Dann kann ich vieles über ihn erfahren.

Es wurde bis nach Mitternacht getanzt, während ich nichtssagende Studenten und Studentinnen »analysierte«. Alle kamen sie, nur er nicht. Erst sehr viel später erfuhr ich, daß er sich dachte:

»Was? Zwei-Groschen-Graphologie? Innerhalb weniger Minuten? Reiner Dilettantismus!«

Meine Freundin vertröstete mich auf den nächsten Abend, wo auf einer improvisierten Bühne eine Theatervorstellung stattfinden würde.

Wir Zuschauer saßen an langen, gedeckten Tischen mit weißen Tischtüchern. Es gab einen Imbiß und Karaffen mit einer reichhaltigen Bowle. Meine Freundin tauschte zwei Tischkärtchen aus, und ich kam endlich neben dem mysteriösen Unbekannten zu sitzen. Man erzählte mir, das Theaterstück sei von ihm und er hätte auch Regie geführt. So fand ich mich also neben einem Mann, der wie gebannt nur in Richtung Bühne starrte. Ich sprach ihn etwas zögernd an: »Möchten Sie ein Glas Bowle?« Und er antwortete, ohne auch nur den Kopf zu drehen: »Ja, bitte!« Ich wartete sehnsüchtig auf die Pause, doch kaum war es soweit, stürmte er los hinter die Bühne, um nach dem Rechten zu schauen. Als er zurückkam und ich ihm wiederholt das Glas füllte, würdigte er mich weiterhin keines Blickes. So blieb es bis zu seinem abrupten Aufbruch. Wie ich später erfuhr, war er vollkommen betrunken gewesen und so früh gegangen, um sich als Verantwortlicher für das Amüsement des nächsten Tages auszuschlafen.

Nach der Vorstellung gab es Tanz im Dämmerlicht in einer hübschen Bar. Einer der jungen Studenten forderte mich auf und versuchte während des Tanzens, mich zu küssen. Ich trug eine Kette aus bunten Perlen, und als ich ihn abwehrte, griff er nach der Kette, die zerriß, worauf die Perlen am Boden zerstreut lagen. Im Dämmerlicht konnten wir sie nicht alle finden, aber er versprach mir, er würde sie gleich am nächsten Morgen auflesen und sie mir abends in der Bar zurückgeben. Er insistierte: »Warum bist du so prüde? Warum kann man dich nicht küssen?«, worauf ich antwortete: »Ich habe einen Freund in Genf!« In dem Moment dachte ich noch wehmütig an Victor, und auch Teddy schwebte mir vor Augen.

Am nächsten Tag fuhren wir alle in ein Tanzcafé mit einem großen eleganten Saal, das in einem wunderschönen Wald gelegen war. Meine Freundin tanzte gleich los, und ich saß als »Mauerblümchen« einsam an einer Wand. Ich bekam mit, wie mein Unbekannter in seiner Funktion als »Erstchargierter« von Student zu Student ging und bat, »mit dem Mädchen da drüben« zu tanzen, deren Vater und Onkel das Haus gestiftet hätten. Die Antworten waren: »Ich bin mit meinem Mädel hier«, oder sogar: »mit meiner Verlobten«, und: »du bist der einzige hier, der allein ist, geh du doch mit der tanzen!« Schließlich kam er sichtlich zögernd auf mich zu und verbeugte sich wortlos. Wir tanzten Tango. Ich tanzte, wie ich noch nie getanzt hatte, und fühlte mich wie das Blumenmädchen aus Shaws ›Pygmalion‹: »I could've danced all night and still have asked for more ...« Er führte, und ich folgte, vollkommen hingegeben. Mitten im Tanz stand er still und sagte: »Hier ist es sehr stickig. Ich gehe jetzt in den Wald Luft schnappen. Gehen Sie mit?«

»Ja, gerne.«

Wir traten in den Wald, und während mindestens fünf Minuten sprach dieser Mann kein Wort. Ich hatte eine furchtbare Wut im Bauch, weil er den schönsten Tanz meines Lebens in der Mitte abgebrochen hatte. Sein langes Schweigen beunruhigte mich. Ich sah ihn von der Seite an und dachte mir: »Da hast du dich aber gründlich in ihm geirrt!« Plötzlich sah er mich zum ersten Mal ganz direkt an und fragte: »Glauben Sie an Gott?«

»Natürlich glaube ich an Gott! Nicht an den Opa mit einem weißen Bart im Himmel, sondern an einen Schöpfer des Universums. Wenn es nicht eine unfaßbare Intelligenz gäbe, würde doch alles auseinanderfallen!«

Er fing an, eine wissenschaftliche Gegenpredigt zu halten, redete über Darwin, über die Affen, auch über die Amöben und anderes Getier. Meine Wut steigerte sich, und mit erhobener Stimme versuchte ich ihm zu beweisen, daß seine Sichtweise völlig primitiv und begrenzt sei. Als ich zum Höhepunkt meines Protestes kam, sagte er plötzlich und deutete auf einen schön bemoosten Stein: »Ich bin müde, wir wollen uns setzten.« Ich dachte mir wütend: »*Er* ist müde, ich werde ja nicht gefragt.«

Er setzte sich auf den Stein, und ich ließ mich, auf beide Hände gestützt, neben ihm nieder. Plötzlich fühlte ich seine Hand auf meiner Hand. Einen Moment lang dachte ich, er hielte meine

Hand für das Moos. Dann sagte er mit einer Stimme, die mich tief berührte: »Ich muß Sie vielmals um Verzeihung bitten. Ich glaube genau wie Sie an einen Schöpfer, aber ich mußte den Advocatus Diaboli spielen, denn nachdem ich gefühlt habe, genau wie Sie es gefühlt haben, wie sehr unsere Körper zusammenpassen, da mußte ich unbedingt wissen, ob unsere Seelen ebenso zusammengehören. Wir werden heiraten.«

»Heiraten!!?« Ich schnappte nach Luft: »Ich gehöre Gandhi! Wenn ich fertig studiert habe, gehe ich nach Indien, in seinen Ashram. Heiraten werde ich vielleicht, wenn ich dreißig Jahre alt bin und Kinder haben will.«

»Du bist doch Jüdin?«

»Ja, was hat das damit zu tun?«

»Das wirst du eines Tages noch verstehen.« Und wie habe ich es in meinem weiteren Leben verstehen gelernt, wohin und zu wem ich gehöre!

Wir unterhielten uns über Gott und die Welt, während die Autobusse schon zur Abfahrt bereitstanden und man uns schließlich im Wald suchte, so daß wir gerade noch mitfahren konnten.

Am Abend tanzten wir in der Bar. Danach fielen wir uns in die Arme, sanken auf ein Sofa und küßten uns. Wir wurden von dem »Perlenträger« vom Abend vorher unterbrochen. Mit hochgezogenen Augenbrauen sagte er: »So, das ist nun der Genfer Freund?!«

Ein besonders guter Freund meines Begleiters, Josef Abrahami, den ich noch aus der Vorschule kannte, kam ebenfalls hinzu und sagte: »Kinder, meine Mutter ist verreist, ich gehe mit meiner Freundin nach Hause, sturmfreie Bude! Kommt ihr mit?« Wir kamen mit.

In einem Zimmer ganz für uns lagen wir uns lange in den Armen mit innigen Küssen, weiter geschah jedoch nichts. Ich bat ihn, mich nach Hause zu begleiten, und erst vor unserer Haustüre, nach dem letzten Gute-Nacht-Kuß, sagte er: »Ich heiße Walter, wie heißt du eigentlich?«,

»Ich heiße Ruth«, worauf er sagte: »Das mußte ja sein! Das einzige Mädchen, das ich je geliebt habe, war eine Schulkameradin, sie hieß Ruth. Sie ist ganz früh gestorben. Ich wußte, daß ich noch einmal eine Ruth finden würde. Weißt du, daß Ruth außerdem vom hebräischen ›reuth‹ kommt, dem Wort für ›Freundschaft‹, und ›Freundin‹ bedeutet?«

Und ich erzählte ihm, das mein so früh gefallener Lieblingsonkel Walther hieß ... Seit jeher liebten wir unserer beider Namen.

Zu Hause angekommen, befiel mich in dieser Nacht plötzlich Panik. Ich sah Walters dunkelgrüne, immer etwas wehmütige Augen unentwegt vor mir und dachte mir: »Dieser Mann verdirbt dir deinen Lebensplan. Er wirft dich aus der Bahn.« Aufgewühlt ging alles in mir drunter und drüber!

Am nächsten Morgen floh ich zu meiner geliebten Tante Leni, der Schwester meiner Mutter, die wesentlich verständnisvoller und zugänglicher war als diese. Bei ihr blieb ich eine Woche, konnte jedoch in keiner Nacht wirkliche Ruhe finden. Immer wieder schob sich das Bild von Walter vor meine Augen, und meine Gedanken waren erfüllt von ihm.

Wieder zu Hause, wurde ich gleich bestürmt: »Da hat ein verrückter Student unentwegt nach dir gefragt. Wer ist denn das?« Ich wußte es nur zu gut.

Am nächsten Tag lud Walter mich zu einer Paddelfahrt auf dem Rhein ein und sagte, obwohl strahlende Sonne sei, sollte ich für alle Fälle einen Regenmantel mitnehmen.

Ich war noch nie gepaddelt, aber es ging sehr leicht. Der Rhein war friedlich, die Sicht auf die Ufer wunderschön, und es gab eigentlich bei diesem Sport gar nichts zu lernen. Plötzlich begann es zu regnen, und nach den ersten Tropfen – ich konnte gerade noch meinen Regenmantel überziehen – brach ein wahnsinniges Gewitter los. Die Wellen schlugen höher und höher, die Regentropfen wurden dicker, und dann kamen Blitze und Donner. Walter rief mir aufgeregt zu: »Wir müssen zurück an Land!« und paddelte wie verrückt, und ich versuchte mitzuhalten. Wir kamen in keiner Weise weiter, hielten uns mit Mühe und Not bis zur Erschöpfung in der Mitte des Rheins, auf dem sich riesige Wellen brachen, die bereits in das Boot platschten! Der Rhein tobte. Beide dachten wir, es könnte unser Ende sein.

Da erschien weit am Horizont ein großer Kohlendampfer. Wir

schöpften Hoffnung und hielten uns mit Mühe und Not, bis das große Schiff, dessen Besatzung uns entdeckt hatte, längs neben uns war. Sie warfen uns eine Strickleiter herunter, vor der ich Todesangst hatte. Walter hob mich von unserem wild schwankenden Boot nach oben, von wo sich mir verrußte kräftige Hände entgegenstreckten. Als ich an Deck war, kam Walter mühelos nach. Das Boot und die Paddel waren verloren. Wir waren vollkommen durchnäßt und entkräftet.

Der Kapitän brachte sofort trockene Sachen und Wolldecken. Seine zarte blonde Frau nahm unsere Kleider mit, um sie zu trocknen, und brachte uns zwei Tassen dampfender, nahrhafter Suppe. Die Fürsorglichkeit und die Wärme des Lächelns dieser Frau werde ich nie vergessen. Sie bewunderte meinen seidenen Regenmantel. Ich ließ ihn ihr als Andenken.

Der Kohlendampfer brachte uns in Köln an Land. Inzwischen war es fast Abend geworden. Ich stürzte an ein Telefon und teilte meiner Familie mit, daß eine gute Freundin von mir Kummer hätte und ich die Nacht über bei ihr bleiben würde, um sie zu trösten.

Wir fuhren nach Bonn per Bummelzug zurück. Aus Angst vor einer Kollision mit meiner Mutter blieb mir nichts anderes übrig, als bei meiner Notlüge zu bleiben und Walter auf seine Studentenbude zu folgen. Unterwegs sagte er: »Jetzt weiß ich erst recht, daß ich meine zukünftige Frau getroffen habe, die bereit ist, mit mir durch Feuer und Wasser zu gehen. Jede andere hätte im Boot geheult und mir nachher, wahrscheinlich mit Recht, Vorwürfe gemacht.«

Bei ihm angekommen, war sein Verhalten plötzlich sehr sachlich. Wir aßen noch schnell ein paar kalte Brote und tranken Tee. Dann legte er, ohne eine Miene zu verziehen, einen seiner Pyjamas auf das einzige Bett und sagte, während er anfing, sich zu entkleiden: »Zieh dich bitte aus, du kannst diesen Pyjama anziehen.«

Voller Erwartung lag ich leicht zitternd in seinem Bett. Er legte sich zu mir, umarmte mich liebevoll, gab mir einen sehr weckenden und erregenden Kuß, sagte »Gute Nacht« und drehte sich um, um friedlich einzuschlafen. Enttäuscht lag ich neben ihm, ich hatte sehr viel mehr erwartet. Ich schlief wenig in dieser Nacht.

Am Morgen wagte ich es, noch dazu errötend, ihn zu fragen: »Hattest du Angst vor meiner Jungfräulichkeit?«

»Wir waren doch in einer Notlage. Ein Gentleman nutzt so etwas nicht aus!« Später habe ich ihn der Raffinesse verdächtigt, denn mit diesem Satz wurde meine Bewunderung für ihn noch größer.

Es dauerte nicht allzu lange, bis er, zu meiner Wonne, den Respekt vor meiner Jungfräulichkeit aufgab. Ich erinnere mich, daß ich, wenn ich später seine Bude verließ, die ich heimlich aufsuchte, auf dem Nachhauseweg durch die Allee ein Körpergefühl hatte, als ob ich jeden Baum entwurzeln könnte.

Walter konnte Gitarre spielen und dazu singen. Mit seiner sehr tiefen, schönen Stimme sang er für mich *O Sole Mio*. Dies wurde »unser« Lied. In diesen Tagen fing er auch an, mich »Peterle« zu nennen, nach Marlene Dietrichs Lied, das damals jeder im Ohr hatte: »Peter, du warst mein bestes Stück.«

Noch immer war ich nicht bereit, an Heirat zu denken. Wir waren jeden Tag beisammen, kochten bei ihm, und ich machte ihm sein Lieblingsgericht, Bratkartoffeln. Einmal fragte er unvermittelt: »Kannst du dir vorstellen, daß eines Tages jeder von uns seiner Wege geht und wir uns nie wiedersehen werden?« Ein paar Minuten dachte ich nach, dann erwiderte ich ihm, seufzend: »Okay, ich werde dir deine Bratkartoffeln braten.«

Walters Vater, ein gelernter Uhrmacher, war von russisch-jüdischen Eltern, die schon im 19. Jahrhundert nach Deutschland eingewandert waren. Seine Mutter war deutsche Jüdin. Sie besaßen in Worms ein großes, mehrstöckiges Haus mit einem Uhren- und Juwelengeschäft im Erdgeschoß, nur fünf Minuten vom Bahnhof entfernt. Im selben Haus befand sich ein Schuhgeschäft, daneben eine Konditorei, im Hinterhof gab es verschiedene Werkstätten und Garagen. Solange Walters Vater Herr im eigenen Hause war, konnte er seinen Sohn finanziell unterstützen, jedoch trieben die Nazis in Worms bereits sehr früh ihr Unwesen und postierten sich mit ihren Hetz- und Haßparolen vor jüdische Geschäfte.

Walter promovierte noch im Sommer 1931, im Sommer unseres

Kennenlernens, und wurde Assistent von Professor Kantorowicz. Neben seiner Arbeit gab Walter Nachhilfeunterricht, um sich über Wasser zu halten.

Wir betrachteten uns inzwischen insgeheim als verlobt, und Walter wollte unbedingt Ringe für uns beide. Kurz entschlossen schmolz er im Labor der Uni seine goldene Armbanduhr ein und machte daraus zwei schmale Goldringe. Diese wurden später unsere Eheringe. Andere haben wir nie gehabt.

Damals gingen Walter und ich noch Arm in Arm am Rhein spazieren, suchten uns hübsche Häuser aus und träumten davon, in einem solchen Haus zusammen zu wohnen, in dem natürlich auch eine zahnärztliche Praxis sowie der Raum für mich als »Psychotherapeutin wären«. Damals, als in Bonn alles noch ruhig und harmlos schien, rückten für Walter, der seine ersten Studienjahre in Heidelberg verbracht und dort – unter der charismatischen Ägide des späteren israelischen Präsidenten Shazar – einer zionistischen Studentengruppe angehört hatte, seine idealistischen Pläne in den Hintergrund: Er träumte davon, ins Heilige Land zu gehen und dort am Aufbau einer »Heimstätte für das jüdische Volk« mitzuwirken. Auch ich verzichtete auf Genf und meine Gefolgschaft zu Gandhi, um bei Walter zu sein, und glaubte, Anfang des Semesters an der Bonner Universität studieren zu können.

Als ich von einer Reise nach Amsterdam zu meiner Tante Hede Goldstein und Onkel Emil zurückkehrte, die ich als Kind zuletzt gesehen hatte, suchte Walter ganz offiziell und das erste Mal meinen Vater auf und bat um meine Hand. Mein Vater, dem ich mich heimlich anvertraut hatte, war nicht abgeneigt und sagte: »Junger Mann, da Sie Ihren Doktor gemacht haben, läßt sich darüber sprechen. Jedoch muß ich auch meine Gattin nach ihrer Meinung fragen.« Als mein Vater dies tat, war ich zufällig in der Nähe und hörte meine Mutter sagen: »Was? Ich habe für Ruth bereits jemanden vorgesehen, den Sohn eines Fabrikanten für Metzgereiutensilien, der ist steinreich. Was will die mit so 'nem Studenten?«

Walter durfte sich bei uns nicht mehr sehen lassen, und mir wurde verboten, ihn in dem Studentenheim, wo er mittlerweile wohnte, zu besuchen. Natürlich besuchte ich ihn weiter dort.

Und dann – für uns ganz plötzlich – war es keinem Juden mehr gestattet, in Bonn an der Uni zu studieren. Natürlich konnte auch ich mich nicht mehr immatrikulieren.

Seit 1930 wurde die Studentenschaft an den deutschen Universitäten schon von Parteimitgliedern der NSDAP beherrscht, und jetzt zeigten sich auch in Bonn uniformierte Nazis. Sie trieben ihr Unwesen auch in der Universität und spürten zionistische Studenten auf. Als ich eines Tages in Walters Zimmer war, brachen zwei dieser Nazis bei uns ein. Als erstes grölten sie: »Weiber raus!«, und einer von ihnen, in derben hohen Stiefeln, beförderte mich mit einem solchen Tritt in den unteren Rücken, daß ich in die Halle hinausflog und dort ohnmächtig wurde – ob durch den scharfen Schmerz oder durch den Schrecken und die Angst um Walter, weiß ich nicht. Walter war damals sehr sportlich und besaß einen kleinen Revolver mit Perlmuttgriff. Er sah eher aus wie ein Schmuckstück. Mit dieser »Waffe« schlugen sie ihn ins Gesicht und verletzten ihn an der rechten Schläfe. Dort hatte er seither eine Narbe. Dann fingen sie an, nach »zionistischen Schriften« zu stöbern, aber fanden nichts außer meinen Gedichten sowie kurze Liebesbriefe. Sie sagten, dies seien »typisch jüdische Schweinereien«! Sie würden diese beschlagnahmen und dem Rektor der Universität vorlegen.

Soviel ich weiß, erreichten diese Briefe niemals den Rektor. Ich hatte den Verdacht, daß sie sie aus Mangel an eigener Phantasie für eigene Zwecke benutzen und abschreiben würden.

Weder von dem Vorfall noch von meinen Rückenschmerzen durfte ich zu Hause etwas erwähnen; ich hatte ja das Verbot, Walter zu sehen geschweige denn ihn zu besuchen. Walter drängte mich so sehr, zu einem Orthopäden zu gehen, daß ich mich schließlich trotz meiner Angst vor Entdeckung untersuchen ließ: Einer der unteren Wirbel hatte einen schrägen Riß. Ich hätte sofort kommen und die Heilung ausliegen müssen, jetzt war es dazu viel zu spät.

Im Mai 1933 fand in Bonn wie in allen deutschen Universitätsstädten die Verbrennung der jüdischen Bücher statt. Auch die Bibliothek meines Vaters hatten die Nazis zu diesem Zweck geplündert.

Verstört standen Walter und ich auf dem so vertrauten Bonner Markt vor den Flammen. Er sagte: »Wo Bücher verbrannt werden, werden auch Menschen verbrannt. Wir müssen hier raus!«

Bald darauf wurde Professor Kantorowicz verhaftet, lediglich weil er Jude war, und wie ein gemeiner Verbrecher ins Gefängnis gebracht. Den Studenten und Assistenten wurde streng verboten, ihn dort zu besuchen. Als einziger war es Walter, der ihn trotzdem sofort besuchte. Gleich am Tag darauf kam ein christlicher Kollege zu Walter und warnte ihn: »Du bist auf der schwarzen Liste, mach, daß du hier weg kommst!«

Walter verließ umgehend Bonn und suchte Obhut bei seinen Eltern in Worms. Auch ich packte meine Siebensachen und nahm den ersten Zug nach Genf. Meinen ursprünglichen Plan, dort zu studieren, wollte ich wieder aufnehmen und versuchen, mich als Au-pair-Mädchen irgendwie finanziell durchzuschlagen.

Das Geschäft meines Vaters ging, wie alle jüdischen Geschäfte, immer schlechter, und zudem waren jüdische Bankkonten gesperrt, so daß er mir kein Geld ins Ausland schicken konnte. Meine Mutter war sowieso, mit oder ohne Geld, gegen mein Studium.

In Genf wohnte ich zunächst bei meiner guten Freundin Louisette aus den sorglosen Tagen der »Campagne«. Schnell fand ich einen Au-pair-Posten, gegen »Kost und Logis« und ein schmales Taschengeld, das gerade für den Autobus reichen würde, sowie der Vereinbarung, daß ich gewisse Stunden in der Woche frei hätte, um die Universität zu besuchen.

Die Familie, junge Eltern, ein kleines vierjähriges Mädchen und ein zweijähriges Mädchen, saßen bei Tisch, während ich noch damit beschäftigt war, die Wohnung zu putzen. Die gehässige Köchin, die mit mir in der Küche essen sollte, aß die Reste auf, noch ehe ich mit meiner Arbeit fertig war. Glücklicherweise war es meine Aufgabe, der kleineren Schwester zweimal am Tag ihren Grießbrei zu kochen. Ich verdoppelte die Portion immer, um nicht ganz zu verhungern. Als Gasthörerin besuchte ich die Uni und nahm auch meinen Unterricht bei Professor Magnat wieder auf, der mich als seine einzige Schülerin immer tiefere Einblicke nehmen ließ in all seine Arbeitsfelder – von graphologischer Analyse von Privatleuten bis zu Urkundenexpertise und Gutachtertätigkeit bei Gericht. Dann und wann verdiente ich mir als »Magnat-Schülerin« auch ein Taschengeld für private Schriftanalysen.

An eine schaurig-aufregende Begebenheit erinnere ich mich sehr gut, zumal mir das »Taschengeld« dabei auch noch entging: In der Familie Kretchmar, mit deren Töchtern ich damals auf die École Internationale gegangen war und die mich auf das herzlichste unter ihre Fittiche nahm, als ich nun als Au pair wieder in Genf lebte, lernte ich eine offenbar sehr wohlhabende, wunderschöne Frau in ihren vierziger Jahren kennen. Als sie hörte, daß ich Schülerin von Magnat sei, bat sie mich inständig, sie zu besuchen, sie müsse mir eine Schrift zur Beurteilung vorlegen und wäre gerne bereit, mich für meine Analyse zu honorieren. Als sie das Haus verließ, erzählten meine Freunde mir, diese Dame sei früher Krankenschwester gewesen. Sie hätte im Hospital eine junge Frau gepflegt, deren Mann ein erfolgreicher Arzt sei. Diesen hätte sie nach dem Tod seiner jungen Frau geheiratet. Meine Freunde rieten mir zu und sagten, ich solle mir das in Aussicht gestellte Honorar nicht entgehen lassen.

Sie empfing mich außergewöhnlich freundlich: Im eleganten Salon ließ sie Tee und petits fours servieren und entschuldigte sich einen Moment, um die besagte Handschrift zu holen. Ich blickte mich um, und mir fiel der große Flügel auf – genauso einer wie der, auf dem meine Mutter in Deutschland früher immer gespielt hatte. Auf dem Flügel stand die silbern eingerahmte Fotografie einer wunderschönen, jungen Frau. »Das ist wahrscheinlich die verstorbene Frau des Hausherrn«, dachte ich mir, und war von dem Bild auf unerklärliche Art und Weise gefesselt. Aber schon kam die Gastgeberin mit zwei Bögen mit einer sehr großen Handschrift. Intuition war schon immer meine Stärke, und auch jetzt verließ sie mich nicht: Nachdem ich die Schrift und dann wieder meine Gastgeberin gut angeschaut hatte, sagte ich zu ihr: »Warum unterschreiben Sie nicht? Die Unterschrift ist jedem Graphologen bei einer Analyse sehr wertvoll.« Die Frau errötete, lief wieder hinaus und kam mit einem Füllfederhalter zurück. Ich hatte ihre übergroße Erregung bereits mitbekommen. Aber die Unterschrift nun löste bei mir fast ein Grauen aus: Danach zu urteilen, mußte diese Frau äußerst materiell und weitgehend gefühllos sein. Vor allem die nachträgliche Unterschrift versetzte mich fast in Panik. Diese Unterschrift war ohne jeden Zweifel die eines gewalttätigen Menschen! Unwillkürlich mußte ich wieder das Foto auf dem Klavier anschauen, und dann wanderte mein Blick zurück zu ihr. Plötzlich stand es klar vor meinen Augen, und ich platzte heraus: »Sie haben diese Frau getötet!« Und dazu dachte ich mir auch noch, ohne es allerdings auszusprechen: »Sicherlich auch aus materiellen Gründen.«

Die Frau brach in Tränen aus, nahm krampfhaft meine beiden Hände in die ihrigen: »Schwören Sie mir, daß Sie dies niemals in Ihrem Leben verlauten lassen! Mein Mann weiß nichts davon. Seit Jahren trage ich die Angst mit mir, es könnte jemand aus der Schrift entdecken, daß ich zu solch einer Tat fähig bin. Ich hätte die Schrift gerne zu Magnat selbst gebracht, doch hatte ich davor zu viel Angst.«

Ich empfahl ihr kurz, sich einen anderen Schreibduktus zuzulegen und ganz besonders eine andere Unterschrift. Dann floh ich aus diesem Hause, ohne daß sie oder ich noch an so etwas wie ein Honorar haben denken können.

Wann immer es möglich war, verbrachte ich meine freie Zeit bei der Familie Kretchmar. Herr Kretchmar hatte in Südamerika ein Vermögen gemacht und war bekannt für seine große Wohltätigkeit. Sie erlaubten mir, stundenlange Ferngespräche mit Walter zu führen, und konnten Walter sogar einen Assistenzposten bei ihrem Zahnarzt in Aussicht stellen. Jedoch auch eine Aufenthalts- und Arbeitserlaubnis in der Schweiz für ihn zu bekommen, das vermochte selbst die beste Protektion nicht! So blieb für ihn nur ein Ziel: Palästina, und im Grunde war er glücklich darüber, seiner zionistischen Überzeugung nun doch zu folgen – wenn auch zu einem erzwungenen Zeitpunkt. Beide jedoch hingen wir einstweilen in der Luft, da auch die legale Einwanderung nach Palästina von der dortigen britischen Mandatsregierung restriktiv gehandhabt wurde. Tausend englische Pfund brauchte man für ein Einwanderungsvisum, die Walters ehedem wohlhabende Familie schon jetzt, 1933, nicht mehr aufbringen konnten. In Worms standen bereits vor allen jüdischen Geschäften die Posten mit dem Transparent »Kauft nicht beim Juden!«. Ich selbst konnte unmöglich einfach in Genf bleiben und jahrelang studieren, bis ich einen Abschluß hätte. Ich wußte, daß ich Walter dann verlieren könnte. Alles war ungewiß, und die Zeiten unserer Spaziergänge am Rheinufer schienen auf ewig vergangen.

Es kam der Tag, als ich ein Telegramm von meinem zukünftigen Schwiegervater erhielt: »Mein Sohn hat ein Einreisezertifikat als landwirtschaftlicher Arbeiter bekommen. Er muß damit sofort das Land verlassen. Er sagt, er begeht Selbstmord, wenn Du nicht kommst, um Dich zu verabschieden und ihm zu schwören, daß Du nach Palästina nachkommen wirst.«

Buchstäblich Hals über Kopf nahm ich den ersten Schnellzug nach Worms – ich ließ in meiner Au-pair-Familie alles stehen und liegen, nahm nur das Nötigste mit und lief zum Bahnhof. Noch am selben Tag, wenige Stunden nach meiner Ankunft in Worms, brachten wir Walter zum Zug. Es war ein kalter Dezemberabend. Ich schwor ihm, daß ich alles in meiner Macht Stehende tun würde, um ihm zu folgen. Diesen Abschied von ihm, in jeder kleinen Einzelheit, könnte ich niemals vergessen: seine Augen, sein Gesicht, auch die Kleidung – sein Überzieher hatte einen schönen schwarzen Samtkragen. Mit seinen am Boden zerstörten Eltern ging ich dann zurück in ihre Wohnung. Kaum hatten wir die Diele betreten, fiel ich ohnmächtig um. Nach Genf konnte ich nicht mehr zurück und ging mit dem festen Entschluß, mein Versprechen zu halten, nach Bonn – vorübergehend und in dem Gefühl, verwaist zu sein. Ich war neunzehn Jahre alt.

Ehe ich Worms verließ, gab mein zukünftiger Schwiegervater mir eine Handvoll sehr wertvoller, ungefaßter Juwelen: Brillanten, Rubine, Smaragde und Saphire. Er sagte: »Zusammen sind sie ein kleines Vermögen wert. Solltest du in Not sein, verwende gleich, was du brauchst. Wenn du sie für Walter und dich verwahren kannst, bis du bei ihm bist, gehe zu einem guten, christlichen Freund von mir.

Er ist ein hochbegabter Goldschmied, mit dem ich seit langer Zeit zusammenarbeite. Laß dir von ihm ein dünnes, goldenes Armband machen, die Steine soll er einfassen und als Anhänger an das Armband befestigen. Du kennst doch sicher diese kitschigen Armbänder mit bunten Glassteinen, die so viele Mädchen tragen. Keinem Mensch wirst du an einer Grenze mit einem solchen Armschmuck verdächtig sein. Aber er ist ein Vermögen wert.«

Er gab mir die Adresse, und natürlich ging ich in Erwartung meiner baldigen Abreise zu Walter umgehend dorthin. Der überaus freundliche Goldschmied fertigte das Armband genau nach den Vorstellungen von Walters Vater an. Als ich später in Palästina als »stolze Schmugglerin« das Armband präsentierte, wurde mein Schwiegervater blaß und setzte sich: »Diese Steine sind nicht echt, das ist buntes Glas! Sogar dieser Freund ist dem Teufel verfallen!«

Vorerst spielte ich zu Hause in Bonn die Reumütige und bat meinen Vater um Arbeit in seinem immer schlechter gehenden Geschäft. Soweit es überhaupt Kundschaft gab, die nur zur Hintertür hereinkam, verkaufte ich nun Hüte – mit Spaß und auch mit Geschick, aber mich interessierte nur das Gehalt, welches allerdings nicht mehr war als das einer gewöhnlichen Verkäuferin.

Eines Abends, als wir alle zusammen in unserer Wohnetage des Kaufhauses saßen, riefen unsere Freunde, die Familie Oberländer, bei uns an, verzweifelt und in größter Sorge: »Sie waren zu zweit hier in Uniform, bewaffnet, und haben uns die Pässe abgenommen. Wir sitzen jetzt alle in der Falle. Bereitet euch vor, es wird nicht lange dauern, dann sind sie auch bei euch!« In dieser Situation war es meine starke Mutter, die sich zuerst faßte. Ruhig stand sie auf und sagte: »Wir haben ja Gott sei Dank irgendwo noch die alten Pässe. Ich werde sie sicher schnell finden.«

Und tatsächlich. Diese abgelaufenen Pässe, die uns die deutsche Botschaft in Genf wieder zurückgegeben hatte, legte sie in eine Schublade eines kleinen Sekretärs im Salon – ein unverdächtiger Aufbewahrungsort: nicht allzu versteckt, nicht allzu offen. Es dauerte keine halbe Stunde, die wir in panischem Warten verbrachten, bis zwei bewaffnete Nazis vor unserer Tür standen. Sie forderten unsere Ausweise. Meine schauspielerisch begabte Mutter wagte es, mit hochnäsiger Miene zu fragen: »Wieso? Wozu? Weshalb?«, worauf einer der Nazis sie anherrschte: »Halt das Maul, gib die Pässe raus!« Dies tat sie dann, und ihre Einschüchterung war nicht nur vorgespielt. Als sie das Haus verlassen hatten und mein Vater meine Mutter inständig beschwor: »Wir müssen hier weg!«, behauptete sie noch immer: »Bald machen die Deutschen Schluß mit diesen Nazis, und außerdem hält Oberbürgermeister Daniels die Hand über uns, er hat es versprochen, und ich glaube ihm!«

Wie stets gab mein Vater nach, und das sogenannte Leben nahm seinen Lauf.

Ich suchte schnellstens ein Reisebüro auf, um zu erfahren, wieviel ein Billett nach Palästina kostete. »Hin und zurück?« fragte man mich, und ich antwortete, »Nein, nur hin, die billigste Möglichkeit, von Bonn nach Palästina zu kommen. Ich bleibe dort.«

Man nannte mir die Summe, und ich konnte mir ausrechnen, daß meine Ersparnisse lediglich für die Zugfahrt Bonn–Marseille reichen würden. Für die Überfahrt mit dem Schiff nach Haifa müßte ich mindestens weitere fünf Monate arbeiten.

Ich stellte mich darauf ein, so lange in dem unrentablen Geschäft weiterzuarbeiten, bis ich die benötigte Summe zusammen hätte. Von Walter bekam ich sehnsuchtsvolle Briefe, in denen er mir von »unserem« Lied ›O Sole Mio‹ erzählte, das auf dem italienischen Schiff während seiner Überfahrt immer wieder erklungen wäre. Außerdem berichtete er, was mich baß erstaunte, daß er noch nie im Leben so gefroren hätte wie im Einwandererheim. Eine Heizung existiere nicht, und im Gegensatz zu einem warmen Mittelmeerklima, auf das er sich eingestellt hatte, gäbe es hier einen strengen Winter. In Jerusalem würde sogar Schnee fallen!

Obwohl Walter so sehr fern war, in einem Land, von dem ich keine Vorstellung hatte, blieb auch bei mir die fast unerträgliche Sehnsucht nach ihm bestehen. Er schickte mir ein Foto von sich, auf dem er schrecklich traurig aussah. Ich war davon überzeugt, daß ich das ändern könnte, daß er mit mir zusammen immer so strahlend sein würde, wie er es früher gewesen war: hinreißend, mitreißend glücklich, mutig und abenteuerlustig. Ich stellte mir vor, wie selig ich sein würde, wenn ich ihn später trösten könnte. Ich stellte mir vor, wie sein Kopf in meinem Schoß ruhen würde, während ich die Schatten, die auf seinen Augenlidern lägen, mit tiefer Liebe lange und sanft wegstreicheln würde. Zu dieser Zeit glaubten wir, daß alles, aber auch alles, möglich sei! Ich wußte damals, da ich nur die euphorische Seite seines Wesens kannte, noch nichts von dem tiefen Weltschmerz, der ihn zuzeiten überfiel. Das Fernweh in seinen Augen, das mich zuallererst so fasziniert hatte, war längst durch unser Glück vergessen. Dieses, sein rätselhaft widerspruchsvolles Wesen, wurde später das leuchtende Glück und die tiefe Tragik unserer einundvierzig Jahre langen Ehe.

Als ich noch sehr klein war, habe ich oft einen wunderbaren Ring an der Hand meiner Großmutter Mathilde bewundert. Es war ein großer Saphir, umgeben von einem breiten Hof von Diamanten. Sie sagte: »Dieser Ring wird einmal dir gehören. Ich werde es deiner Mutter mitteilen.« Sie starb, während ich in Genf war, und meine Mutter verwahrte diesen Ring für mich in einem Banksafe: »Davon kannst du dir eine Villa kaufen«, war ihr Kommentar.

Meinen Plan, nach Palästina auszuwandern, hielt ich sogar vor meinem Vater geheim. Da ich beabsichtigte, den Ring mitzunehmen, bat ich meine Mutter unter dem Vorwand, daß ich den Ring als Erwachsene eigentlich noch nie angesehen hatte, eines Abends: »Bitte hol doch mal den Ring. Ich möchte ihn wenigstens einmal bewußt sehen.« Sie brachte mir den Ring eines Morgens, und ich fand ihn so schön, wie ich ihn in Erinnerung hatte. Unser langjähriges Dienstmädchen war mit mir im selben Zimmer und machte sich am Bett zu schaffen. Ich beachtete sie kaum, und ehe ich ins Badezimmer ging, legte ich den Ring in die Schublade meiner Frisierkommode. Als ich ihn am Abend nochmals bewundern wollte, war der Ring verschwunden. Meine Mutter beschimpfte mich zu Recht wegen meines Leichtsinns und sagte: »Das Mädchen ist die Freundin von einem Sturmbannführer! Du sagst ihr keinen Ton! Wenn du dich muckst, werden wir alle abgeholt.«

In Palästina habe ich oft an diesen Ring gedacht. Er hätte uns über manches hinweggeholfen.

Endlich hatte ich das Geld für die Schiffspassage zusammen, als ich einen Brief von Teddy Magnat bekam, mit einem Foto von sich. Er hatte sich selbst im Spiegel fotografiert, mit lachender Grimasse, und auf die Rückseite geschrieben: »Je ris de moi, je pleure de toi« (ich lache über mich und weine über dich). Ich freute mich sehr darüber, daß er mich nicht vergessen hatte, und nahm die Bemerkung auf dem Foto als Scherz hin. Von seiner unerfüllten und niemals erklärten Liebe zu mir und wohin sie ihn in Zukunft führen sollte, ahnte ich nichts.

In banger Aufregung war ich in Gedanken nur bei meiner bevorstehenden Abreise. Wie sollte ich mir nun das nötige Visum beschaffen? An ein legales Einwanderungsvisum war auch für mich nicht zu denken. Weder hatte ich selbst die tausend englische Pfund, noch kannte ich jemanden, der sie mir als Bankbürgschaft hinterlegt hätte.

Walters Eltern waren ihrem Sohn bereits nachgereist. Sie hatten das große Haus in Worms samt dem Juweliergeschäft zwangsverkaufen müssen, konnten dadurch allerdings die erforderliche Summe von tausend Pfund für legale Einwanderungsvisa vorweisen. Ich wußte, daß die Mehrzahl der deutschen Juden mit Hilfe von Konten, die Freunde oder Verwandte auf dessen Namen einrichteten, die begehrten Stempel in ihre Pässe erhielten – soweit sie die Pässe überhaupt noch hatten. Bei Juden, die gar nichts hatten, wurden gelegentlich auf notariellem Weg diese tausend englische Pfund auf den Namen des Auswanderers auf einem Konto festgeschrieben, bis er in Palästina als legaler Einwanderer registriert war. Dann wurde das Konto wieder aufgelöst.

Mir blieb also nur die einzige andere Möglichkeit: mit einem Touristenvisum einzureisen. Dafür jedoch benötigte man wiederum ein Hin- und Rückfahrtticket. Das wußte ich zwar, aber dennoch machte ich mich mit meiner einfachen Passage Marseille–Haifa und meinem Paß auf den Weg zum britischen Konsulat in Bonn, fest entschlossen, das Gebäude nicht ohne den ersehnten Stempel wieder zu verlassen.

Dem Konsulatsbeamten, der natürlich sofort die Frage nach meiner Rückpassage stellte, sagte ich mit gespielter Naivität, daß ich sie mir doch praktischerweise dort besorgen könne, wenn ich wieder abfahren würde. Grinsend beschied er mir, dem »Fräulein«, daß dies ja wohl die sehr gängige Methode sei, illegal einzuwandern. Blitzschnell änderte ich meine Tonlage und sagte äußerst energisch, ohne auf seine Bemerkung überhaupt einzugehen, daß ich den Konsul persönlich sprechen wolle, sofort. Zu meiner Überraschung – und wohl auch zu seiner – geleitete er mich nach einem kurzen Telefonat einen Gang entlang, wo sich auch schon eine Tür öffnete. Der Konsul, ein, wie mir für dieses Amt schien, sehr junger Mann, musterte mich kurz und bat mich dann einzutreten.

Ihm gegenüber schenkte ich reinen Wein ein: daß mein Verlobter sehnsüchtig auf mich warte, daß ich selbst ohne ihn nicht leben könne und alles tun würde, um zu ihm zu kommen, daß ich jedes Risiko eingehen und alles auf mich nehmen würde, wenn man mich als »Illegale« entdeckte und zur Frage stünde, wie ich ohne Rückticket überhaupt ein Visum erhalten hätte. »Man kann das doch als ein Versehen des Reisebüros darstellen, als einen Irrtum, den ich selbst erst bei der Einreise bemerkt haben könnte.«

Ich bot alles an Verzweiflung wie auch Charme auf, um das Herz dieses jungen Engländers zu erweichen. Und als mir dann noch die Tränen liefen, als ich endete mit: »Wenn mein Freund dort inzwischen eine andere findet und sie heiratet, weil ich nicht kommen kann, dann – dann bringe ich mich um«, da lächelte er und sagte, wie schön er es fände, daß man heute noch so romantisch sein könne. Während er sich daran machte, den Stempel in meinen Paß zu drücken, instruierte er mich nochmals, und ich hörte mit fliegendem Herzen, was er sagte: Bei der Ankunft in Haifa würde man von der britischen Einwanderungsbehörde kontrolliert. Alle, deren Papiere nicht in Ordnung seien, würden gar nicht erst vom Schiff heruntergelassen. Ich solle also sagen, daß ich selbstverständlich ein Rückticket gekauft und bezahlt habe, es von meinem Reisebüro aber wohl irrtümlich nicht mit ausgestellt worden wäre und ich es auch jetzt erst bemerke. »Ich wünsche Ihnen viel Glück«, sagte er zum Schluß, und: »Wenn Sie sehr bald wieder in Bonn sind, kommen Sie nicht zu mir und machen mich dafür verantwortlich.«

Das Touristenvisum in meinem Paß bedeutete, daß ich nicht

nur illegal nach Palästina einwandern würde, sondern natürlich dort auch illegal leben müßte, was mich damals jedoch am allerwenigsten beunruhigte. Hauptsache, ich wäre erst einmal dort, bei Walter, und weg aus Nazideutschland.

Meine Eltern wußten nichts von alledem bis zu jenem Abend, an dem ich eine unauffällige, große Tragetasche vollstopfte und ihnen mitteilte, daß ich den Nachtzug nach Marseille nehmen würde. Mein Vater war sehr bestürzt, und doch konnte ich in seinen Gedanken auch Erleichterung lesen: »Endlich einer weniger in Gefahr!« Meine Mutter sagte nur: »Dieses Kind werde ich zeitlebens nicht verstehen!«

Man erzählte sich vieles von den langen, abenteuerlichen Überfahrten nach Palästina. Was mich am meisten beunruhigte, waren die Spitzel der englischen Mandatsregierung, die »Illegale« schon auf hoher See aufspüren sollten und vor denen man sich höllisch in acht nehmen mußte. Unentwegt ging mir nur die eine Frage im Kopf herum: Wie komme ich in Haifa von dem Schiff bloß runter? Die Lösung wartete bereits auf mich: Als ich in Marseille ankam und vom Bahnhof direkt zum Hafen fuhr und mich unter die bereits wartenden anderen Passagiere am Pier mischte, entdeckte ich in der Menge ein bekanntes Gesicht: mein alter Schulfreund Leo Teicher. Überschwenglich, erlöst und mit einer wunderbaren Eingebung versehen, lief ich auf ihn zu und bestürmte ihn sogleich, so daß er kaum Luft holen konnte und sich in seiner Verblüffung und ebenfalls großer Wiedersehensfreude zu allem bereit erklärte: Ja, er fahre ebenfalls als Tourist, seine Papiere seien in Ordnung, und auf der Überfahrt meinen Verlobten zu mimen, der mich sogar umarmen und küssen (aber nur auf die Wange!) dürfe, und bei der Ankunft in Palästina vor den Einwanderungsbeamten erschrocken und empört auf das »versehentlich« fehlende Rückticket seiner Verlobten zu reagieren – ja, all das mache er selbstverständlich, und es wäre ihm eine Freude zu helfen.

Zu diesem meinem Schutzengel gesellte sich dann, als es nach tagelanger Überfahrt endlich soweit war, daß das Gelobte Land in Sicht kam, aber auch gleich schon die Kontrolle drohte, unser italienischer Kapitän. Er hatte uns beide als »Liebespaar« des öfteren beschmunzelt, und selbst eine abendliche Einladung an seinen Tisch hatte Leo abgelehnt – formvollendet und mit der Entschuldigung, daß wir beide lieber unter uns wären.

Der britische Einwanderungsbeamte zeigte sich ungerührt: »Wenn die Dame keine Rückfahrt hat, kann sie das Schiff nicht verlassen. Das verstößt gegen unsere Gesetze.«

Leo, in gespielter Ruhe, redete vergebens auf ihn ein, und schon schien alles verloren, als der Kapitän hinzukam: »Fürchten Sie, diese junge Dame könnte illegal im Land bleiben? Ihren Verlobten verlassen wollen?? Niemals! Wo der hingeht, geht auch sie hin, das kann ich Ihnen versichern!« Der Italiener zwinkerte dem Beamten zu: »Zu meinem Leidwesen! Ich habe die beiden auf der ganzen Fahrt beobachtet. Wenn Sie diesem Herrn glauben, daß er Tourist ist und zurückgeht, dann können Sie das getrost auch von seiner entzückenden Begleiterin glauben. Darauf gebe ich Ihnen mein Wort.«

Der Kapitän – ein Spitzel der Engländer!? Als assistierender Schutzengel?? Sowohl Leo und mir zitterten die Knie, und als der Beamte mit einem »Na, schön« meinen Paß stempelte und wir die Gangway hinuntergingen, betrat ich endlich das »Gelobte Land«, welches mir zum Schicksal wurde.

Schon von weitem erblickte ich Walter, er sah sehr blaß aus. Sein letzter Brief lag ein paar Wochen zurück, und er war voller Hoffnung: Walter hatte Aussicht auf eine Assistenzstelle in Tel Aviv in der großen Zahnklinik der »Histadrut«, der jüdischen gewerkschaftlich organisierten Arbeiterbewegung. Und er war beteiligt am Aufbau einer »Ersten Hilfe«, des Äquivalents zum Roten Kreuz, das es in Palästina bereits gab, aber hauptsächlich für die Engländer. Der »Rote Davidstern«, Magen David Adom, eine jüdisch-amerikanische Initiative, brauchte dringend speziell ausgebildete Sanitäter, und Walter hatte diese Ausbildung noch in Deutschland absolviert.

So sah ich mich bereits als »Frau Doktor« in dem sich toll im Aufbau befindenden Tel Aviv. Von Haifa, mit seiner schönen blauen Bucht und einem großen Hafen, das am Fuß eines majestätischen steilen Gebirgszuges, des Berges Carmel, lag und sich schon bis auf halbe Höhe den Fels hinaufzog, wußte ich wenig mehr, als daß es die erste Station der über das Mittelmeer kommenden Immigranten war und eine von den vielen lange ansässigen Arabern geprägte Stadt. Auch für Walter und mich würde es nur die erste Station sein – glaubte ich.

Als ich meine abenteuerliche Reise begann, hatte ich noch keine weiteren Neuigkeiten erhalten und so auch nichts Gegenteiliges erfahren. Inzwischen hatten aber Walters Eltern in der Herzlstraße, der fast unbebauten sogenannten Hauptstraße des auf halber Carmel-Höhe liegenden jüdischen Viertels Hadar, eine ziemlich geräumige Wohnung gemietet und wollten sich in Haifa eine neue Existenz aufbauen. Und auf keinen Fall wollten sie ihren einzigen Sohn loslassen!

Das Land war im Aufbau, und die einträglichsten Berufe hatten mit Baustellen und Transport zu tun. Walters Vater gründete ein »Transportunternehmen«, bestehend aus einem riesig großen Lkw und einem Kleintransporter, die er beide in Raten abzahlen konnte. Walter mußte seinem Vater das Versprechen geben, daß er ihn wenigstens am Anfang, »eine gewisse Zeitlang«, bei dem Aufbau seines vielversprechenden Geschäftes helfen würde.

Nicht nur, daß die einzigartige Chance, in diesem Land als Arzt arbeiten zu können, daraufhin flöten ging – Walter war jetzt Lkw-Fahrer, eine überaus harte körperliche Arbeit und noch dazu in diesem anstrengenden Klima –, für mich war das Schlimmste, daß Walter dem Drängen seiner Eltern nachgab und ich mit ihnen in derselben Wohnung wohnen mußte. Ich hatte Walter von Bonn geschrieben: »Wenn Du in Palästina gar nichts hast außer einem Zelt, einem Stück Brot und Wasser – für mich ist das völlig genug, wenn *Du* in dem Zelt bist!«

Für mich war dieser Kollaps meiner Vorstellungen ein totaler Schock! Ich war zu spät gekommen! Was hätte ich tun können? Ich mußte mich fügen.

Bei meiner Ankunft befand sich das Transportunternehmen noch in der Gründungsphase, und es fehlte die Lizenz, die das englische »Traffic Office« bewilligen mußte. Was war praktischer, als das sprachbegabte Schwiegertöchterchen dorthin zu schicken. So machte ich meine erste, buchstäblich hautnahe Begegnung mit dem Völkergemisch dieses Landes, eingereiht als einziges weibliches Wesen in eine riesige Warteschlange. Die »Beachtung« des Weiblichen ging so weit, daß mir schließlich jemand in den Hintern kniff. Ich wich jedoch keinen Schritt und brachte stolz die Lizenz nach Hause, ohne zu ahnen, wie viele ziemlich entsetzliche, leidvolle Jahre mein Mann in diesem Beruf als Lkw-Fahrer verbringen würde.

Eine eher lustige Geschichte knüpfte sich an diese erste »völkerverbindende« Begegnung an, die noch handgreiflicher, aber ebenso glimpflich verlief. Die Warterei in der Schlange konnte ich mir dadurch etwas erträglicher machen, daß ich durch die weit offenstehenden Ställe, die sich auf dem »Compound«, dem Gelände der Verkehrspolizei, befanden, die wunderbaren Pferde bewundern konnte. Seit jeher ein Pferdenarr, bat ich Walter noch am selben Tag, doch nachzufragen, ob wir nicht zwei Pferde zum Ausreiten leihen könnten. Tatsächlich war der uniformierte Pfleger der Pferde, ein großer, schwarzer Sudanese, aufs liebenswürdigste bereit, uns gelegentlich reiten zu lassen. In seiner Begleitung ritten wir bald über den Haifaer Strand und luden ihn nachher zu einer deutschen Tasse Kaffee ein. Er kannte nur den sehr süßen arabischen Kaffee mit Kardamon.

Als ich eines Tages allein ausreiten wollte, gab mir der nette Sudanese einen gewaltigen Gaul, mit der Begründung, die leichter zu handhabenden, kleineren Pferde würden von seinen Kollegen gebraucht. Da ich mich aus meiner Pensionatszeit als hervorragende Reiterin einschätzte, nahm ich also den Gaul und freute mich auf einen Strandritt. Zum Strand ging es den Carmel hinab einen Feldweg entlang, der in die vielbefahrene Landstraße nach Tel Aviv mündete. Wenn man diese unbeschadet überquert hatte, war man bereits am Meer. Ich wollte den kurzen Feldweg in einem milden Trott genießen, dieser verrückte Gaul jedoch stürmte, kaum saß ich im Sattel, wie ein Wilder aus dem Compound und fiel auf dem Feldweg sofort in einen rasenden Galopp. Ich konnte ihn unmöglich in den Trab zwingen. Kurz vor der Landstraße brachte ich ihn dann, indem ich mit ganzer Kraft an den Zügeln riß, zum Stehen, woraufhin ich hoch über seinen Kopf zu Boden flog. Mit leidlich heilen Gliedern, aber wie im Schock lag ich auf dem Schotterweg, als auch schon unser »treuer« Sudanese zur Stelle war, der gemächlich hinter mir hergeritten war. Er las mich liebevoll in seine starken Arme auf, lächelte mich mit leuchtenden Augen an und sagte auf sudanesisch-englisch: »Miss, hier neben uns wir in Straßengraben. Hier kein Mensch. Wir beide zusammen. In zehn Minuten fertig!« Worauf ich ihn im englischen Englisch und mit Kommandoton anschrie: »Don't you dare!« (»Wag' es nicht!«) und mich aus seinen Armen befreite. Daraufhin half er mir pflichtbewußt auf sein eigenes, zahmes Pferd und brachte dieses sowie den gefährlichen Gaul an den Zügeln zum Compound zurück. Glück gehabt, aber mit diesem »Glück« war es aus mit unserem Reitsport.

Mittlerweile hatte das vielversprechende Transportunternehmen meines Schwiegervaters bereits mit seiner zweiten Tour ein unglückseliges Ende erlebt. Er, der trotz seines Alters vital und voller Energie war, fuhr den kleineren der beiden Lkws selbst und hatte als Lastenträger einen Hauraner eingestellt. Die Hauraner, ein Volksstamm, der fernab jeglicher Zivilisation auf einer syrischen Bergkette zu Hause ist, verdingten sich hauptsächlich als einfachste Arbeiter. Die Männer tragen weite Pluderhosen, die zwischen den Beinen eine Art Sack bilden, denn ihre Religion schreibt ihnen vor, fest daran zu glauben, daß der Messias von einem Mann geboren würde. Er sollte, Gott behüte, nicht tief fallen.

Der Lastträger meines Schwiegervaters, der natürlich auch solche Pluderhosen trug, war gutmütig und hilfreich, jedoch technisch vollkommen ahnungslos, und auch der so simple Mechanismus der Ladeklappen des Lasters war für ihn ein Rätsel, was meinem Schwiegervater überhaupt nicht in den Sinn kam. Der Hauraner stand bei dieser zweiten Tour ziemlich hilflos auf der kleinen Tragfläche und kämpfte noch mit den Schlössern der hinteren Klappe, als mein Schwiegervater bereits wieder den Motor anließ und Vollgas gab. Der junge Mann stürzte dabei so unglücklich, daß er sich das Genick brach und sofort tot war. Tagelang war mein Schwiegervater völlig zerstört – nicht nur, weil sein Gewissen ihn plagte, sondern auch, weil die englische Polizei sich alsbald bei ihm einstellte und ihn mit einer Mordanklage vor Gericht lud. Verzweifelt gingen Walter und ich zu einem Anwalt, der uns lächelnd sagte: »In diesem Land glättet man alles mit Geld. Ihr braucht keine Angst zu haben, es wird den Alten einen großen Batzen kosten, aber das ist alles.« So verschwand ein Großteil der tausend Pfund, die Walters Eltern aus dem Zwangsverkauf des Wormser Hauses aus Deutschland herausbringen konnten – tausend Pfund gegen Abertausende von deutschen Mark, die der Wormser Familienbesitz eigentlich wert war. Und jetzt blieb gar nichts mehr. Walter mußte seine daraufhin völlig demoralisierten Eltern bis zum Tode meines Schwiegervaters ernähren. Seine Mutter heiratete bald danach wieder.

Trotz der Frustration, der Aufregung und der Not, die mein egoistischer Schwiegervater uns bereitete, mochte ich ihn. Er hatte etwas von der »dramatischen russischen Seele«, die ich auch an Walter liebte.

Im Gegensatz dazu habe ich mich in Gegenwart von Walters Mutter, einer äußerst kleinbürgerlichen Frau, niemals wohl gefühlt. Sie war leidenschaftlich eifersüchtig auf alles, was ihren Sohn betraf, und lange Jahre haßte sie mich. Walter verabscheute sie bisweilen selbst, und wirklich lieben konnte er sie nie.

Walter führte das kleine Unternehmen jetzt allein, und um mich von der Hausarbeit und auch von der ständigen Gegenwart seiner Mutter zu befreien, aber vor allem, damit ich zum schmalen Verdienst unseres Haushalts beisteuere, suchten wir etwas, was hier so äußerst schwer zu finden war, nämlich ein »Dienstmädchen«. Walter kam auf die Idee, die junge Frau seines Lastträgers, eines Hauraners wie sein verunglückter Vorgänger, zu engagieren.

Die junge Frau erschien. Sie hatte ein hübsches Gesicht mit sehr feinen Zügen, jedoch waren ihre Haare so verfilzt, daß man meinen konnte, die Läuse darin laufen zu sehen. Ihre Kleider rochen stark nach dem Kamelmist, der, mit etwas Holz vermischt, ihnen als Brennstoff für ihr allabendliches Lagerfeuer diente. Ich ließ mich davon nicht abschrecken. Ich schenkte ihr neue Kleider, etwas Unterwäsche, zwei geblümte, billige Kittel und steckte sie in ein Lysol-Bad. Dieses stark desinfizierende, aber auch furchtbar stinkende Mittel kannte ich aus meiner Kindheit auf dem Jägerhof: damit wurden die Ställe geputzt. Und da in diesem Land keine Art Ungeziefer unbekannt war, bekam man in der englischen Apotheke auch ein Mittel gegen Kopfläuse. Ich konnte ihr also auch die Haare waschen. Das Resultat waren trotz des sehr scharfen Mittels schöne, duftige Locken.

Die junge Hauranerin war liebenswürdig und geschickt und hatte bald gelernt, die Fliesen aus palästinensischem Stein gründlich zu putzen. Und sie wusch auf dem Waschbrett unsere Wäsche, besonders die viele Wäsche von Walter, unserem »Lkw-Driver«. Jedoch dauerte dieses Glück nicht lange: Ihr Mann bat Walter, seine Frau von ihrem Posten zu befreien. Bestürzt wollte Walter den Grund erfahren. Sehr verschämt gestand der junge Ehemann, daß seit seine Frau so wunderbar gekleidet sei und ihr Haar so gut dufte, alle die Männer in seiner Kommune unruhig geworden seien. Wenn sie weiterhin diese fatale Wirkung habe, werde es sehr bald zu einer Katastrophe kommen!

So übernahm ich selbst wieder die Hausarbeit, aber meinen ersten Erwerb, den ich rasch gefunden hatte – noch dazu im Haus, in dem wir wohnten –, gab ich deshalb nicht wieder auf. Dort hatte ein Zahnarzt aus Deutschland seine Praxis eröffnet, der rechtzeitig alle Instrumente und Einrichtungsgegenstände in einem »Lift«, wie man es nannte, nach Palästina hatte befördern lassen. Ein »Lift« war ein riesengroßer, aus Holz gezimmerter Kasten, in dem die auswandernden deutschen Juden ihr von einem Beamten kontrolliertes und auf ihren Wert hin taxiertes Hab und Gut nach Übersee schicken durften. Dies war jedoch nur eine kurze Zeit möglich; meine Eltern, die ein knappes Jahr nach uns ankamen, hatten lediglich Handgepäck bei sich. Es lag im Gutdünken des Beamten, Gegenstände und Möbel als »zu wertvoll« zu befinden. In solchem Fall hielt er sie »für den deutschen Staat« zurück. Manche der Exilanten haben in diesen Kisten ein bis zwei Jahre »gewohnt«.

Doktor Boss, wie der Zahnarzt hieß, suchte eine Assistentin, und obwohl ich Walter noch in Bonn oft bei seiner Arbeit zugesehen hatte und auch den einen oder anderen Handgriff beherrschte, fand er mich, nicht zu Unrecht, sehr unerfahren. So benutzte er mich hauptsächlich als Hausmädchen für seine Wohnung, und das Gehalt war jämmerlich. Und doch profitierten wir, denn Walter, der sich in unserer Wohnung ein kleines notdürftiges »Labor« eingerichtet hatte, machte nachts, nach seiner schweren Arbeit auf dem Lastwagen, einfache zahntechnische Arbeiten für ihn. Ich fand es furchtbar erniedrigend, war er doch selbst ein Arzt, ein Kieferchirurg, aber ich wußte auch, daß damals alles besser war als gar nichts.

Walter und ich waren in dieser Anfangszeit noch nicht verheiratet, hatten uns beim Rabbinat aber bereits angemeldet und warteten nun auf einen Termin für die offizielle Zeremonie. Die wenigen Rabbiner in erreichbarer Nähe waren durch die Tausende von Scheinehen hoffnungslos überlastet: Legale Einwanderer, die nach fünf Jahren den palästinensischen Paß bekamen, konnten einen guten Batzen Geld verdienen, indem sie eine Scheinehe eingingen. Kein Rabbiner konnte oder wollte die »Echtheit« der Brautpaare kontrollieren.

Endlich bekamen wir eines Morgens unseren Termin – für den gleichen Vormittag! Ich mußte Doktor Boss, der wie alle glaubte, wir seien längst verheiratet, mitten in der Sprechstunde sitzenlassen und tischte ihm die jederzeit glaubhafte Ausrede auf, »ich sei zu den Behörden bestellt«. Ich zog mir nur schnell den weißen Kittel aus und lief, wie ich war, los. Walter, noch in seiner Lkw-Kleidung, traf ich vor unserem Rabbinat in der Hechalutzstraße, die parallel zur Herzlstraße verlief. Dort stießen wir, wie dauernd in diesem Land, wieder einmal auf eine lange Warteschlange. Alle warteten vor diesem kleinen alten Haus, um über eine Terrassentreppe zu dem kleinen alten Rabbiner hinaufsteigen zu dürfen. Vor uns in der Schlange stand ein Mädchen, das mich und dann Walter ungeniert taxierte, sich dann an mich wandte und sagte:

»Wolle Se sich auch legalisiere losse?«

»Nein, ich will heiraten.«

»Sen Se meschugge geworen? Wo's hier so wenig Fraue git? Se könne was viel Besseres kriege als den da!«

Neben uns auf dem Bürgersteig saß ein Hauraner im Türkensitz und hatte vor sich einen grauen Putzeimer mit einem dicken Bündel roter Nelken, die er einzeln an die Bräutigame verkaufte. Manch einer hielt diesen Liebesbeweis schon in der Hand. Mein Walter stürzte sich auf den Eimer, zog den Lohn eines halben Tages aus der schmierigen Hosentasche und kaufte alle Nelken auf – den ganzen großen Strauß! Zärtlich lächelnd drückte er die Blumen in meinen Arm. Ich gab ihm einen Kuß, seufzend: »Ich danke dir sehr. Aber fällt dir auf, daß die Nelken aus einem Putzeimer gekommen sind? Ist das nicht symbolisch?«

Es war symbolisch! Ganz kurz sah ich vor meinem inneren Auge die kostbaren Kristallvasen meiner Mutter.

Wenn ich meine tägliche Arbeit in der Praxis hinter mir hatte, wartete schon die Hausarbeit, und auch die ständige Gegenwart meiner Schwiegermutter ließ mir kaum Zeit und Gelegenheit, viel nachzudenken oder gar ins Grübeln zu fallen. Rein praktische Dinge bestimmten unseren Alltag. Meine Schwiegereltern hatten einen Teil ihrer Möbel mitbringen können. Walter zimmerte aus dem Holz des Lifts ein Gestell und kaufte eine Matratze auf dem Flohmarkt, die peinlich genau untersucht, geklopft und gebürstet und schließlich als sauber befunden wurde. Allerdings war sie für den Rahmen ein wenig zu klein, so daß wir gelegentlich, wenn wir uns nicht ganz still verhielten, mit der Matratze auf den Boden durchkrachten. Die vier Pfosten des Bettes standen, wie alle Betten zu der Zeit, in je einer Konservendose mit Petroleum – als Schutz gegen Ungeziefer. Selbst wenn man die Fliesen ständig sauber hielt, konnte man nie wissen ...

Walter war sehr kinderlieb und sprach oft davon, wie sehr er sich einen Sohn wünschte. Ich versuchte ihm klarzumachen, daß unter unseren einstweiligen Bedingungen davon keine Rede sein könnte. Unser deutscher Frauenarzt, Doktor Jakoby, gab mir zwar Verhütungsmittel, aber diese damaligen Mittel waren äußerst rückständig und unsicher.

Dann kam der Tag, es war im Herbst 1934, an dem es meine Schwiegermutter gegen Abend nach deutschem Sauerkraut gelüstete. Wir wohnten fast am Ende der langen Herzlstraße, und deutsches Sauerkraut gab es nur am anderen äußersten Ende zu kaufen, in einem kleinen, von deutschen Juden geführten sogenannten »Delikateßgeschäft«. Der Weg dauerte, auch bei flottem Gehen, fast eine Dreiviertelstunde. Busse gab es abends nicht mehr. Walter war todmüde, so daß ich mich mit einer Aluminiumschale allein auf den Weg begab. Auf dem Rückweg zog mir der altbekannte säuerliche Geruch unwiderstehlich in die Nase. Ich konnte nicht widerstehen, deckte die Schale mit dem offenen Kraut auf und nahm ein Häppchen in den Mund. Verträumt wie immer, in nicht gerade rosige Gedanken versunken, ging ich die ganze Herzlstraße wieder zurück. Als ich nach einer weiteren Dreiviertelstunde vor unserem Haus stand, bemerkte ich, daß ich das ganze Sauerkraut aufgegessen hatte. Da traf es mich wie der Blitz! Ich war schwanger. Ich stieg zur Wohnung hinauf und bot mich an, den Weg noch einmal zu gehen, jedoch meine Schwiegermutter war zwar verärgert, aber schickte mich erst am nächsten Abend wieder auf den Weg.

Es dauerte eine Zeit, bis ich Walter etwas verzweifelt in mein Geheimnis einweihte. Er war strahlend glücklich und sagte: »Bis das Kind kommt, sind wir hier aus dieser Wohnung raus. Wir werden jeden Piaster, den wir verdienen, zurücklegen, dann gehen wir in eine eigene Wohnung.«

Bis zu dieser Zeit, und auch noch während der beginnenden Schwangerschaft, war ich Walters ein und alles. Ich war sein »kleines Mädchen«, seine Braut, seine Geliebte! Doch dann, als sich der Bauch zu wölben begann, reagierte er mehr und mehr befremdet. Ich war verzweifelt und quälte mich mit allen möglichen Fragen und Gedanken, bis ich eines Tages plötzlich verstand, daß es sein Widerwillen vor allem Mütterlichen war, den er, völlig unbewußt, auf mich übertrug. Ich war nicht mehr das geliebte Mädchen, ich war eine werdende Mutter.

Den Schock der Ankunft in Palästina, die ich damals trotz der Vereinigung mit Walter als furchtbar empfunden hatte, konnte ich überwinden. Damals ging ich resolut über alle Belastungen hinweg, ohne wirklichen Schaden zu nehmen. Walter versuchte zwar, seine inneren Regungen vor mir zu verstecken, jedoch las ich in ihm wie in einem Buch und wußte zutiefst, daß die schönste Zeit meiner Jugend vorbei war.

Noch als ich schwanger war, spielte sich in Bonn das zu erwartende Drama ab: Der Oberbürgermeister Daniels erschien eines Abends zu sehr später Stunde in größter Aufregung bei meinen Eltern auf der Wohnetage: »Ich kann Sie nicht mehr beschützen. Herr Koopmann, nehmen Sie eine Aktentasche und die Pässe, die Sie ja, Gott sei Dank, noch besitzen. Ihre Frau darf nur eine Handtasche mitnehmen, Ihre Kinder höchstens Rucksäcke. Ich bringe Sie noch diese Nacht zum Bahnhof, und Sie werden behaupten, daß Sie zu einer Beerdigung in eine Nachbarstadt fahren. Wenn die sehen, daß ich bei Ihnen bin und daß Sie noch im Besitz von gültigen Pässen sind, werden die hoffentlich nicht wagen, sich zu mucksen. So leid mir dies tut – ich habe erfahren, daß Sie um vier Uhr früh abgeholt werden sollen!« So rettete der Oberbürgermeister von Bonn, sicherlich unter eigener Gefahr, das Leben meiner Familie. In Marseille hatten sie sich mit Geld, das mein Vater schon vor langer Zeit zurückgelegt hatte und nun mitnehmen konnte, ein paar Kleidungsstücke gekauft. Alles andere, den gesamten Besitz, mußten sie zurücklassen.

Walter und ich holten meine Familie im Haifaer Hafen ab, und das erste, was meine Mutter, als sie mich erblickte, schockiert äußerte, war: »Jetzt macht die mich auch noch zur Großmutter! Das hat mir gerade noch gefehlt!«

Wir und die »Vereinigung Deutscher Einwanderer«, die für mittellose Deutsche sorgte, ernährten vorerst meine Eltern. Mein Onkel Paul, einer unserer »Regenschirm-Kapitalisten«, war schon längst im Lande und hatte als einer der ersten eine Villa auf dem Hadar – mit einem stets gutgefüllten Eisschrank aus dem Bestand der Lebensmittelpakete, die der Hilfsverein an Arme verteilte. Onkel Paul war der Vorsitzende des Hilfsvereins. Meinen Bruder, der eine deutsche Banklehre hinter sich hatte und zudem nach einem Amerikaaufenthalt fließend Englisch sprach, konnte ich sehr bald in der Barclay's Bank unterbringen. Ich wußte, daß man dort dringend gut ausgebildete Leute suchte, die zudem Englisch beherrschen mußten, und hatte bereits angekündigt, daß er sich vorstellen würde. Meine kleine Schwester Miryam, die damals fünfzehn Jahre alt war, fand eine Stelle als Dienstmädchen.

Meinem Vater war sofort in den ersten Tagen seines Hierseins aufgefallen, daß es auf der Herzlstraße so gut wie nichts zu kaufen gab. Die Frauen, die etwas schneidern oder auch nur nähen konnten, schlugen sich darum, stundenweise auf einer alten Singer-Fußmaschine Kleider zu nähen. Sie mußten jedoch für die nötigen »Kurzwaren« bis in die untere Stadt, in Hafennähe in den arabischen »Souk«. Auf diesem Markt konnte man ohne weiteres, während man nur einen Knopf erwerben wollte, ermordet werden.

Als Warenhausbesitzer wußte mein Vater, daß das kleine Nähzubehör, eben die »Kurzwaren«, billig im Einkauf, jedoch sehr teuer im Verkauf ist. Er sagte zu mir: »Kind, mit deinen Sprachen und deinem Geschick im Verkauf und zusammen mit meinen Kenntnissen machen wir hier auf der Herzlstraße ein Geschäft auf. Dann kann ich mir selber wieder in die Augen schauen.« Meine Mutter jedoch, die sich weigerte, auf irgendeine Weise die krasse Wahrheit unserer Situation anzuerkennen, fuhr ihn an: »Mein Mann ist kein Knöpfchenverkäufer!« Mit ihrem Gezeter im Hintergrund zerbrach der Entschluß meines Vaters.

Kurze Zeit später eröffnete ein gewisser Herr Taubenhaus, ein gebürtiger Pole, ein wunderbares Kurzwarengeschäft an einem Ende der Herzlstraße und kurz darauf ein zweites am anderen Ende. Der Mann ist sehr reich geworden und besaß später viele Häuser in Haifa.

Ich war es bald leid, mich von Doktor Boss ausnutzen zu lassen, zumal ich auch mit jedem Tag mehr merkte, daß Walter ein wesentlich besserer Arzt als er war. Täglich sagte ich mir: »Warum er und nicht Walter?«
Ich fand es mehr als ironisch, daß ich, deren Vater in unserer Genfer Zeit Vorsitzender des dortigen »Deutschen Hilfsvereins« war, nun als Bittstellerin zu meinem Onkel, dem hiesigen Vorsitzenden des Hilfsvereins, gehen mußte. Onkel Paul war nicht nur Vorsitzender, er war auch *der* Stellenvermittler für die armen »Jeckes«. Jeckes war das Hohnwort für die eingewanderten deutschen Juden. Sie trugen nämlich – im Gegensatz zur bäuerlichen Kleidung

der Juden aus Osteuropa – Anzüge und daher auch Jacken, was auf Jiddisch »Jäckel« heißt, und außerdem kannte man den rheinischen Ausdruck »jeck«: nicht richtig im Kopf.

Als ich, perfekt in drei Sprachen und ganz besonders in Englisch, was hier sehr gesucht war, zu ihm in »Audienz« kam, sagte er nur: »Du armes Wurm. Ohne Stenographie und ohne Schreibmaschine kannst du hier gar nichts machen. Ich kann dir nur eine Stelle als Dienstmädchen verschaffen, so wie deiner Schwester.«

Ich wurde also Dienstmädchen, und zwar bei einer ehemaligen »Frau Staatsanwalt«, die sich jedoch auch hier mit diesem Titel schmückte. Zuerst war diese von mir sehr begeistert. Da sie keine andere Sprache beherrschte als Deutsch, war sie froh, endlich ein »deutsches Dienstmädchen« gefunden zu haben. Auch lobte sie mich, weil ich als erstes Dienstmädchen, das ihr in Palästina bekannt sei, die handgestickten Tischdecken nicht falsch herum auflegte und die Überlaken des Bettes mit dem Hohlsaum und der Stickerei ebenfalls auf der richtigen Seite überklappte. Diese Herrschaften hatten auch riesengroße Teppiche in ihrem »Lift« mitgebracht, die ich mit meinem geschädigten Rücken und zudem schwanger hinaus zum Klopfen schleppen und über eine Stange hieven mußte. Frau Staatsanwältin kündigte mir mit der berechtigten Begründung, ich sei für ihre Teppiche zu schwach. Welche Ironie, daß ich viel später, als ich bei der britischen Zensur arbeitete, ihrem Mann als meinem Untergebenen wiederbegegnete ...

Walter und ich waren beide von dem Gedanken besessen, vor der Entbindung eine eigene Wohnung mieten zu können. Das Haus seiner Eltern in der Herzlstraße 84 jedoch schien mich wie ein Fluch zu verfolgen. Ich hatte gehört, daß auf der Herzlstraße das erste große Haushaltsgeschäft der Stadt errichtet würde. Das Projekt entwickelte die aus Deutschland eingewanderte Familie Jonas. Als ich mich bei Herrn Jonas um »irgendeinen Posten« bemühte, sagte er mir, er hätte einen leeren Ladenraum gemietet, aber alles sei noch im Bau. In den nächsten Tagen schon träfe allerdings die erste Lieferung mit kostbarem Porzellan und Glas ein. Um dies zu lagern, hätte er ein riesiges Kellergewölbe gemietet und dort schon die Regale zimmern lassen. Er sagte weiter, es sei keine leichte Arbeit, aber eine sehr verantwortungsvolle, er könne sie nicht irgendeinem Eingeborenen anvertrauen. Die Körbe müßten per Leiter in die hohen Regale verstaut werden. Eigentlich sei dies Arbeit für zwei Männer, er würde sich jedoch freuen, wenn ich es einstweilen übernehmen würde, und versprach mir, wenn das Geschäft erst eröffnet wäre, dank meiner Sprachkenntnisse einen Posten als Verkaufsleiterin.

Als ich ihn fragte, wo sich denn dieses Kellergewölbe befände, sagte er: »Unter dem Haus von Herrn Negri, in der Herzlstraße 84.« Ich hoffte, nicht recht gehört zu haben! Ich hatte keine Ahnung, daß es unter unserer Wohnung einen solchen Keller überhaupt gab.

Es war Frühjahr, und der sogenannte »Chamsin«, ein heißer Wüstenwind, wütete wie in dieser Jahreszeit des öfteren. Die Außentemperaturen stiegen oft über 39 Grad, und Klimaanlagen gab es noch nicht. Schon auf der Treppe zum Keller kam mir eine Gluthitze entgegen. Damals kam ich nicht auf den Gedanken, daß irgend etwas auf die Dauer meine Gesundheit schädigen könnte, wenn ich nur einen genügend starken Willen hätte. Walter überzeugte ich, daß das Tragen dieser entsetzlich schweren Körbe mir nichts ausmachte. Vor unseren Augen stand nur das lockende Ziel der Flucht aus der Herzlstraße 84 in eine eigene Wohnung.

Nicht nur, daß Walter meine werdende Mütterlichkeit wenig reizvoll fand. Abends war ich selbst mehr als erledigt, und die Matratze fiel kaum mehr durch den nicht passenden Holzrahmen.

Eine wirklich schlimme Begebenheit spielte sich ebenfalls in diesem mir zuletzt verhaßten Haus ab. Da ich jeden Abend völlig verschwitzt und erledigt von der Arbeit kam, war das erste, was ich tat, mir ein Vollbad zu gönnen. Seit meiner Schwangerschaft war meine Schwiegermutter mir gegenüber etwas liebenswürdiger und nachsichtiger. Eines Abend sagte sie: »Du armes Kind, ich habe für dich in der Apotheke ein Pulver gekauft, das tut man ins Badewasser, zur allgemeinen Stärkung.«

Der Geruch dieses Pulvers zog mir scharf in die Nase und kam mir seltsam bekannt vor, jedoch war ich für jede Aufmerksamkeit ihrerseits dankbar – ich war eben noch sehr jung, naiv und gutgläubig; älter bin ich geworden, jedoch diese Eigenschaften haben sich nicht wesentlich gebessert ...

Am selben Abend vermißte unsere gute jeckische Nachbarin Frau Philip ihren Mann, der auswärts arbeitete. Wenn jemand bei Anbruch der Dunkelheit unerwartet nicht nach Hause kam, hatte man schon damals immer Grund zur Besorgnis. Die sogenannten »riots«, die arabischen Aufstände gegen die Juden, hatten bereits begonnen. Frau Philip wollte dringend mit mir reden, um ihre Angst loszuwerden, obwohl ich im Bad lag. Sie sagte: »Schließ die Tür auf, wir sind doch nur Mädchen, ich brauche dich!« Als sie hereinkam, rümpfte sie sofort die Nase und sagte: »Was ist denn das für ein Geruch?«

»Das kommt von dem Pulver, das meine Schwiegermutter mir ins Bad gestreut hat, zur Stärkung.«

»Du ahnungsloser Engel du!! Kannst du das denn nicht riechen? Das ist Senfpulver, das tut man ins Bad, um abzutreiben!«

Als ich meine Schwiegermutter zur Rede stellte, sagte sie sehr erregt: »Denkst du dir etwa, ich sei bereit, mir hier auch noch Babygeschrei mit anzuhören? Nicht in meiner Wohnung!« Die eifersüchtige Liebe zu ihrem Sohn schloß offenbar den Enkel nicht mit ein.

Zum Ende des achten Monats bestand Walter darauf, daß ich diesen zwar sehr lukrativen, aber allzu schweren Posten aufgebe und in der unteren Stadt in einem winzig kleinen Büro den Telefondienst für seine Lkw-Fahrten übernähme, so daß er seine Aufträge effizienter organisieren könnte. Da dieses Büro in Hafennähe sehr viel tiefer liegt als der Hadar, wo ab und zu ein erfrischender Wind ging, war die Luft dort entsetzlich stickig. Es dauerte nicht lange, als mir eines Tages furchtbar übel wurde, und ich mußte mich in dem winzigen Büro fürchterlich übergeben. Ich hatte nichts in dieser elenden Kammer, womit ich mein Schwangerschaftskleid oder den Boden hätte säubern können. Da kam zufällig der nette Jecke Dr. Wolf, ehemaliger deutscher Kommerzienrat, vorbei. Er sah die Bescherung, lief in ein Nachbarhaus und kam mit einem Eimer voll Wasser, einem Schrubber sowie einer kleinen Sodawasserflasche und einem Glas zurück. Im Nu brachte er mich sowie den Boden eigenhändig wieder in Ordnung. Ich habe es ihm nie vergessen!

Gegen Ende des neunten Monats meiner Schwangerschaft hatten wir endlich das Geld für eine Wohnung zusammen. Allerdings mußten wir, ehe wir Miete zahlen »durften«, das sogenannte »Schlüsselgeld« an unseren Hausherrn, Herrn »Dori«, bezahlen. Dieser war, was strengstens geheimgehalten wurde, oberster Militärkommandant der »Haganah«, einer der drei jüdischen Untergrundbewegungen. Natürlich wußten wir damals nichts davon. Er war ein kleiner, jovialer, freundlicher Jude aus Osteuropa, hinter dem man nichts anderes vermutete, als daß er es schon weit gebracht haben mußte, wenn er ein Haus in der Bezalelstraße, einer kleinen, schon damals sehr feinen Seitenstraße auf dem Hadar, besaß. In unmittelbarer Nachbarschaft befand sich die »Mikve«, das rituelle Bad des Rabbinats. Sehr fromme Juden bestehen darauf, daß die Braut vor der Eheschließung bis zum Scheitel in einem solchen Bad eintaucht. Sehr orthodoxe Frauen müssen zudem dieses Bad nach jeder Mensis wiederholen. Vorher darf der Ehegatte sie nicht wieder berühren. Dieses »Gesetz« hatte natürlich in biblischen Zeiten, als die Israeliten vierzig Jahre lang in der Wüste verbringen mußten, eine wichtige hygienische Funktion. Heute allerdings empfinden moderne Juden die Weiterführung dieser Sitte als archaisch.

Wir richteten uns bescheiden ein. Damals war es üblich, daß man von Freunden und anderen hilfreichen Menschen das nötigste Mobiliar geschenkt oder geliehen bekam. Auf der Herzlstraße etablierten sich etliche Kioske, die antiquarische Bücher, darunter sehr wertvolle, verkauften. Diese wurden von den reichen »Lift-Jeckes« mitgebracht, deren »Reichtum« oftmals schnell verflogen war, so daß sie sich von ihrem Hab und Gut trennen mußten. Sowohl auf der Herzlstraße als auch in der unteren Stadt in der Jaffastraße gab es außerdem je ein richtiges Antiquitätengeschäft. Dort konnte man die schönsten antiken, europäischen Möbel sowie Kristall und Silber erwerben. Was wir uns leisten konnten, waren sehnsuchtsvolle Blicke in das Schaufenster und die manchmal für einen halben Piaster zum Verkauf angebotenen deutschen Bücher. Ich werde nie vergessen, wie schön die vier kleinen Büchergestelle, die Walter zimmerte, in meinen Augen waren. Ich wollte gerne, daß er sie schwarz beizt, und dazu nähte ich mir Gardinen aus einem wunderschönen zart lila Stoff, von dem eine Freundin mir Reste gab. Damals fand ich diese Farbzusammenstellung wunderschön. Heute weiß ich, daß Schwarz mit Lila kombiniert auf Depression hindeutet. Dennoch sah ich der kurz bevorstehenden Geburt sehr zuversichtlich entgegen.

Ich freute mich auf das Kind, und da ich von meiner Mutter wußte, wie leicht ihre Geburten waren, dachte ich, mir würde es nicht anders ergehen. Dann eines Morgens, es war der 23. Juni 1935, ich selbst war gerade einundzwanzig geworden, verlor ich das Fruchtwasser. Was das bedeutete, verstand ich nicht genau. Walter wollte daraufhin nicht zur Arbeit gehen, weil er meinte, ich müßte sehr bald in die Klinik.

Ich fiel ihm um den Hals und sagte: »Aber, Liebster, ich habe doch überhaupt keine Wehen. Du kannst mittags ja mal vorbeischauen.« Ich lachte noch und sagte: »Glaub mir, ich werde diesen schwersten Tag im Leben einer Frau ganz mühelos überstehen!«

Bis abends ereignete sich nichts, und nachdem die Wohnung jetzt endlich nach dem Umzug in Ordnung gebracht war, verwöhnte ich mich den ganzen Tag über mit Lesen. Am Abend ging eine wahnsinnige Schießerei los. Die Unruhen hatten sich bereits bis auf den Hadar ausgebreitet. Kein Mensch konnte mehr ohne Lebensgefahr aus dem Haus, geschweige denn in eine Klinik. Und gerade in dieser Nacht waren etliche von Doktor Jakobys Patientinnen, verursacht auch durch die Aufregung wegen der Schießereien, in der gleichen Lage wie ich. Er mußte unter Feuer in seinem Auto von Haus zu Haus fahren.

Bei mir hatten die inzwischen eingesetzten Wehen nicht nachgelassen. Allmählich wurde mir bange, da ich schon lange litt, sich aber weiter nichts rührte. Der hastig auch bei mir vorbeieilende Doktor fand aber nichts Außergewöhnliches dabei, außer daß eine »trockene« Geburt immer schwieriger sei, da ich das Fruchtwasser ja schon seit über zwölf Stunden verloren hatte. Niemand wußte, daß das Kind mit dem Gesicht nach unten mit seinem stark entwickelten Hinterkopf unter der Pelvis steckengeblieben war. Der Doktor kam in dieser Nacht noch zwei Mal, aber erst bei seinem dritten Besuch, als ich fast am Ende meiner Kräfte war und Walter mir mit schweißnasser Stirn die Hand hielt, wußte er nicht weiter. Er verschwand wieder und kehrte mit einer Hebamme zurück. Sie wußte seltsamerweise gleich Bescheid. In ihrem Gesicht sah ich, daß mir und dem Kind größte Gefahr drohte. Kurz entschlossen fesselte sie mich an Armen und Beinen, die sie bis zum Brechen auseinanderspreizte, mit Lederriemen ans Bett. Dann legte sie mir einen kleinen, mit Äther getränkten Lappen auf die Nase, wodurch ich die Gewalt über mich verlor und bald anfing, fürchterlich zu brüllen. Und indem ihre Hand, vielleicht auch ein Teil ihres Armes, in mein Inneres ging, drehte sie das Kind in meinem Leib völlig herum.

Fast erstickt, die Nabelschnur durch die Drehung eng um den Hals geschlungen, kam das Kind völlig blau zur Welt. Es dauerte lange, bis Doktor Jakoby es zum Atmen brachte. Ich selbst hatte mich in dieser letzten Stunde der Geburt aufgegeben. Ich hatte das Gefühl, daß mein Körper unterhalb des Nabels vollkommen zertrümmert sei.

Der Doktor eilte zur nächsten Patientin, während Walter sich erbot, die Hebamme, der er tausendfach dankte, in seinem Lastwagen nach Hause zu bringen. Sie hatte ihr eigenes Leben im Kugelregen riskiert und mein Leben und das meines Kindes wahrscheinlich gerettet. Ehe sie die Wohnung verließ, brachte sie die Waschbütte mit lauwarmem Wasser in das Gebärzimmer und sagte nur: »Leider müssen Sie Ihr Kind selber waschen und wickeln. Ich werde sicher noch woanders benötigt.«

Mein Sohn lag feucht, blutig, klebrig in meinen Armen. Dennoch bewunderte ich seinen Haarschopf und seine schönen dunklen Augen. Als ich mit ihm im Arm aufstehen wollte, schrie ich auf, da ich das Gefühl hatte, als ob ein Dolch meinen unteren Rücken an der linken Seite durchstoßen hätte. Auf die Zähne beißend und unter Schmerzenstränen, die ich nicht aufhalten konnte, gab ich meinem Sohn das erste Bad.

Als Doktor Jakoby am nächsten Morgen vorbeikam – der Kugelregen hatte sich vorübergehend beruhigt – klagte ich ihm, daß die linke Seite meines Rückens unerträglich weiter schmerzte. Mild lächelnd erklärte er, zu Walter gewandt: »Das kennen wir.

Das sind die typischen Post-Partem-Depressionen. Da bilden sich die Frauen alles mögliche ein.« Mich zu untersuchen, betrachtete er als überflüssig.

Ich versuchte heldenhaft zu sein, obwohl ich beim Gehen und jeglichem Heben des Säuglings durch eine wahre Hölle ging. Erst nach sechs Wochen wurde ich geröntgt, was damals ein großer finanzieller Luxus war. Das Gelenk, das die Hüfte mit dem Rückgrat verbindet, war gebrochen, und der Hüftknochen hatte sich inzwischen auf das Rückgrat verschoben und war bereits angewachsen. Der Orthopäde sagte: »Ich kann Ihnen doch nicht die Hüfte brechen! Hätte Ihr Arzt nach der Geburt nur seine Hand auf Ihr Steißbein gelegt und den Bruch bemerkt, so hätte er die Hüfte wieder an ihren Platz schieben können. Jetzt wird es so bleiben müssen. Durch die verschobene Hüfte werden sich Ihre Wirbel ständig aneinanderreiben und irgendwann aufreiben. Leider muß ich Sie darauf aufmerksam machen, daß Sie lebenslänglich Schmerzen haben werden.«

Walter konnte mir danach nicht mehr in die Augen sehen. Irgendwie fühlte er sich schuldig. Ich konnte ihm nicht viel helfen, da ich mich mit der Tatsache konfrontiert sah, daß ich lebenslänglich Schmerzen haben würde – niemals würde ich über die Geburt meines ersten Kindes hinwegkommen. Und zudem blieb es bei diesem ersten Kind. Ich konnte nie wieder gebären.

Es dauerte eine Weile, bis ich mich darauf eingestellt hatte, daß ich auf der körperlichen Ebene niemals schmerzfrei sein würde, und doch als geistig reger und positiver Mensch auf einer ganz anderen Ebene normal weiterleben wollte.

Mein Kind gedieh, und als Säugling war es gesund, obwohl die meisten Säuglinge damals Tuberkulose hatten. Da ich sehr viel und sehr gute Muttermilch hatte, bat man mich, auch anderen Kindern meine Milch zu geben. Nachdem ich also mein Kind gestillt hatte, pumpte ich jedesmal ab, soweit der Vorrat reichte. Man sagte mir, ich hätte auf diese Art und Weise anderen Säuglingen das Leben gerettet. Ab dem Zeitpunkt jedoch, als ich meinen Sohn entwöhnt hatte, befiel auch ihn die Tuberkulose. Antibiotika gab es erst viele Jahre später.

Da man damals nicht wußte, ob man ein Mädchen oder einen

Jungen zur Welt bringen würde, hatten wir uns über den Namen vor der Geburt keine Gedanken gemacht. Kurz vor meiner Niederkunft fiel einer unserer engsten Freunde einer Terroraktion zum Opfer. Er hieß Elijahu: »Eli« = »Mein Gott«, »ja« = Verkürzung des Namens Gottes, den fromme Juden niemals voll aussprechen dürfen, »hu« = »Er ist es«. Der Name bedeutet also »Mein Gott ist Jahwe«. Wir gaben meinem Sohn diesen Namen, aber natürlich wurde er immer nur »Eli« genannt.

Eli wurde ein liebenswürdiges Kind, empfindsam, klug, und verträumt wie seine Mutter, aber auch seinem Vater nacheifernd, was seinen kindlichen Heldenmut betraf: Damals war Haifa noch vorwiegend von arabischer Bevölkerung geprägt. Das gängige Transportmittel waren große und auch kleine junge Esel. Als Eli etwa fünf Jahre alt war und einen jungen Esel geliehen bekam, hörten wir ihn murmeln, während er sich daran machte aufzusteigen: »Hast du wieder Angst? Nein Eli, du hast *keine* Angst. Du *darfst* überhaupt keine Angst haben!« Und dann saß er auf dem sattellosen Esel.

Während all der schweren Zeit, die wir durchleben mußten, und in dauernder Sorge um Elis Gesundheit, war und blieb er unser ein und alles. Beide liebten wir Eli bedingungslos. Er war unser einziges ungetrübtes Glück. Wir hätten ihm so gerne eine wirklich glückliche Jugend bereitet, jedoch waren wir dazu zu arm. Ich werde niemals vergessen, daß ich meinem Kind nie neue Schuhe kaufen konnte, wenn es nötig war: Sowie der Schuh drückte, schnitt ich einfach das Oberleder über den Zehen weg, und im Winter hatte Eli eiskalte Füße. Auch passierte es gelegentlich, daß seine Schnürsenkel hoffnungslos zerrissen waren. Auf die Rügen hin, die seine Lehrerin mir des öfteren erteilte, sagte ich immer nur verlegen, ich hätte wieder vergessen, neue Schnürsenkel zu kaufen. Das nötige Geld dazu fehlte mir einfach. Ich schämte mich fürchterlich. So wie ich mich auch geschämt habe, als ich einen Bogen um die Kolonialwarenläden machen mußte, weil ich ihnen Geld schuldete.

Noch während ich stillte, suchte ich wieder Arbeit. Ohne einen Verdienst von mir hätten wir nicht existieren können. In unserer Gegend mit kaum befestigten »Straßen« gab es nur Wohnhäuser und keinerlei Büros oder sonstige Arbeitsmöglichkeiten. Weit weg konnte ich zur Arbeit nicht gehen, da ich das Kind alle vier Stunden stillen mußte. Da kam ein gewisser Abraham Schlochhauer zu mir (er selbst kürzte seine Unterschrift zu: »A.Schlochhauer«). Er sagte, er sei Straßenbauer von Beruf und hätte gehört, daß ich Arbeit suchte. Er könnte mir anbieten, ihm hier in der Gegend beim Straßenbau zu helfen – unter einer Bedingung: Ich müßte ihm bei der englischen Behörde eine Lizenz als Straßenbauer beschaffen. Im selbstmitleidigem Ton schloß er, daß weder sein Auftreten noch sein Englisch den englischen Stadtingenieur, Mr. Watson, genügend beeindruckt hätten. Ich würde das sicher besser können.

Der Not gehorchend, zog ich einen Gummibüstenhalter an – durch das Abpumpen litt ich unter Milchüberfluß –, denn Nylon oder ähnliches war noch nicht erfunden. Und darüber zog ich ein Sommerkleid, welches ich mir von einem männlichen Nachbarn anfertigen ließ. Dieser hatte sich ehemals nur mit Bibelwissenschaft beschäftigt, nun war er »Damenschneider« geworden. Den Stoff, den ich mir selber kaufen mußte, legte er mir auf den Kopf und ließ ihn herunter, so daß ich wie in einem Zelt dastand. Dann machte er oben einen Schnitt, und der Stoff fiel mir auf die Schultern. Ich mußte die Arme seitwärts ausstrecken, woraufhin er an beiden Seiten des Körpers bis unter die halblangen »Ärmel« hinauf Nadeln steckte. Dann hob er das zukünftige Kleid vorsichtig an den »Schultern« wieder über meinen Kopf. Die abgesteckten Stellen zog er nun durch eine Singer-Tretnähmaschine, machte einen hübschen Saum an beide Ärmel und brachte zuletzt triumphierend einen kleinen, weißen Plisseekragen, den er mit Druckknöpfen befestigte, »zum Auswechseln!«, an. Die ganze Prozedur hatte kaum länger als dreißig Minuten gedauert. Auf diese Weise angekleidet, begab ich mich zur »Municipality«, der Stadtbehörde. Das neue Kleid brachte mir Glück: Mr. Watson begleitete mich persönlich in unser Stadtviertel, um die unbebauten Straßen zu besichtigen und den zukünftigen Straßenbauer kennenzulernen. Herr A.Schlochhauer bekam die Lizenz.

Daraufhin mußte ich morgens nach dem ersten Stillen in aller Herrgottsfrühe antreten. Aber bald war die Temperatur auf der Straße bereits weit über dreißig Grad. Ich fand ein glühendes Holzfeuer vor, auf dem ein Hitze ausstrahlendes Aluminiumfaß stand mit einer schweren heißen schwarzen Asphaltmasse, die stundenlang gerührt werden mußte. Ich mußte darauf achten, weit genug vom Feuer entfernt zu stehen, obwohl ich in meinen gestreckten Armen kaum die Kraft hatte, um die schwere Masse zu bewegen – und das alles mit meinem kranken Rücken. Nach etwa einem Monat, als mein erstes Gehalt fällig wurde, erklärte mir Herr Sch., er hätte leider kein Bargeld, würde mir aber einen guten »Wechsel« geben. Damals war es bei der allgemeinen Knappheit von Bargeld üblich, scheckähnliche Wechsel als Zahlungsmittel zu benutzen. Diese wurden nach einer vereinbarten Zeit, wenn der Aussteller glaubwürdig war, von den Banken wie ein vordatierter Scheck eingelöst. Die Wechsel von Herrn Sch. waren sehr sehr weit vordatiert, und die Arbeit war hart. Da ich jedoch nirgendwo anders die Möglichkeit gehabt hätte, alle vier Stunden zu verschwinden, um zu meinem Sohn zu gehen, ließ ich mich darauf ein. Ich arbeitete volle fünf Monate für Herrn Sch. Danach war unser Stadtviertel gepflastert, aber Herr Sch., der seinen Lohn von der Stadtverwaltung einkassiert hatte, war von einem Tag auf den nächsten verschwunden. Meine Wechsel wurden niemals eingelöst.

Zu meinem Glück fand ich bald einen »jeckischen« Professor, der deutsche Schriftstücke ins Englische zu übersetzen hatte. Sein Problem war: Er konnte kein Englisch. Er war mir so sympathisch, daß ich ihm sagte: »Bezahlen Sie mir, was Sie wollen oder können.« Wir vereinbarten nichts Festes. Als die Übersetzungen nach einigen Monaten fertig waren, sagte er zögernd: »Ich habe überhaupt kein Geld, aber ich werde Ihnen ein kostbares Geschenk machen.« Er gab mir eine wunderbare große Kristallschale mit den dazugehörigen zwölf Obsttellern. Daraufhin verkauften wir pro Monat ein Tellerchen an das Antiquitätengeschäft in der Herzlstraße. Damals war es unsere Rettung. Von der Kristallschale konnte ich mich jedoch niemals trennen, weil sie mich an mein Elternhaus erinnerte.

Und wieder auf Arbeitssuche, erinnerte ich mich an den netten Stadtingenieur Mr. Watson, bei dem ich die Lizenz für Herrn A. Schlochhauer ergattert hatte. Ich ging in sein Büro und erklärte ihm mein Dilemma: perfekt Englisch, aber weder Stenographie noch Schreibmaschine. Mr. Watson verschaffte mir tatsächlich einen Traumposten bei der Irak Petroleum Company, der IPC. Dort durfte ich den Sekretärinnen Briefe und sonstige Schriftstücke diktieren. Die Sekretärinnen konnten zwar gut tippen, jedoch nicht gut genug formulieren. Mein Gehalt war sagenhaft.

Daraufhin beschloß ich in meinem Leichtsinn, aber auch meiner Verzweiflung darüber, daß Walter immer noch Lkw-Fahrer war, eine große, sehr teure Wohnung zu mieten, mit genügend Raum für eine zahnärztliche Praxis, die wir mit meinem Gehalt irgendwie etablieren wollten. Es war ein nagelneues Haus in der Achad-Ha'am-Straße. Damals galten die Wohnungen dort als Luxuswohnungen. Im gleichen Haus wurde eine Pension eröffnet, die Pension Ullmann, die mir später zum Schicksal werden sollte. Natürlich mußte Walter den Lastwagen trotzdem weiterfahren, weil der Umzug und die wenngleich äußerst bescheidene Einrichtung finanziell kaum zu bewältigen waren.

Das große Wohnzimmer richteten wir so ein, daß es nachts als Schlafzimmer diente. Das Kinderbettchen stand sowieso Tag und Nacht in diesem Raum. Ein zweites Zimmer vermieteten wir an Malka und Wowek, polnische Flüchtlinge, die bisher in einem Kibbuz Zuflucht gefunden hatten. Er war Maler und Graphiker, Malka war Schneiderin. Ihr Zimmer war zugleich ihr Arbeitsplatz. Das dritte Zimmer war für die zukünftige Praxis vorgesehen, und die Diele diente als Wartezimmer. Dann gab es noch ein winziges Badezimmer und eine ebenso winzige Küche – das mußte uns fünf Personen genügen. Wir hatten weder Gas noch Elektrizität und mußten abwechselnd auf dem kleinen Spirituskocher, dem »Primus«, kochen, wo ich auch die Windeln und gelegentlich andere Wäschestücke zum Kochen aufsetzte. Trotz dieser beschwerlichen Umstände fiel zwischen uns allen nie ein hartes Wort. Bis heute sind wir beide – Malka ist verwitwet wie ich – gut befreundet. Bei der jetzigen Ungeduld, die die Menschen sich entgegenbringen, ist es mir ein Rätsel, wieso diese Harmonie damals möglich war. Vielleicht war es die Not. Wir hatten alle ständig Geldsorgen und wenig zu essen.

Alles sah so aus, als würde unsere Entwicklung einen positiven Verlauf nehmen. Vorerst hielt uns mein Gehalt gut über Wasser, und wir konnten sogar eine alte, sehr abgenutzte zahnärztliche Einrichtung zu einer relativ geringen Miete übernehmen. Mit dabei war sämtliches notwendige Instrumentarium sowie, zu meinem Schrecken, ein Totenschädel.

Aber schon wartete eine weitaus furchtbarere Arbeit auf Walter als das Lastwagenfahren. Beim »Magen David Adom«, wie das inzwischen etablierte jüdische Pendant zum Roten Kreuz hieß, fand sich damals keiner, der bereit war, Leichen von außerhalb Haifas zu bergen und in die Stadt zu bringen. Die Araber fürchteten sich vor den Geistern der Verstorbenen und die Juden vor Infektionen. Walter erklärte sich dazu bereit und war ehrenamtlich mehr mit solchen Transporten beschäftigt als mit Erste-Hilfe-Aufgaben. Er versuchte den Leichengestank mit Formaldehyd zu bekämpfen, aber dadurch entstand nur ein fürchterliches Gemisch. Dieser »Duft« klebte in seinen Kleidern und in seinen Haaren, was kein noch so scharfes Shampoo beseitigen konnte.

Als er sich viel später endlich als Zahnarzt niederlassen konnte, schrieb ich ihm folgendes Gedicht:

Drei Jahre Kilometer sind gefressen.

Drei Jahre gabst dem Peterle Du zu essen.
Zwei Jahre lang geschuftet für den Sohn,
Doch jetzt, Herr Chetz, kommt auch bestimmt der Lohn!

Herr Doktor – darf ich bitten – trotz Patienten,
Schnell, eh' sie strömen, noch mal zu bedenken,
Daß ich die Hände, die jetzt so gepflegt,
Erst recht geliebt hab', als sie Dreck gefegt.

Für mich, Geliebter, bist Du stets der Gleiche,
Ob weiß der Kittel oder schwarz – ob weiche,
Rasierte Wangen wunderbar Dich zieren,
Ob Du mich treu beglückst mit kleinen Tieren.

»Vor Dunkelheit bin ich bestimmt zu Haus!«
Wenn Du dies sagtest, bliebst Du immer aus!

Um Mitternacht, wenn die Hyänen bellen,
Hörte man Dich – guten Gewissens – schellen.

Dich störte nicht das Bellen der Hyänen.
Du legtest Dich, mit blank geputzten Zähnen,
Lächelnd zu mir – vor Grauen mußt' ich weichen,
War dies Benzin?? – Du rochst nach Leichen!

Geliebter, Du bist nie zu Kreuz' gekrochen,
In all der Zeit, Dein Mut war nie gebrochen.
Und zum Erfolg, als Mann im weißen Kittel,
Brauchst Du im Grunde ja die gleichen Mittel:

Du wirst wie eh und je, mit Grazie fangen
Die Herzen jener Damen, die da bangen,
Ob es beim Umzug ist um ihr Porzellan,
Ob sie beim Bohrer zittern um den Zahn.

Ich will Dir weiter treu zur Seite stehen,
Durch dick und dünn geduldig mit Dir gehen.
Es führt kein anderer Weg zur Seligkeit,
Als unsere Zuversicht und Einigkeit.

Eines Tages wurde der Lastwagen in einem Kugelhagel total zerstört. Walter rettete sich, weil er gerade noch auf der Beifahrerseite aus der Fahrerkabine springen und in Deckung gehen konnte. Danach wurde der noch längst nicht abbezahlte Lkw zu all den anderen Vehikeln, die ein ähnliches Schicksal erlitten hatten, auf den Autofriedhof gebracht. Kein Teil war auch nur mehr das Geringste wert.

Da die Juden noch in unseren Anfangsjahren in Palästina darauf verzichten mußten, arabische oder hauranische Träger zu beschäftigen, da diese *zu* oft die Chauffeure während der Fahrt mit einem Dolchstoß in den Rücken ermordet hatten, mußte Walter wie alle anderen auch die Lasten selber schleppen. Ich erinnere mich daran, daß er einmal den Auftrag hatte, einen Konzertflügel zu transportieren, und er schleppte ihn allein auf seinem Rücken.

Und für das neugebaute Kino »Armon« hat er jeden Sack Zement selber auf- und abgeladen und dorthin geschleppt, wo die Bauarbeiter ihn brauchten. Er hat sich nie von dieser Zeit erholt.

Eli war noch nicht ganz zwei Jahre alt, als er schwer erkrankte. Tagsüber, während meiner Arbeitszeit, wurde er in einem nahe gelegenen Kinderhort betreut. Dort brach eine fürchterliche Amöbenruhr-Epidemie aus, eine Krankheit, der weder jung noch alt hier entkommen konnten – Penicillin war erst ab 1946 zu haben. Eli blieb natürlich nicht verschont, aber als das Schlimmste überstanden schien, entwickelte sich bei ihm ein Abszeß in der Nähe des Afters. Das Kind litt fürchterlich, und da wir in keiner Krankenkasse waren, mußten wir uns wieder an Doktor Jakoby wenden, der uns immer Kredit gegeben hatte – aber ich konnte nicht vergessen, welchen Schaden er mir zugefügt hatte, und so taten wir es nur, weil wir kein Geld für eine Behandlung im Hospital hatten. Doktor Jakoby kam zu uns ins Wohnzimmer und operierte dort das unter Ätherrausch gelegte Kind. In die offene Wunde steckte er einen Gummischlauch und legte den bewußtlosen Eli bäuchlings in sein kleines Gitterbett. Er verließ uns mit den Worten: »Das Kind muß so lange auf dem Bauch liegen, bis der Eiterfluß nach außen aufhört. Sollte der Eiter nach innen fließen, ist das Kind verloren! Sie dürfen ihn nie anders als auf dem Bauch liegend und nur flüssig ernähren.«

Eli hatte ständiges hohes Fieber, und es war unbeschreiblich schwer, ihn zu zwingen, ständig auf dem Bauch zu liegen. Ich ging nicht mehr zur Arbeit und war Tag und Nacht bei meinem Kind.

Walter war der Situation nicht gewachsen. Er zog sich in unser drittes Zimmer, seine noch nicht vorhandene Praxis, zurück und schrieb mir einen langen Brief. Darin erklärte er, er hätte in jeder Beziehung versagt: Er hätte nach der schweren Geburt des Kindes als Ehemann und Stütze für mich vollkommen versagt, er sei ein Versager als Vater, da er uns weder bei Gesundheit erhalten noch vernünftig ernähren könnte. Nun könne er nicht mehr weiter. Als er mir den Brief übergab, las ich in seinen Augen, wie ich es zeitlebens konnte, was er beabsichtigte. Ich untersuchte schnellstens den Praxisschrank nach Gift. Ich rief abermals Doktor Jakoby, zeigte ihm die Tabletten, die ich gefunden hatte, und bat ihn, mit Walter zu sprechen. Er befahl Walter, sich im Wohnzimmer aufs Bett zu legen, was er willenlos befolgte, und verabreichte ihm eine riesige Portion Beruhigungs- und Schlafmittel. Daraufhin schlief mein Mann mehrere Tage und Nächte. Vollkommen unansprechbar lag er in seinem Bett, während das Kind wimmernd und sich gegen die Bauchlage sträubend, im Kinderbettchen lag. Damals habe ich mich selber vollkommen vergessen. Jede Minute war ich bei meinem Kind, wenn ich nicht gerade Walter zwang, eine Kleinigkeit zu trinken. Er tat es, ohne die Augen zu öffnen.

So wie alles vorbeigeht, ging auch diese schlimme Zeit vorbei. Ich wollte zurück zu meiner Arbeitsstelle in der IPC. Dort wurde ich ausgelacht. Mein Posten war längst neu besetzt. Ich sah uns vor einer Katastrophe stehen und zwang Walter, ein Schild »Zahnarzt und Kieferchirurg« vor die Türe zu hängen. Natürlich kamen keine Patienten – bis auf einen, der ihm versicherte: »Da ich Sie als zuverlässigen, pünktlichen und anständigen Lkw-Fahrer kennengelernt habe, glaube ich Ihnen aufs Wort, wenn Sie behaupten, ein ebensolcher Arzt zu sein.«

Und kurze Zeit danach bekam Walter den Auftrag, kleine Siedlungen, die nur mit dem Zug zu erreichen waren, zahnärztlich zu versorgen. Die Schienen wurden häufig von Arabern vermint, so daß ich jedesmal, wenn Walter aufbrach, Todesängste ausstand. Zumal er nach der Bahnfahrt mit einem schweren Koffer voller Instrumente über Felder der Araber gehen mußte, um die mittendrin angelegten jüdischen Siedlungen überhaupt zu erreichen. Somit war er eine ideale Zielscheibe. Jede der Siedlungen hatte sich zwar eine Tretbohrmaschine angeschafft, aber alles andere mußte Walter von zu Hause mitschleppen.

Da auch die Siedlungen das versprochene Monatsgehalt nicht zahlten, besserte sich unsere Situation kaum. Es war üblich, daß man in den kleinen Kolonialwarenläden in der Umgebung einen Monat lang auf Pump kaufen konnte, jedoch Ende des Monats wurde ernstlich und ehrlich abgerechnet. Ich glaube, daß ich mich nie im Leben so geschämt habe wie damals, als ich Ende des Monats den Laden wechselte und einen großen Bogen um ihn machte, um ja nicht gesehen zu werden, und ein neues Pumpkonto im nächsten Laden anfing, von dem ich wußte, daß ich es auch nicht bezahlen konnte. Bei einem nahe liegenden Metzger hatte ich Milz erbettelt mit der Ausrede, ich hätte einen Hund. Milz wurde von den Menschen normalerweise nicht angerührt. Ich erstand von Freunden altes Brot, woraus Walter »gefüllte« Milz fabrizierte. Noch heute kann ich mich übergeben, wenn ich daran denke. – Endlich erreichte Walter, sich in Naturalien bezahlen zu lassen. Gelegentlich waren auch Enten oder Gänse in den Kisten mit Gemüse, mit denen Walter aus den Siedlungen kam. So konnten wir auch wieder unsere Freunde einladen, die dann hinter unserem Rücken erzählten: »Kein Wunder, daß die Zuckers nie Geld haben! Wer kann sich hier schon Gänse leisten!«

Während dieser schlimmen Zeit gab ich Englischunterricht für Abiturienten und bemalte nachts, während meine Familie schlief, Sparbüchsen aus Ton, die ich im arabischen Souk für ein paar Piaster gekauft hatte. Ich malte bunte Männchen, Blümchen, Häuser und Bäume. Da es im ganzen Land zu dieser Zeit keinerlei Spielzeug gab, hatte ich genügend zu tun. Der Unterricht und die Sparbüchsen waren unsere einzige Geldquelle, und das meiste ging für Medikamente und ein Ei pro Tag sowie Milch für unser krankes Kind drauf.

Die Rettung kam in Person einer Freundin aus Deutschland, die mir sagte, sie verließe einen relativ gut bezahlten Posten in einer Versicherungsgesellschaft, da sie glaubte, daß die Direktoren der hiesigen Filiale Gelder unterschlügen. Sie sagte: »Ich biete dir diesen Posten nur an, da ich ja weiß, daß ihr in Not seid. Raten kann ich dir nicht dazu!«

Ich stellte mich am nächsten Tag bei der Versicherungsfirma »Union de Genève« vor. Ich glaubte, daß das Wort »Genève« (mein geliebtes Genf) mir Glück bringen würde. Vom ersten Gehalt ging ich zu meinem Metzger und sagte ihm, ich möchte jetzt für »meinen Hund« billiges Fleisch kaufen. Zweimal in der Woche kam ich mit derselben Bitte zu ihm. Eines Tages sagte er: »Ich habe ein Sonderangebot. Feinstes Filet für dasselbe Geld wie für das Fleisch für den Hund.« Ein anderes Mal bot er mir ein herrliches Gulasch an, ebenso billig zu haben. Walter freute sich enorm, und auch ich fing an, mein Vegetariertum des öfteren aufzugeben. Eines Tages bekam ich unerwartet einen Riesenstrauß stark duftender weißer Lilien, anonym geschickt. Wir zerbrachen uns vergeblich den Kopf, von wem die Blumen sein könnten. Bei meinem nächsten Besuch bei dem jungen Metzger, der übrigens Musiker in einem Berliner Symphonieorchester gewesen war, sagte dieser vorwurfsvoll: »Sie bedanken sich ja gar nicht bei mir!«

»Wieso, ich bedanke mich jedesmal für das wunderbare Fleisch zu dem besonderen Preis!«

»Verstehen Sie gar nichts? Ich will Sie heiraten!«

Er hielt mich für eine Junggesellin, und dabei hatte er mich und Walter seit Wochen auf seine Kosten gut ernährt. Natürlich nahm ich von da ab seine »Sonderangebote« nicht mehr an. Wir wurden alle drei gute Freunde. Später eröffnete er einen sehr erfolgreichen großen Laden für Musikinstrumente.

Walter wurde ein Posten in der Haifaer Zahnklinik angeboten – allerdings unter der Bedingung, daß er die Siedlungen weiterhin versorgte. Und daneben brachte er es fertig, endlich auch seine Privatpraxis zu betreiben. Mein neuer Chef, Herr Silbermann, der die beiden betrügerischen Direktoren der Union Genève abgelöst hatte, kam auf meine Empfehlung hin als Patient zu Walter. Er fand, daß ein so begabter Arzt nicht in einer so alten abgenutzten Einrichtung arbeiten dürfte. Als wir ihm erklärten, daß wir das Vermögen, welches eine moderne Einrichtung kosten würde, niemals aufbringen könnten, sagte er kurzentschlossen: »Ich werde Ihrer Frau drei Monate Gehalt im voraus bezahlen, das genügt für eine Anzahlung. Im übrigen werden Sie alles weitere mit Wechseln bezahlen, die ich mit meiner Unterschrift garantieren werde. Das wird jedes Zahndepot akzeptieren.«

Walter protestierte: Die monatlichen Ratenzahlungen könnten wir unmöglich bestreiten. Daraufhin versicherte er uns: »Die Arbeit Ihrer Frau mit Ihren Sprachkenntnissen und Ihrem Geschick mit meinen Klienten ist mir so wichtig, daß ich Ihnen immer wieder unter die Arme greifen werde, falls Sie die Abzahlungen nicht leisten können. Schließlich ist ja meine Unterschrift auf den Wechseln.« Gesagt, getan. Endlich bekam Walter eine moderne Praxisausstattung.

Es vergingen keine drei Monate, da kam Herr Silbermann zu uns nach Hause und teilte uns mit, daß er eine »ägyptische Lotterie« erwerben könnte. Er hätte über Verbindungen zur Türkei wiederum die besten Beziehungen zu Ägypten. Allerdings müßte er dazu eine größere Bankanleihe aufnehmen, die er ja leicht bekommen könnte, da er ja viel Grundbesitz besäße. Er müsse dafür lediglich »pro forma« Wechsel für die Bank unterschreiben und benötige einen Garanten. Mit seinem freundlichsten Lächeln schloß er ermutigend: »Schließlich wäscht ja eine Hand die andere, und ich habe Ihnen ja auch Ihre Wechsel unterschrieben.«

Auf unseren Protest hin, daß wir doch nicht etwas unterschreiben könnten, ohne die geringsten Mittel zu haben, sagte er: »Sie können sich das ja heute nacht überlegen. Falls Sie ablehnen, muß ich Ihre Frau fristlos entlassen. Bisher habe ich Sie als meine Freunde betrachtet und behandelt. Falls Sie mir entgegenkommen, werde ich das Gehalt Ihrer Frau wesentlich erhöhen. Sie haben ja keine Ahnung, wieviel so eine Lotterie bringt. Es wäre die erste im ganzen Land!«

Walter und ich verbrachten eine qualvolle Nacht. Unser Instinkt sagte uns, daß dies ein gefährliches Spiel sei. Herr Silbermann hatte uns mit der Abzahlung der Einrichtung, zu der wir verpflichtet waren, eine Falle gestellt. Am Morgen kamen wir zu dem Resultat, daß uns eigentlich – in unserer finanziellen Situation – nichts anderes übrig bliebe, als seiner Aufforderung zu folgen.

Die Lotterie blühte tatsächlich, und mein Gehalt wurde anfänglich zwar nur etwas erhöht, aber mit einem Versprechen auf wesentlich mehr. Die Lotteriekunden gewannen nur kleine Beträge – das große Los zog niemand –, und dann war Herr Silbermann plötzlich verschwunden. Der Vermieter des Lotteriebüros bestand nun darauf, daß ich weiter jeden Morgen dort erscheine, um die Leute, die sonst sein Haus gestürmt hätten, irgendwie zu beruhigen. Nach kurzer Zeit wurde das Büro durch die Polizei geschlossen, und Herr Silbermann war als »vermißt« gemeldet.

Jahrelang mußten wir die Wechsel von Herrn Silbermann abbezahlen, und dazu die Raten für die Praxiseinrichtung, so daß sich unsere finanzielle Lage nicht verbesserte.

Nach der schweren Entbindung und der schweren körperlichen Arbeit gleich anschließend konnte ich mich überhaupt nicht mehr als Frau empfinden. Ich hatte nur Schmerzen und keinerlei erotische Bedürfnisse. Meine Liebe zu Walter war trotzdem nicht gemindert. Ich war nach wie vor sehr zärtlich zu ihm. Vielleicht wäre bei mir vieles geheilt, wenn er mit Begehren auf mich reagiert hätte. Er sah jedoch in mir immer noch nur die mit schwellenden Brüsten stillende Mutter. In seinen Augen las ich nicht nur Mitleid, sondern auch Schuldgefühl, Mitgefühl, Zärtlichkeit und unendliche Trauer um unser gemeinsames verlorenes Paradies. Unsere jugendliche, stürmische, rasende Leidenschaft war noch hell in unserer Erinnerung, jedoch nicht mehr in unseren Empfindungen. Die Qual der Seelennähe, die keinerlei körperlichen Ausdruck mehr finden konnte, war ein Abgrund der Verzweiflung.

In dieser Zeit besuchte mich zum ersten Mal die junge Karla Klar, die ich seit kurzem kannte. Sie war intelligent und anziehend hübsch, und ich hatte auf eine Freundschaft gehofft. Wir saßen zu dritt bei Tee und Kuchen, als sie Walter anstrahlte: »Herr Doktor, ich habe gehört, daß Sie ein wunderbarer Fotograf sein sollen.«

Daraufhin Walter: »Ach, ich bin lediglich ein Hobbyfotograf, und auch dazu fehlt mir leider die Zeit.«

Klara fuhr fort: »Ich suche schon lange einen Fotografen, der ein paar Aktfotografien von meinem Körper machen kann. Vielleicht könnten Sie mal zu mir kommen, um ein paar Aufnahmen zu machen?« Sie sagte dies mit dem entsprechenden Augenaufschlag.

Ich sprang auf, packte sie am Kragen und stieß sie zur Haustüre hinaus. Aufgeregt schrie ich ihr nach: »Machen Sie, daß Sie hier rauskommen! Und lassen Sie sich ja niemals wieder hier blicken!«

Als ich ins Zimmer zurück kam, lachte mich Walter höchst

vergnügt an: »Peterle! So lieb' ich dich! Wenn du noch immer auf mich so wahnsinnig eifersüchtig sein kannst.« – Und doch änderte sich nichts an unserer Beziehung.

Eifersüchtig war ich, fürchterlich eifersüchtig, aus lauter Minderwertigkeitsgefühlen. Wie gerne hätte ich seine Leidenschaft wieder entfacht; statt dessen war Walter zum Seelenbruder geworden.

Und dann kam der Tag, daß sich ein sehr schönes junges Mädchen anbot, Walter als »zahnärztliche Helferin« in die Siedlungen zu begleiten, obwohl sie niemals mit diesem Beruf etwas zu tun gehabt hatte. Sie war groß und schlank, mit hellem Teint, dunklen Augen und pechschwarzen Haaren. Walter nahm ihr Angebot ohne Zögern an. Ich wußte genau, was daraus entstehen würde, jedoch fühlte ich mich meiner »Frigidität« wegen dermaßen schuldig, daß ich es geschehen ließ. Das Mädchen war taktlos genug, um mir zum Geburtstag eine Seife zu schenken, mit der Bemerkung: »Wasch dich mal damit, das riecht Walter so gern.«

Obwohl ich Musik immer geliebt hatte, konnte ich, als wir mit geschenkten Karten tatsächlich einmal ein Konzert besuchen konnten, nur schluchzen. Ich dachte mir damals, daß ich nie wieder Musik hören möchte, da mir jeder Ton wie ein Messer in die Seele geschnitten hatte. Oft träumte ich auch von Notenblättern, auf denen jede Note entsetzlich gefährliche Funken sprühte. Ich verstand nicht, daß ich auf keinen Fall mehr *fühlen* durfte, sondern nur denken. Hätte ich mir erlaubt, auch zu fühlen, so wäre ich schlimmer zusammengebrochen als damals Walter.

Bei den Jeckes gab es zwei gesellschaftliche Schichten: Die, die mit viel Geld eingereist waren, betrachteten, bis auf wenige rühmliche Ausnahmen, die armen Jeckes als zu verachtendes Proletariat. Wir besaßen keine Freunde. Der mit uns befreundete Arzt Seligmann, den ich nie vergessen werde, glaubte, mir zu helfen, indem er uns zu einem gesellschaftlichen Abend einlud. Dort trafen wir ein junges Paar. Die auffallend schöne, wunderbar gewachsene blonde Frau hatte den Ruf, die schönste Frau Haifas zu sein. Ihr Mann Rouven, ein gebürtiger Berliner, sah aus wie ein schöner Araber. Ich nehme an, daß seine Vorfahren, ebenso wie meine, aus Spanien stammten. In seinen tief dunklen Augen konnte ich abgrundtiefe Traurigkeit gemischt mit Protest entdecken. Er starrte mich so offensichtlich an, daß es mir peinlich wurde, und ich Walter frühzeitig bat, nach Hause zu gehen.

Am nächsten Tag – Walter war in den Siedlungen, das Kind im Kinderhort – wartete dieser junge Mann vor meiner Tür, als ich von der Arbeit nach Hause kam. Er sagte: »Ich muß Sie sprechen, darf ich mit reinkommen?« Ich erklärte ihm, daß ich bald mein Kind abholen müßte, jedoch bis dahin Zeit für ihn hätte. Als wir im Wohnzimmer saßen, starrte er mich wieder so an wie am Tag zuvor und sagte nach einer Weile: »Wie kann ein so wunderbarer Mensch wie Sie so abgrundtief traurig sein wie ich? Ich bin in meiner Ehe todunglücklich. Meine Frau ist bildschön, aber neurotisch, womit sie mich quält, und verstehen kann sie mich überhaupt nicht. Aber Sie, Sie scheinen doch eine wunderbare Ehe zu führen. Warum ist Ihr Lächeln so gefälscht? Warum habe ich das Gefühl, wenn ich Sie anschaue, daß Sie unentwegt Theater spielen? Wer sind Sie? Was sind Sie?«

Ich fühlte plötzlich einen Riesenkloß in meinem Hals, stand auf und sagte: »Ich muß jetzt mein Kind holen.«

Daraufhin er: »Darf ich hier warten?«

Ich holte Eli, und meine Untermieterin Malka übernahm ihn liebevoll. Es war das erste Mal, daß ich mich nicht sofort in meine übermäßige Mutterliebe geflüchtet hatte. Die Beziehung zu meinem Kind war es damals, was mich geistig normal und seelisch über Wasser gehalten hat.

Ich setzte mich wieder zu Rouven. Nach einer Weile kam Malka auf Zehenspitzen diskret ins Zimmer, rollte das Kinderbettchen in ihr eigenes Zimmer und sagte: »Mach dir keine Sorgen, ich versorge den Kleinen.«

Walter blieb, wie damals üblich, über Nacht in einer Siedlung, um am nächsten Tag gleich zur nächsten weiterzufahren. Rouven und ich unterhielten uns die ganze Nacht. Wir erzählten uns unser beider Leben von A bis Z und fanden uns, zusammen vor einer

Wand stehend, wieder, ohne zu wissen, wie wir weitergehen sollten. Ehe er nach Hause ging, fielen wir einander in die Arme, wir küßten uns leidenschaftlich. Er sagte: »Du bist mir eine Offenbarung!« Dann verließ er mich und ging nach Hause. Ohne daß er meinen Körper näher berührt hatte, wußte ich, daß ich wieder Frau geworden war.

Offenbar hatten meine Sterne plötzlich radikal ihre Bahn gewechselt. Ich bekam mein Selbst zurück. Da Rouven verheiratet war, hielt ich seinem stürmischen Drängen stand, denn ich war nicht bereit, eine Ehe zu zerstören.

In dieser Zeit meldete sich der Sohn unserer Pensionswirtin, Gaby Ullmann, bei mir und bat darum, mich zu sprechen. Er war fünfzehn Jahre alt, und wie alle jungen Menschen hier glühte er vor Idealismus. Er fiel gleich mit der Tür ins Haus: Ich solle mich der jüdischen Untergrundbewegung Haganah zur Verfügung stellen, ich solle mich ihnen anschließen, um unser Volk zu retten. Die restriktive Einwanderungspolitik der Engländer koste unser Volk, das aus Europa kaum ein Entrinnen mehr sieht, das Leben. Was wolle ich meinem Sohn sagen, wenn dieser alt genug sein werde, mich zu fragen, was ich getan hätte, als alle geholfen haben!?

Fassungslos stand ich da und wußte, daß dieser Junge recht hatte.

»Haganah« heißt »Verteidigung«, und diese Untergrundorganisation des Jischuw, der jüdischen Gemeinschaft, hatte es sich vor allem zur Aufgabe gemacht, den britischen Verwaltungsapparat zu infiltrieren. So hatten sie die Möglichkeit, Informationen über Absichten und geplante Maßnahmen der Mandatsmacht zu erhalten und, wenn möglich, diesen entgegenzusteuern. Auch die Ausspionierung der arabischen Machtzentren gehörte dazu. Das Hauptziel war, Flüchtlinge ins Land zu bringen und illegal Waffen zu besorgen, um verteidigungsbereit zu sein. Mit der Staatsgründung Israels 1948 endete die »Maulwurf«-Tätigkeit der Haganah. Aus ihr wurde der offizielle israelische Geheimdienst »Mossad«.

Ich beschloß, mich gleich am nächsten Tag bei der Adresse, die Gaby mir gegeben hatte, zu melden – mich »zur Verfügung zu stellen«.

Da ich von Jugend an glühende Pazifistin war und mich weigerte, Waffen zu tragen, setzte man mich im nicht-militärischen Bereich ein und machte mich aufgrund meiner Sprachkenntnisse zur Mitarbeiterin in der »Nachrichtenabteilung«. In die »Erste Hilfe«, wo ich mit Walter bereits tätig gewesen war, wollte ich ebenfalls nicht, da ich kein Blut mehr sehen konnte und mir diese Arbeit in keiner Weise mehr zutraute. Also »Nachrichtenabteilung«. Ich sollte Dokumente und anderes aus dem Englischen übersetzen. Erst Walter, der mich am Tag meiner »Einschwörung« abends ungeduldig erwartete, klärte mich auf, daß dies nichts anderes hieße als Spionage, und zwar gegen die Engländer. Ich eine Spionin!?

Dennoch – es gab kein zurück, ich fühlte mich als Jüdin verpflichtet, dieser gefährlichen Untergrundbewegung beizutreten. Es waren die aufregendsten zwölf Jahre meines Lebens, in denen ich ein völliges Doppelleben führen mußte.

Das äußerst Schwierige während dieser zwölf Jahre war für mich nicht das Verstellen (man lehrte mich, die Verstellung wie eine Uniform zu tragen), sondern daß meine kleine Familie als Verräter verachtet wurde – wir waren »Engländer-Freunde!« –, und das sowohl von den Juden, die zu feige waren, sich zur Haganah zu gesellen, als auch von den Tausenden von Haganah-Kameraden: Untereinander durfte man sich aus Sicherheitsgründen nicht kennen! Nicht nur ich, sondern auch Walter, der das Spiel bis aufs Äußerste mitspielen mußte, sowie unsere Untermieter blieben davon nicht verschont. Uns allen wäre dies niemals möglich gewesen, wenn wir nicht damals, 1937, bereits gewußt hätten, was der jüdischen Gemeinschaft in Europa drohte. Viel später wußten wir, daß wir uns keine Vorwürfe zu machen hatten: Der Geruch der Gaskammern war bis nach Palästina spürbar. Wir verloren viele unserer nahen Verwandten – ihr Schicksal wagten wir nicht uns bildlich vorzustellen!

Zunächst mußte ich dringend »in eigener Sache« etwas unternehmen. Ich war nicht nur – und seit etlichen Monaten – illegale Einwanderin, sondern obendrein auch noch staatenlos. Das Deutsche Konsulat in Haifa hatte jede einzelne Seite meines noch gültigen deutschen Passes mit je einem Stempel »Jude« und einem Stempel »ungültig« versehen. Das hämische Grinsen des Nazi-Beamten steht mir noch vor Augen, mit dem er mich verabschiedete: »Hier haben Sie Ihren deutschen Paß zurück, *Fräulein Koopmann* –. Bei uns gilt Ihr Sohn als Bastard, und Sie werden bestimmt nicht mehr mit einem deutschen Paß in der Welt herumreisen.«

Schon als ich kaum das Vorzimmer des Konsulatsbeamten betreten hatte, wurde ein entsprechender Ton angeschlagen: »Was wollen *Sie* denn hier bei uns, *Fräulein Koopmann*??« Ich klärte den Beamten zunächst darüber auf, daß ich jetzt »Zucker« hieße, verheiratet sei, was er mit »nicht gültig bei uns« kommentierte, und legte des weiteren kurz dar, daß ich einen Sohn hätte, der tuberkulös sei und mit dem ich zur Behandlung und Ausheilung seiner Krankheit einer Einladung holländischer Verwandten folgen möchte. Mein Paß wäre nur noch ein paar Wochen gültig, deshalb bäte ich um Verlängerung. – Naivität war es bestimmt auch, die mich diesen Schritt in die »Höhle des Löwen« hatte machen lassen, aber in meiner großen Sorge um den noch nicht einmal zweijährigen Eli war ich zu allem entschlossen. Das niederschmetternde Ergebnis war, daß ich das Deutsche Konsulat als Staatenlose wieder verließ. So war ich den englischen Behörden mehr denn je ausgeliefert, und es bestand die Gefahr, jedesmal, wenn ich auch nur aus dem Haus ging, bei einer Kontrolle verhaftet zu werden. Das hieß entweder, in das berüchtigte Gefängnis in Akko, der mittelalterlichen Festungsstadt nördlich von Haifa, gebracht oder gleich fristlos des Landes verwiesen zu werden. Mit diesem »Skelett im Wandschrank«, mit dem ich schon länger leben mußte, konnte mich die Háganah natürlich nicht gebrauchen. Sie betrachteten es quasi als »Feuertaufe«, mir als erste Aufgabe die Beschaffung meiner Legalität zu stellen.

Sie nannten mir einen Anwalt, der mir dabei behilflich sein würde, dachten jedoch nicht daran, diesem Anwalt, der ebenfalls zur Haganah gehörte, Mitteilung davon zu machen, daß ich eine Kameradin sei und ihn als solche um seine Dienste bitten würde. Nichtsahnend nannte mir dieser Anwalt eine horrende Summe, die ich natürlich nicht hatte: für die Bestechung des betreffenden

Beamten sowie für sein Honorar. Oder aber – so sein zweiter Vorschlag – mich auf die Couch, die in seinem Büro vorhanden war, zu legen.

Verzweifelt sann ich auf einen Weg, ohne Bestechung und ohne eingekerkert zu werden oder mich auf eine Anwaltscouch zu legen, gültige Papiere zu bekommen, stellte dies jedoch vorerst zurück, da ich mich unversehens mitten in meiner neuen Haganah-Existenz wiederfand. Ich fand einen neuen Job, und zwar als Verkäuferin in einem arabischen Geschäft, in der Jaffa-Straße direkt am Souk gelegen, mit eleganter europäischer Herrenmode sowie einem kleinen Sortiment an erlesenen Dessous und Parfums. Da ich die einzige Verkäuferin war und nur englische und arabische, höchst antisemitische Kundschaft zu bedienen hatte, waren meine Vorgesetzten im Untergrund von diesem neuen Job sehr begeistert. Die Spionage konnte beginnen.

Um in die untere Stadt, ins Hafenviertel, zu kommen, mußte ich vom Hadar aus mit dem Bus fahren. Die Haltestelle war ziemlich weit weg von unserer Wohnung, und die Busse fuhren nur selten, so daß es eine Katastrophe war, wenn man einen verpaßte. Auf dieser Linie fuhr immer derselbe Busfahrer, ein aus Rußland eingewanderter junger Mann. Eines Abends, es war kurz nachdem ich diesen Posten angetreten hatte, hielt der Bus auf seiner Rückfahrt vom Hafen zum Hadar nicht an der üblichen Haltestelle, sondern direkt vor dem Haus, in dem ich wohnte. Ich dachte, es sei ein Zufall. Als ich am nächsten Morgen meinen Marsch zur Haltestelle antreten wollte, wartete dieser Bus schon an demselben Platz, wo ich abends ausgestiegen war. Als er dann gegen Abend bei der Rückfahrt wiederum dort hielt, freute ich mich sehr über die Tatsache, daß anscheinend gerade vor meiner Haustür eine neue Bushaltestelle errichtet werden sollte. Am nächsten Morgen, der Bus war noch ganz leer, versuchte ich mit den geringen Hebräischkenntnissen, die ich bisher hatte, zu fragen: »Hier? Neue Bushaltestelle?« Worauf der junge gutaussehende Fahrer mich anhimmelte und auf »deutsch« antwortete: »Nor vor Ihnen!« (Nur für Sie!) Ich schaute ihn etwas bestürzt an, und er fuhr fort: »Sie mich jetzt heiraten? Ja? Schnell Rabbiner gehen!«

Dazu muß man wissen, daß zu dieser Zeit sehr viel mehr »Pioniere« ins Land gekommen waren als »Pionierinnen«. Frauen waren Mangelware, und oft sind auf diese abgekürzte Art und Weise Ehen entstanden. Und damals konnte einem Mädchen kaum etwas Besseres passieren, als einen Busfahrer zu heiraten: Diese Bräutigame waren allgemein als »Mezie« (»ein besonderes Schnäppchen«) anerkannt. Die Busgesellschaften verdienten ein Vermögen, und die Fahrer waren ausschließlich Aktionäre. Sie mußten sich in die Busgesellschaft »einkaufen« und gestatteten sich natürlich ein horrendes Gehalt. Kein Wunder, daß die Busse in schlechtem Zustand waren, denn für deren Instandhaltung wurde entsprechend wenig investiert. Busfahrerfamilien wurden allgemein als »reich« betrachtet! Und ich hatte damals »nebbich« (»bedauernswerterweise«) nur einen Lastwagenchauffeur geheiratet!

Ich hatte einen vollen Acht-Stunden-Arbeitstag, und hinzu kam die Hin- und Rückfahrt, die sehr viel Zeit kostete, zumal ich jetzt auch wieder die reguläre Haltestelle benutzte. Mein armes Kind hätte sicher darunter gelitten, wenn nicht die gute Malka eine richtige Ersatzmutter geworden wäre. Damals hatte das junge Ehepaar noch keine Kinder, so daß Eli eigentlich zwei Mütter und Väter hatte. Malkas Mann Wowek war besonders kinderlieb und konnte dank seines Berufes, der ihn mit tausend Farben umgab, das Kind wunderbar beschäftigen.

Während wir bisher schrecklich unter mangelnder Zugehörigkeit gelitten hatten – weder gehörten wir zu einer spezifischen Klasse »Jeckes«, noch gehörten wir zu den Alteingesessenen oder sogar im Lande geborenen jüdischen Palästinensern –, waren wir jetzt plötzlich ein Teil der wunderbar opferwilligen Kameraden der Haganah. Und nebenher gehörten wir, notgedrungen, auch zu der obersten gesellschaftlichen Schicht, der englischen Mandatsbehörde.

Das war nämlich meine vordringliche Aufgabe: in meiner zweiten Existenz als Spionin zu einer treuen Engländer-Freundin zu mutieren.

Mein Haganah-Vorgesetzter Aharonchik, ein liebenswürdiger und dabei charismatischer aus Rußland eingewanderter Jude, formulierte dies bei einer meiner Einweisungen so: »Zuerst mußt du fühlen, ganz tief fühlen, daß du eine von uns bist. Und dann wirst du es völlig vergessen müssen. Du mußt dein Zugehörigkeitsgefühl völlig vergessen und in deinem Alltag so sehr die ›Engländerin‹ sein und dies so sehr fühlen, daß du es selbst glaubst. Du mußt eine Rolle in der englischen Gesellschaft spielen, und zwar so weit, daß sie dich auch zu Hause besuchen und sich dort wohl fühlen. Ich bin jederzeit für dich da, falls du Schwierigkeiten haben solltest, egal welcher Art. Wir sind mehr als eine Familie, und du gehörst jetzt dazu.«

Ich mußte also meinen Lebensstil vollkommen ändern, und Walter natürlich mit – wir zogen an einem Strang. Die Haganah machte sich sogleich an ihren Teil der Arbeit und richtete unser Wohnzimmer als »Salon« her: mit eleganten Sofas, gepflegtem Geschirr und Besteck, mit Grammophon und einer Auswahl Schallplatten und immer ausreichend Whisky und Soda.

Gleichzeitig versorgte man mich mit Einladungen zu offiziellen Empfängen und Festivitäten der höheren englischen Beamten. Ich wurde in die englische Hautevolee eingeführt und begann Kontakte zu pflegen und Gegeneinladungen in unseren »Salon« auszusprechen.

Auf diese Weise kam Leben ins Haus, und auch Walters Praxis profitierte davon. Natürlich sprach sich unter den Engländern schnell herum, daß er ein ausgezeichneter Arzt war. So besserte sich nicht nur unsere finanzielle Lage, sondern auch seine Zuversicht, daß seine Privatpraxis bald nicht mehr nur aus einem Schild an unserer Wohnungstür bestand. Das Kinderbettchen blieb nun oft über Nacht im Zimmer von Malka und Wowek, wenn wir mit unseren englischen Freunden bis spät in die Nacht beschäftigt waren. Walters Praxis gewann auch für die Haganah an Bedeutung: Sie wurde als »postlagernde Adresse« benutzt. Angebliche »Patienten«, die sich brav zu den anderen mit ins Wartezimmer setzten, bis sie an der Reihe waren, überbrachten ihm kleine gefaltete Zettel, darauf nur ein Pseudonym wie zum Beispiel »Kohn« oder »Levi«. Die entsprechenden jungen Leute erschienen dann irgendwann, um ihre Geheimnachrichten entgegenzunehmen. Die Praxis fungierte auch als Adresse für die jungen Lehrschwestern des britischen Regierungshospitals, deren Vorgesetzte ich bald wurde. In dieses Hospital wurden verletzte Juden, die irgendwo aufgelesen wurden, als »Terroristen« eingeliefert. Solange sie dort lagen und ärztliche Versorgung brauchten, wurden sie nicht vor Gericht gebracht. Wir mußten nun herausfinden, ob irgend jemand »von uns« unter den Verletzten lag, und ich mußte die jungen Schwestern anleiten, diesen Kameraden heimlich immer wieder Fieberspritzen zu verabreichen, so daß sie nicht als »genesen« eingestuft würden. Auf diese Weise gewannen wir Zeit und konnten ziemlich viele retten, da man ihnen gelegentlich, trotz des Fiebers, das sie ja tatsächlich hatten, zur Flucht verhelfen konnten. – Heute, mit sechsundachtzig, fallen mir manchmal noch etwas jüngere Damen um den Hals und begrüßen mich begeistert mit »Meine Kommandantin!«

Später, 1948, im arabisch-israelischen Krieg, dem sogenannten »Befreiungskrieg«, mußte Walter seine Praxis schließen. Er war damals als einziger Kieferchirurg im Norden des Landes ausschließlich mit der Versorgung von Soldaten, die mit schwersten Gesichtsverletzungen oder Kieferbrüchen ins ehemals italienische Hospital eingeliefert wurden, beschäftigt. Italien unter Mussolini war faschistisch, und die Italiener hatten, wie auch die Deutschen aus der Haifaer »Deutschen Kolonie«, schon längst fluchtartig das Land verlassen.

Da Walters Patienten nach den Operationen nur mit einem Röhrchen trinken konnten, überlegte er sich, wie er sie mit der notwendigen proteinhaltigen Nahrung versorgen könnte. Die Engländer, die ebenfalls das Land verlassen hatten, hatten etliche haltbare Lebensmittelvorräte zurückgelassen, unter anderem fand sich darunter das konzentrierte Fleischpräparat »Bovril«. Es war wunderbar dazu geeignet, um Walters Patienten eine »Protein-Bouillon« zuzubereiten. Natürlich unterstand dieses nunmehr jüdische Hospital auch den rabbinischen Kosher-Gesetzen. Der fromme Aufseher des Hospitals, der hin und wieder seine Kontrollgänge machte, bekam einen Schock, als er dieses nicht »koshere« Ochsenpräparat in der Hospitalküche vorfand. Er ließ Walter kommen und stellte ihn zur Rede, ohne seine Empörung zu verbergen. Walter spielte den Bestürzten und sagte seinem Assistenten augenzwinkernd: »Schaff dieses Zeug schnellstens aus meiner Klinik!« Als der »Aufseher« wieder verschwunden war, entfernten sie die Aufkleber mit »Bovril« von den Glasbehältern und klebten statt dessen Zettel mit erfundenen lateinischen, sehr nach Medizin klingenden Namen drauf. Unter den Namen stand jeweils »3 x täglich, 1 Tasse«. Bei dem nächsten Besuch des Aufsehers war alles in bester Ordnung.

Viel später, in den sechziger Jahren, sah sich Walter endlich vor der Realisierung seines langgehegten Traums: der Errichtung einer zahnmedizinischen Fakultät an der Jerusalemer Universität. Dazu fehlten dem noch jungen Staat natürlich die Mittel. Walter war mit einem amerikanisch-jüdischen Zahnarztverband liiert, und er war Präsident der zahnärztlichen »Loge Alpha Omega«, wie sie sich nannte. Die meist sehr wohlhabenden Kollegen aus Amerika besuchten regelmäßig den neugeborenen Staat und nahmen regen Anteil an seiner Entwicklung. Walter wußte jedoch, wenn er sie unumwunden um hohe Geldbeträge bitten würde, daß dies zu einer gewissen Befremdung führen könnte ... So kam er auf einen »diplomatischen Umweg«, denn er wußte ebenfalls von seinen amerikanischen Kollegen, daß kaum etwas höher geschätzt würde in Amerika als eine persönliche Einladung ins »Weiße Haus«. Da auch wir einen Präsidenten in einem entsprechenden Palais sitzen hatten, »Beth Hanassi« hieß seine Residenz, ersann Walter eine Einladung der Amerikaner in das israelische »White House«. Der damalige Präsident Shazar war mit unserer Familie durch eine enge und lang zurückreichende Freundschaft verbunden: Shazar hatte als russischer Emigrant deutsche Literatur und Philosophie an der Heidelberger Universität studiert. Dort war er Tutor der jüngeren jüdischen Studenten, und durch ihn kam Walter in Berührung mit dem Zionismus. Schon damals bestand eine enge Beziehung zwischen Walter und ihm. Er wurde der »Großvater« meiner Tochter Tami, da Walters und mein Vater schon nicht mehr am Leben waren.

Gemeinsam mit Shazar organisierte Walter eine prächtige

Shabbat-Einladung: komplett mit Anzünden der heiligen Kerzen sowie dem Segensspruch über die Shabbat-Chala (das geflochtene Weißbrot, welches nur bei dem Freitagabendmahl gereicht wird). Die Gäste fühlten sich mindestens so geehrt, als ob sie ins »White House« in Washington geladen wären. Nach dem Abendessen erwähnte Shazar gewisse notwendige »Spenden« für den Ausbau der Universitäten, insbesondere die Errichtung einer rein jüdischen zahnmedizinischen Fakultät. Im Verein mit Shazar konnte Walter durch seinen eigenen Enthusiasmus die Kollegen für dieses Vorhaben begeistern. Die Spenden flossen, und damit war die Finanzierung zumindest eines Großteils der Fakultät gesichert. Mit auf diese Weise locker gemachten Spenden konnte dann auch die kieferchirurgische Abteilung im Haifaer Regierungshospital mitfinanziert werden. Bei Fertigstellung dieses Gebäudes wollte der oberste Direktor, Djebin, der spätere Gesundheitsminister, eine Messingplakette an diesem Gebäude anbringen, mit der Aufschrift »Beth Dr. Walter Zucker«. Mein Mann weigerte sich energisch, diese Ehre anzunehmen. Es paßte nicht zu seinem bescheidenen Stil.

1939, Krieg! Wir wohnten noch in der Nobelwohnung, aber die Haganah hatte unseren »Salon« wieder aufgelöst, und die englischen Gäste kamen nicht mehr. Auch Walters Praxis ging dementsprechend schlechter. Unsere einzige sichere Einnahmequelle war sein Posten in der Klinik der Arbeiterbewegung. Das genügte nicht, um die hohe Miete weiter zu bestreiten. Wir zogen in ein kleines Haus in einer damals noch weitgehend unbebauten Gegend des Carmels: Naveh-Shaanan. Zu dem Haus gehörte ein Garten, oder eher ein kleines kahles Stück Boden, denn daran, einen Garten zu gestalten, war schon aus Zeitmangel nicht zu denken. Er diente als Spielplatz für unseren jetzt fast fünfjährigen Eli. Rouven, der sich eine Harley-Davidson gekauft hatte, schenkte Walter sein altes klappriges Motorrad. Mit diesem prekären Gefährt fuhr Walter jeden Morgen in die Klinik. Rouven war es auch, der mir einen so dringend benötigten Posten verschaffte, und zwar als Sekretärin einer der Abteilungsleiter in seiner Firma. Ich, die weder tippen noch stenographieren konnte! Rouven setzte mich diesem ihm unterstellten Kollegen mit den Worten vor die Nase, daß er dringend jemanden wie mich mit solcher Sprachkenntnis, solcher Intelligenz und Gewandtheit bräuchte, um Kunden zu aquirieren und endlich Umsatz zu machen. Da blieb dem Abteilungsleiter natürlich nichts anderes übrig, als mich zu akzeptieren. Wer seine Schreibarbeiten machen sollte, wagte er schon gar nicht mehr zu fragen. Ich war engagiert. In dieser Versicherungsfirma habe ich es sogar bis zum »Claim Assessor« (Schadensgutachter) gebracht.

Wir lebten in diesen Jahren unter der sogenannten »Zena«, mit Lebensmittelkarten für den äußerst rationierten Grundbedarf. Das Ei, welches ich jeden Tag für den kranken Eli brauchte, mußte ich auf dem Schwarzmarkt kaufen, es kostete ein Vermögen, desgleichen Brot, das einigermaßen genießbar war. Das Brot, das wir aßen, bestand zur Hälfte aus schimmligem Mehl und zur anderen Hälfte tatsächlich aus Sägemehl. Die gesamte Bevölkerung war jahrelang von schweren Darmerkrankungen geplagt. Das normale Brot brachte ich unmöglich hinunter und nahm mir auch nichts davon für die Mittagspause mit. Walter machte sich Sorgen, was ich überhaupt äße, und ich erzählte ihm, wir bekämen einen Lunchzuschlag, damit könnte ich in der Volksküche zu Mittag essen. Daß das alles frei erfunden war, konnte er nicht ahnen. Rouven, dem es etwas besser ging als uns, brachte Margarine-Sandwiches aus original unverschimmeltem Brot ohne Sägespäne und pro Tag ein hartes Ei für uns beide mit. In der Mittagspause gingen wir zum Bahnhof, wo wir uns in der strahlenden Sonne auf einer kleinen Mauer hinsetzten und Hälfte-Hälfte seinen mitgebrachten »Lunch« verzehrten.

Dort erschien eines Mittags in hellster Aufregung der Laufbursche unseres Büros. Die CID (das Criminal Investigation Department) des englischen Militärs hätte mich im Büro gesucht, um mich zu verhaften, und ich hätte mich umgehend in ihrer Zentrale zu melden! Als aktives Mitglied der verbotenen Untergrundbewegung dachte ich, nun sei die Stunde gekommen, in der ich den Henker im Verließ in Akko von Angesicht zu Angesicht kennenlernen würde. Auf dem Weg zur Polizeibehörde rannte ich in eine Apotheke, um ein Beruhigungsmittel zu nehmen, anders glaubte ich das mir bevorstehende Verhör nicht durchstehen zu können. Der Apotheker gab mir irrtümlich ein Schlafmittel, und so konnte ich kaum die Augen aufhalten, war allerdings auch mehr als gelassen, als ich wenig später auf einem harten Stuhl im CID saß und meine Anklage vernahm: Ich sei verdächtig, mit »arabischen Terroristen« im Bund zu sein. Es klärte sich schnell auf: Da meine Arbeitsstelle sehr weit weg von unserer Wohnung lag, brachte mich abends entweder Rouven auf seiner Harley oder sein junger libanesischer Kollege, der ein Auto hatte, nach Hause. Da beide sehr orientalisch aussahen, hatten meine Nachbarn mich denunziert. Sehr erleichtert verließ ich das Gebäude wieder, ging auf direktem Weg nach Hause und schlief den ganzen Nachmittag. Dieses Mal war ich gut weggekommen.

Für Eli fand ich ein nettes junges Mädchen, das zwar kaum irgendeine Hausarbeit machen mochte, jedoch bereit war, sich während meiner ganzen täglichen Abwesenheit dem fünfjährigen Jungen zu widmen. Bei unserem herrlichen Klima konnte Eli den ganzen Tag über in unserem »Garten« spielen. Eines Abends, es war noch hell, erzählte er mir, er hätte jetzt endlich einen Freund gefunden. Ich freute mich sehr und fragte: »Wie heißt dein Freund?«

»Ich nenne ihn Bobby.«

»Wo wohnt er denn?« fragte ich weiter, denn weit und breit in unserer Nachbarschaft war kein neues Haus gebaut worden.

Daraufhin zeigte Eli auf die äußerste Ecke unseres unbepflanzten und brachliegenden Stücks Feldbodens: »Da drüben, ich kann dich hinführen.« Er nahm meine Hand, und restlos verwundert folgte ich ihm. Wir kamen an den Eingang einer ganz kleinen Höhle, und daneben lag zusammengerollt in der Sonne eine riesige schwarze Schlange. Eli sagte: »Das ist Bobby«, und streichelte die schwarze Schlangenhaut, während ich entsetzt und erstarrt neben ihm stand. Dann sagte er: »Ist Bobby nicht schön? Wenn er nicht müde ist wie jetzt, geht er ganz langsam mit mir über das Feld spazieren. Wo immer ich hingehe, folgt er mir. Man muß nur leise sein. Wenn ich laut bin, erschreckt er sich.« Ich rang nach

Atem und fragte, mühsam meine Aufregung verbergend: »Mit dieser Schlange gehst du jeden Tag über das Feld spazieren?« Worauf Eli antwortete: »Ja! Ich habe doch niemanden anderes!«

Als ich mich verzweifelt bei Nachbarn erkundigte, erklärte man mir, daß diese schwarzen Schlangen keine Giftzähne hätten. Sie seien nützlich, weil sie die vielen Mäuse und anderes Ungeziefer vertilgten. Deshalb würden sie auch nicht verjagt oder getötet.

Ehe ich diese beruhigende Information bekam, hatte ich mir schwere Vorwürfe gemacht. Ich dachte mir: Du überläßt dein Kind täglich den Schlangen, anstatt ihm eine normale Kindheit zu bieten! Ich dachte an meinen schönen verzauberten Garten in Deutschland. Wie gerne hätte ich meinem Kind ein solches Paradies gegönnt! Während dieser schweren Jahre begleitete mich stets dieser quälende, dumpfe Schmerz: Ich konnte Eli keine Kindheit bieten!

Mittlerweile hatte ich sehr gute Kontakte zum englischen Verwaltungsapparat und bekam die Möglichkeit, bei der »Royal British Censorship«, der englischen Zensurbehörde, einen Posten zu bekommen. Und das auch noch als Vorgesetzte in der Abteilung, die sich mit allen deutschen Angelegenheiten befaßte! Aharonchik war natürlich begeistert, und jeden Abend ging ich zum »Rapport« und berichtete alles, was bei den Engländern vor sich ging. Dies tat ich mit dem Wissen, daß mir die Todesstrafe drohte, wenn man entdeckte, daß ich Spionin sei. Aber welch Ironie des Schicksals, daß sich unter meinen Mitarbeitern ein gewisser Herr Staatsanwalt befand, dessen Gattin mich einst als Dienstmädchen für untauglich befunden hatte, ihre Teppiche zu pflegen ...

Ich konnte bis in das »Reporting Office«, wo jedes verdächtige Schriftstück aus anderen Abteilungen hingeleitet und begutachtet wurde, vordringen, wurde dann aber nach einiger Zeit zur Telegrammzensur versetzt. Hier durften »Vorgesetzte« nur Inhaber englischer Pässe werden. Ich war Mrs. Gray unterstellt, einer alten, verbiesterten, grauhaarigen Dame, vor der wir alle Respekt hatten und um die wir möglichst einen großen Bogen zu machen versuchten. Bei nicht englisch sprechendem Klientel mußte ich Dolmetscherin spielen. Eines Tages kam ein Telegramm aus Europa, mit dem Inhalt: »Vater, bitte schicke mir dringend ein paar Schuhe!« Für uns Juden war eine solche Bitte bei den dortigen Verhältnissen völlig natürlich; wir selbst haben hier am eigenen Leib erfahren, was Armut bedeutet. So hatte ich ein Jahr lang nur ein einziges Paar Sandalen, und das bald mit einem großen Loch in der Sohle, aber natürlich nicht einmal Geld für eine Reparatur. Mrs. Gray allerdings fand diese Bitte nach Schuhen hoch verdächtig und betrachtete den Text als eine verschlüsselte Nachricht.

Trotz meines Protestes wurde das alte Männchen zur Zensur bestellt. Er sprach und verstand keine andere Sprache außer Jiddisch – ein Gemisch aus Altdeutsch und Althebräisch, was hauptsächlich von Juden in den osteuropäischen Ländern gesprochen wurde. Ich konnte es zwar verstehen, jedoch nicht sprechen. Mrs. Gray bat mich zu übersetzen: »Ich habe ein Telegramm von Ihrem Sohn erhalten.« Ich versuchte ihm diese Tatsache auf deutsch, gemischt mit etwas Hebräisch, durch mehrfache Wiederholung klarzumachen. Er erwiderte: »Das alte Weib lügt! Mein schöner, junger Sohn hätte niemals an so ein altes Weib geschrieben! Wenn sie hübsch und jung wäre, vielleicht.« Mrs. Gray war erstaunt über die Länge der Antwort und wollte sie genau übersetzt haben. Ich versuchte ihr zu erklären, daß dieser kleine, alte Mann noch nie etwas von einer Zensur gehört hätte und glaubte, der Sohn hätte ihr persönlich geschrieben. Sie fuhr ihn auf englisch an, daß sie keine Korrespondenz mit Juden führen würde. Er solle gefälligst erklären, wieso sein Sohn ohne Schuhe sei, anderenfalls solle er erklären, was das Deckwort »Schuhe« bedeutete. Es fiel mir sehr schwer, ihm diesen Wortschwall verständlich zu machen. Er aber bestand darauf, in schönstem Jiddisch, daß sein bildschöner, junger Sohn nur bildschönen, jungen Mädchen schreiben würde und daß sie sich nichts einbilden sollte, so eine Alte wie sie würde sein Sohn nicht mal angucken.

Inzwischen hatte sich das gesamte Personal, durch die erhobenen Stimmen aufgescheucht, um uns gesammelt, und alle brachen in lautes Gelächter aus. Ich selber war auch nicht mehr in der Lage, weiter zu übersetzen. Mrs. Gray befahl, das »gefährliche Telegramm« zu vernichten, und das alte Männchen entfernte sich kopfschüttelnd. Mir ist der arme Sohn noch lange nicht aus dem

Kopf gegangen, der irgendwo im kalten Europa vergeblich auf ein Paar Schuhe wartete.

In Haifa gab es nur ein großes Kino, das Armon-Kino. Als ich mich einmal mit Mrs. Gray über Filme unterhielt, sagte ich ihr, daß wir leider nie ins Kino gehen könnten, weil es ja völlig verwanzt sei, worauf Mrs. Gray mir mit hochgezogenen Augenbrauen antwortete: »Unsereins geht in die Logen, da gibt es keine Wanzen.« – Ich bezweifle, daß die Wanzen eine Abscheu vor den gut gepolsterten Logen hatten.

Im »Haus der Zensur« lernte ich auch den Perser Jalal Irani kennen, den Urenkel des Gründers der Baha'i-Religion. Der Gründer war in Persien jahrelang verfolgt und eingekerkert gewesen. Nach seiner Befreiung fand er Zuflucht hier im Norden Palästinas, in der Nähe der alten napoleonischen Stadt Akko. Dort steht noch immer sein edler Herrensitz, umgeben von einem persischen Garten, wo auch Jalal geboren wurde. Seit Generationen gehört alles umliegende Land, mitsamt einem römischen Aquädukt, dieser Familie. Verglichen mit der hiesigen Durchschnittsbevölkerung sah dieser junge Kollege immer aus wie ein äußerst gepflegter »Gentleman«. Groß und schlank, mit einem sehr ebenmäßigen orientalischen Gesicht, war er immer äußerst bedacht, mir bei meiner Arbeit zu helfen, besonders bei meinem Hebräisch, an dem es immer noch haperte. Seine speziellen Sprachen im Amt waren Arabisch und Persisch. Nach Büroschluß begleitete er mich immer zu meinem Autobus, galant und, wie ich bald trotz seiner Schüchternheit merkte, sehr in mich verliebt. Eines Tages klingelte er an unserer Tür. In seiner Hand hielt er einen Strauß roter Rosen.

Walter hatte als Kind fleißig Karl-May-Bücher gelesen und daraus ein sehr kleines persisches Vokabular gelernt, das er nie vergessen hatte. Er empfing Jalal mit den Worten »Oh! Guli Shiraz!« (»Rosen aus Shiraz«). Jalal wußte nicht, ob er mehr über den persischen Empfang oder über einen Ehemann und ein dazu eilendes kleines Kind fassungslos sein sollte. Er hatte geglaubt, ein junges unverheiratetes Mädchen zu besuchen. Jalal ist ein lieber Mensch – und heute, mit seinen fast neunzig Jahren, kommt er mich öfter am Shabbat abholen. Wir gehen dann orientalische Märkte durchstöbern, was eine gemeinsame Leidenschaft von uns ist. Besonders beliebt ist bei uns der Basar in Daliah, einem Drusendorf ganz in der Nähe von Haifa. Man weiß von den Drusen, daß sie die Wiedergeburt als selbstverständlich betrachten, ihre Religion allerdings strengstens geheimhalten. Es scheint tatsächlich keinen Menschen auf der Welt zu geben, der etwas über die Religion der Drusen weiß. Sie pflegen auch keine Friedhöfe, da sie glauben, daß die Menschen im selben Moment, in dem sie sterben, bereits wieder inkarniert werden.

Jalal ist der einzige Mensch, den ich je getroffen habe, der es fertiggebracht hat, einen einzigen wichtigen, kurzen, religiösen Satz entdeckt zu haben, mit dem sich die Drusen untereinander auf arabisch begrüßen, aber auch dies natürlich in strengster Geheimhaltung. Der Satz lautet in etwa: »Das Unsichtbare ist das Wichtigste.« Wenn er mit mir in einen der bunten Läden geht und dem Inhaber diese Worte ins Ohr flüstert, bekommt er alles zum halben Preis.

Jalal blieb unverheiratet, angeblich weil er keine zweite Ruth Zucker gefunden hat. Bis heute pflegt er regelmäßig seine Glaubensbrüder in London zu besuchen, wo er, seiner Abstammung wegen, wie ein Heiland empfangen wird. Als ich eines Tages mit ihm auf dem Carmel über die Hanassi Avenue ging, wurden wir von zwei jungen Leuten angehalten, die wissen wollten, wie man am besten zu dem Baha'i-Tempel mit der weithin leuchtenden goldenen Kuppel kommt. Ich konnte es mir nicht verkneifen, ihnen den Urenkel des Gründers vorzustellen. Sie warfen sich auf die Knie und küßten ihm die Hände. Jalal – noch immer schüchtern – errötete und wußte nicht, wie er sich ihrer erwehren könnte.

Erst als in Israel mein Buch über meine zwölfjährige Tätigkeit als Spionin erschien und er bereits sechsundachtzig Jahre alt war, erfuhr er, daß seine damalige junge Kollegin neben ihm spioniert hatte. Er ist aus allen Wolken gefallen.

Walter, den Menschen aus anderen Ländern und deren Kultur und Religion sehr fesselten, fand Jalal hochinteressant. Er wurde unser »persischer Freund«, und wir erlebten vieles in unserem Leben mit ihm gemeinsam. Mit der gleichen Offenheit befreundete Walter sich auch mit Rouven, der uns immer wieder aufsuchte. Ich war glücklich, daß Walter, der sonst immer wußte, was sich in meinem Innersten abspielte, niemals gespürt hat, wie gefährlich anziehend Rouven für mich war. Die beiden »Jeckes« verstanden sich wunderbar und wurden zu besten Freunden. Mich wunderte es nicht, daß sie so vieles Gemeinsames hatten. Sie mußten es ja haben – waren sie doch die einzigen Männer, die mich je in meinem Leben zutiefst erschütterten! Rouven liebte Kinder über alles, wollte jedoch kein Kind von seiner Frau. Er kümmerte sich rührend um Eli, der ihn quasi als Familienmitglied betrachtete. Er sagte über Rouven, er sei »unser Schwiegeronkel«.

Rouven wollte sich endgültig von seiner Frau Anita trennen, doch bis es endlich dazu kam, spielte sich ein regelrechtes Drama von Scheidung und Wiederheirat und abermaliger Scheidung ab. Walter war jedesmal auf Rouvens Bitte hin als Scheidungs- sowie Trauzeuge beim Rabbinat dabei, und seine Frau drohte unentwegt mit Selbstmord. Schließlich schwor sie ihm, daß sie ihn gehen lassen würde, wenn sie ein Kind von ihm bekäme. Sie wurde schwanger und gebar einen gesunden und bildschönen Sohn, der seinem Vater wie aus dem Gesicht geschnitten war und dabei hellhäutig und blond wie die Mutter. Rouven fühlte sich verpflichtet, die ersten zwei Jahre bei ihr und seinem Sohn zu bleiben, und dann kam ihm der wohlhabende Chef seiner Firma, einer großen Schifffahrtsgesellschaft, zu Hilfe – in die Quere hieße es normalerweise: Auf einem Fest der Firma, wo die schöne Anita wie überall Furore machte, verhehlte sie nicht, daß sie zu haben sei, und Rouvens Chef stürzte sich auf sie. Am nächsten Tag stand vor ihrer Wohnung ein toller Sportwagen mit jeweils einem Riesen-»A« auf den Seitentüren, dem Anfangsbuchstaben ihres Vornamens. Ebenso »hollywoodmäßig« fand sich im Kofferraum ein großer Reisekoffer mit teurer Garderobe und dazu ein Billett für eine Reise mit einem Luxusdampfer. Anita nahm die Einladung an, und Rouven wurde ein letztes Mal geschieden. Jetzt war er frei.

Rouven zog daraufhin in eine Pension in einer kleinen hübschen Villa auf dem Carmel, oberhalb unseres Viertels. Der Weg durch den Vorgarten war auf beiden Seiten mit duftenden roten Geranien bepflanzt. Dort, vor der Tür, erwartete Rouven mich immer. Während einiger Jahre ging ich, stets mit Herzklopfen, über diesen Geranienweg und fürchtete nur eines: Walter zu verletzen. Walter jedoch war immer unterwegs und sehr mit seiner jungen Assistentin beschäftigt, die ihn nach wie vor auf seinen Fahrten begleitete.

Rouvens Liebe war Balsam für mein darniederliegendes Selbstwertgefühl. Bis dahin war ich jeglicher Beziehung zu meinem Frausein und Körper beraubt. Eine mir göttlich scheinende Wildheit zwang mich in seine Arme. Er erlöste etwas in mir, das jahrelang mein Ego ausgehöhlt und mein Leben belastet hatte. Als Frau war ich wie eingefroren gewesen.

Vielleicht hätte ich Walter zu verstehen geben sollen, noch ehe ich zu Rouven ging und wir uns das erste Mal liebten, daß ich immer noch ein körperliches, lebendiges, weibliches Wesen war, welches nur geweckt werden müßte. Jedoch verbot mir das mein Stolz!

Bei Rouven erwachte in mir ein seit Jahren schlummerndes Bedürfnis. Sein so lange gefesseltes Begehren stürzte wie eine erregende Welle über meinen Körper und riß mich unwiderstehlich mit. Jedes Mal, wenn er mich nackt in seine Arme nahm, wurde er blaß vor Erregung. Er schaute mich todernst an, als sähe er ein Heiligtum. Jedes Mal war mit ihm wie das erste Mal.

Aber immer liebten wir uns mit dem Blick auf die Uhr; ich mußte stets pünktlich zu Hause sein. Rouvens Liebe zu mir war erlösend, sie wühlte mich jedoch auch zutiefst auf: Ich liebte beide Männer und fühlte mich wie gekreuzigt: zwischen Walter und Rouven! Walter war während all der Zeit, in der ich mir erlaubte, Rouven zu lieben, für meine Weiblichkeit blind und taub geblieben. Wenn ich traurig aussah, sagte er zärtlich »Peterle, ich liebe dich doch trotzdem, wie ich niemals jemanden anderen lieben kann.« Rouven verstand meine Weiblichkeit bis in die letzte Faser, er liebte alles Mütterliche, und ich bin nun mal eine mütterliche Frau. Er verstand jede meiner seelischen und körperlichen Regungen, und so spürte er des öfteren auch, daß ich irgendwie nicht völlig bei ihm war. Er sagte: »Du bist ja gar nicht ganz bei mir, bitte, komm zu mir, sei *ein Mal* ganz bei mir, und dann läßt du dich scheiden.« Ich antwortete ihm: »Niemals!«

Ich mußte meine Zeit, meinen Kopf und mein Herz zwischen all den Lebensgebieten, die mir wichtig und teuer waren, aufteilen: Ehemann gut versorgen mit gewaschener und gebügelter Kleidung, dem Kind täglich mindestens eine volle Stunde allein widmen, den Haushalt irgendwie zusammenhalten, acht Stunden Büroarbeit, mehrmals in der Woche abends die Sitzungen in dem kleinen geheimen Versammlungsraum der Haganah, genannt »die Küche«, an anderen Abenden Gastgeberin der Engländer sein, die den »Salon« belegten. Dazu einen geheimen Liebhaber, auf den ich damals nicht verzichten konnte. Ich lebte nicht nur ein »Doppelleben« als Spionin, durch Rouven wurde es ein »Triple-Leben«!

Es kam das Jahr 1941, und es fielen bei uns die Bomben der Vichy-Franzosen. Unser Wohnort Naveh Shaanan lag in direkter Fluglinie zur englischen Petroleumraffinerie am Haifaer Hafen, die das Ziel der Bomber war. Da die Flugabwehr der Engländer sie immer genau über unserem Ort abzuschießen versuchte, was ihnen oft gelang, entledigten sich die Piloten ihrer Bomben genau über unserem Ort und kehrten schnell in das syrische Damaskus zurück, von wo sie gestartet waren. Zu meinem Entsetzen besichtigte Walter das Schauspiel jedesmal von unserer Terrasse aus, während ich zitternd, mit Eli in meinen Armen, unter einem großen Eichentisch in der Halle hockte. Ich konnte Walter nicht verstehen. Walter war offenbar völlig angstlos und gottergeben.

Ebenfalls zu dieser Zeit befand sich Rommel mit seinem Afrikakorps bereits in der Sinai-Wüste und rückte immer näher. Da wir wußten, was der jüdischen Bevölkerung geschehen würde, wenn er als Nazideutscher Palästina erobern würde, besorgte sich Walter Gift. Wir hatten jederzeit eine Ampulle in der Tasche. Walter teilte mir mit, wenn der schrecklichste Fall eintrete, würde er unserem Kind eine tödliche Spritze geben. Ich solle die Ampulle aufbeißen und das Gift schlucken. Er selber würde mit seinem Revolver versuchen, vorher noch ein paar der Mörder mit ins Grab zu nehmen, ehe er sich selbst vergiften wollte. Nachdem in nächster Nähe unseres Hauses zwei Bomben heruntergingen und das Haus beschädigt wurde, suchten wir nachts Unterschlupf in einer großen Höhle, in der sich bereits nicht nur Nachbarn, sondern auch ein halbes Dutzend Zuchtböcke, die ständig pinkelten, befanden. Wir schleppten Decken mit, um uns – aber besonders das Kind – warm zu halten, und diese Decken waren entsprechend getränkt. Tagsüber waschen konnten wir sie nicht, da sie bis zum Abend, wenn wir sie wieder brauchten, unmöglich trocknen konnten. Der Gestank dieser Decken hat mich noch jahrelang verfolgt.

Wir mußten wieder umziehen: einen Kilometer weiter weg, in ein Dorf unterhalb einer hohen Bergkette, die von feindlichen Arabern bevölkert war. Die kleinen Häuser, von denen wir eins bewohnten, lagen dort wie hingewürfelt, und es gab sogar einen Kolonialwarenladen. Die »jeckische« Inhaberin stand eines Abends, als ich dort vorbeikam, staunend unter dem orientalischen Vollmond. Sie sagte »Mond, Mond! Ich versteh jar nichts mehr, einmal isser gross, einmal isser klein, bei uns in Deutschland war das nicht so! Der war immer gleich und zuverlässig.«

Irgendwann hörten die Vichy-Bomben auf. Dafür fingen die Araber auf der hohen Bergkette an, uns regelmäßig zu beschießen. Ich zitterte hauptsächlich um mein Kind. Wir Erwachsenen hatten nur deshalb Angst, weil wir beim Sterben die Kinder alleine lassen würden. Wir selber waren abgestumpft und schicksalsergeben.

Eines Tages kam die Order für alle Angestellten der Zensurbehörde, sich gegen Typhus impfen zu lassen. Ich protestierte und erklärte, daß ich unter starker Immunschwäche litt und sofort krank werden würde. Man antwortete mir: »Wer sich nicht impfen läßt, wird gefeuert.« Ich brauchte mein Geld und ließ mich also impfen. Natürlich wurde ich todkrank und mußte zu Hause liegen, da wir uns das Hospital nicht leisten konnten. Walter war gezwungen, für meine Pflege und für unser tägliches Leben eine Anleihe bei der Bank aufzunehmen, die wir nicht rechtzeitig zurückzahlen konnten. Eines Tages, ich war bereits wieder auf den Beinen – allerdings kahlköpfig, da ich durch den Typhus alle Haare verloren hatte –, erschienen vor meiner Tür zwei grimmige Beamte: Gerichtsvollzieher, die den Kuckuck auf sämtliche Möbel klebten, die wir uns so schwer erworben hatten. Allerdings hatten wir es bis dahin immer noch nicht zu normalen Betten gebracht. Nach unserem ersten Ehebett, bei dem die Matratze ständig durchkrachte, hatten wir als Neueinwanderer von der Jewish Agency, die kleine jüdische Selbstverwaltung innerhalb der großen Mandatsregierung, Betten zugeteilt bekommen. Die Betten waren mit schmalen Metallriemen bespannt, worauf eine dünne Strohmatratze lag. Sogar diese wurden mit einem Kuckuck beklebt. Obwohl ich noch lange nicht bei Kräften war, wußte ich, daß ich bei Gericht eher Gnade erwirken konnte als Walter. So ging ich hin, mußte Spießrutenlaufen, bis ich den entsprechenden Beamten fand, und bat ihn, uns wenigstens diese Betten zu lassen. Ich hatte Erfolg, aber alles andere verschwand tatsächlich.

Jetzt wurden die Schießereien ständig schlimmer, so daß wir beschlossen, dieses Haus zu verlassen und bei guten Freunden vorübergehend eine Unterkunft zu erbitten. Deren Wohnung war schon mit wiederum anderen Freunden, die ein ähnliches Schicksal erlitten hatten, überbelegt. Wir haben dort zumindest einige Nächte verbringen können. In dieser Situation ging ich kurz entschlossen zurück in die Achad-Ha'am Straße zu Frau Ullmann, die dort immer noch ihre Pension führte Ich sagte Frau Ullmann ganz offen: »Wir haben jetzt überhaupt kein Geld, werden aber wieder verdienen, Walter wird sein Gehalt, wenn auch verspätet, bekommen. Haben Sie für uns ein Zimmer?« Sie sagte: »Welches Glück! Gerade ist jemand ausgezogen. Sonst hätte ich Ihnen überhaupt nicht helfen können.«

Wir zogen zu dritt in das kleine Zimmer, das sie uns überließ. Es lag in einem runden Erker und hatte einen ringförmigen halben Balkon. Die andere Hälfte des Balkons gehörte bereits unserem Zimmernachbarn. Auf der ganzen Etage waren sechs Zimmer plus ein Badezimmer und eine Toilette. Auch die anderen Zimmer waren zum Teil mit kleinen Familien anstatt mit Einzelpersonen belegt, wie es ursprünglich gedacht war.

Walter und ich, die wir so viel Schweres miteinander erlebt hatten, liebten uns weiter, obwohl die Leidenschaft verloren gegangen war. Jedoch selbst wenn ein Bedürfnis nach Sex damals noch bestanden hätte, wäre es mit unserem Sohn in diesem engen Zimmer völlig unmöglich gewesen.

Rings um das Haus war ein schöner runder Kiesweg und ein schöner runder Garten. Dort fand ich einen leeren Blumentopf, den ich mit Erde füllte. Ich stellte ihn auf das Geländer meines Balkons und pflanzte eine getrocknete Bohne hinein. Die Bohne sproß, wurde groß und größer. Sie fing sogar an zu blühen. Diese grüne Pflanze war mir damals ein Lichtblick. Ich liebte und pflegte sie. Sie schien mir zu verheißen, daß aus trockener Erde, aus dem Tod, neues, saftiges Leben sprießen kann.

Unser privates Drama, auf so erstickend engem Raum wohnen zu müssen, dauerte knapp über ein Jahr. Die darauf folgende Wohnung war auch nur etwas geräumiger, aber um so dramatischer.

Da wir nun wieder näher an der »Küche« der Haganah wohnten, wurde ich auch wieder viel mehr beansprucht. Bei der englischen Militärzensur in das oberste Büro gelangt zu sein, wo außer mir nur Besitzer von englischen Pässen hingelassen wurden, genügte jetzt nicht mehr. Die Haganah befahl uns, auf den »französischen Carmel« umzuziehen. In diesem Teil Haifas lebten seit dem 17. Jahrhundert französische Mönche des Karmeliterordens, die dort das große Kloster gründeten. Es liegt am heutigen äußeren Südrand dieses Viertels, und am anderen Ende steht ein prachtvolles Nonnenkloster. In diesem Bereich zwischen den beiden Klostern wohnten damals so gut wie keine Juden; er war wohlhabenden Engländern und Arabern sowie ausländischen Diplomaten vorbehalten. In eines der arabischen Prunkvillen sollte demnächst der ägyptische Konsul mit seiner Familie einziehen, und die Haganah hatte es so eingerichtet, daß wir die Räume oberhalb der »Herrschaftsetage« beziehen sollten. Diese »Wohnung« befand sich auf einer Art offener Galerie: die frühere »Haremsgalerie«, wie Aharonchik uns erzählte. Und: »Bis der ägyptische Konsul hier einzieht, dürft ihr auch die untere Etage benutzen.« Diese seit langer Zeit unbewohnte Zimmerflucht war äußerst wertvoll mit antikem Mobiliar eingerichtet.

Wir hatten kaum Umzugsgut und kamen eines Abends sehr

müde, unsere sieben Sachen im Arm, dort an. Eli wollte nur noch ins Bett. Ich hatte frische Bettwäsche dabei und dachte mir, in einem der breiten antiken Betten wäre er gut aufgehoben. Ich machte schnell das Bett, Walter entdeckte das Badezimmer, und nach einer kurzen »Katzenwäsche« legte ich das Kind unter die frisch bezogene Daunendecke. Dann gingen wir nach oben, um uns die spärlich möblierte, uns zugedachte obere Etage anzusehen. Wir saßen auf den von der Haganah gelieferten Sofabetten, in einem ganz kleinen Raum mit einem hübschen verglasten Erker, von wo aus man in den unteren großen Saal blicken konnte. Wir hatten für den fest schlafenden Eli ein kleines Licht angelassen. Walter und ich unterhielten uns leise und machten uns Mut. Wir sagten uns, daß diese Wohnung doch wesentlich besser sei als das Zimmer in der Pension. Sie bestand aus zwei kleinen Zimmern plus einem winzigen Badezimmer mit Toilette und einer Balustrade. Von dieser Balustrade konnte man alles beobachten, was sich in dem unteren Raum abspielte. Wir malten uns aus, wie die Frauen des arabischen Besitzers wohl unten mit dem Hausherrn essen und schlafen durften, jedoch bei männlichem Besuch nach oben verschwinden mußten, und wie sie von der Balustrade aus verschleiert zusahen, wie die Männer sich unten vergnügten.

Nach einer Weile schaute ich wieder aus dem Erker und sah, daß Eli sich in seinem Bett wie wild drehte und hin und herwarf, obwohl er tief zu schlafen schien und auch nicht gerufen hatte. Ich eilte die Treppe hinunter, um nach ihm zu sehen, und gab einen furchtbaren Schrei von mir. Von dem Kind war nichts mehr zu sehen: Sein Gesicht, sein Kopf und seine Hände waren schwarzbraun von Wanzen bedeckt. Er hätte nicht mal mehr die Augen aufschlagen können. Walter, der von meinem Schrei alarmiert, sofort zur Stelle war, packte ihn kurz entschlossen und duschte ihn von oben bis unten mit dem eisig kalten Wasser ab, das aus der ungeheizten Dusche kam. Das Kind schrie verzweifelt, nicht wissend, was ihm geschah. Ich bewunderte Walters Geistesgegenwart, mit der er in verzweifelten Situationen immer sofort das Richtige tat. Ich hatte hilflos vor Eli gestanden und gezögert, ihn anzufassen. Nach dieser schrecklichen Prozedur nahmen wir ihn mit nach oben, und er schlief in Walters Armen wieder ein. Die Haganah besorgte einen Kammerjäger, während wir zwei endlose Tage und Nächte wieder bei Freunden unterkommen mußten.

Bis zum Einzug des Konsuls benutzten wir die Balustrade als winzige Küche, da absolut kein anderer Platz vorhanden war. Da erschien Aharonchik mit Haganah-»Handwerkern«, die große Sperrholzplatten brachten. Die eine Seite dieser Platten war schön weiß verputzt. Sie sollten vom unteren Salon her eine Wand vortäuschen und mit der rohen Seite zu uns zeigen. Wir waren beunruhigt, was das denn wieder zu bedeuten hatte! Aharonchik erklärte uns, daß wir auch den hübschen Glaserker mit einem schweren Vorhang verkleiden müßten, damit unten keiner auf die Idee käme, beobachtet werden zu können. Er sagte: »Jetzt fängt für euch ein schweres Leben an. Wir haben die untere Wohnung inspiziert. Von dort aus kann man jedes Wort hören, das hier oben gesprochen wird. Leider sind auch eure Schritte zu hören. Wenn der Konsul einzieht, dürfen die natürlich auf keinen Fall merken, wie hellhörig es hier ist.«

Also durften wir unsere Wohnung nur betreten wie die Mohammedaner ihre Moschee: Schuhe aus! Auf der letzten Stufe standen unsere Pantoffeln immer bereit. Die Treppe wurde unten mit einer starken Türe versehen, so daß wir ein Minimum an Abgeschlossenheit besaßen. Am Anfang war es schwierig für Eli, diese Disziplin zu befolgen. Er löste das Problem auf Kinderart: Für ihn wurde es ein geheimnisvolles Polizei- und Banditenspiel, bei dem er mitspielen durfte. Wir ahnten nicht, welchen Beitrag Eli zu unserer Sicherheit leisten würde.

Eines Nachmittags, noch ehe der ersehnte ägyptische Mieter angekommen war, weckte Eli mich flüsternd: »Mutti, wach auf, unten gehen Leute, die sprechen Deutsch!« Es war mir unverständlich, denn die jüdischen Bewohner auf dem französischen Carmel, in unserem »vornehmen« Viertel, konnte man an einer Hand abzählen. Und diese hatten wahrscheinlich ähnliche Gründe dort zu wohnen wie wir. Andere, »harmlose« Juden wohnten in den Vierteln weiter unten am Carmel.

Vorsichtig hob ich den Vorhang des Erkers und tatsächlich: Dort stand der Hausbesitzer selber mit einem Herrn in einem Trenchcoat mit einem braunen Filzhut auf dem Kopf. Ich wußte, daß der arabische Hausherr in einer deutschen Missionsschule aufgewachsen war. Die beiden Herren unterhielten sich fließend auf Hochdeutsch. Der Hausherr sagte: »Sie werden hier in der vornehmsten Gegend wohnen. Hier wohnen nur wohlhabende Araber und hohe englische Beamte. Allerdings wohnt im ersten Stock eine kleine jüdische Familie in einer etwas kümmerlichen Wohnung. Würde Sie das stören?«

»Ganz im Gegenteil!«

»Wieso, sind Sie auch Jude?«

»Nein, woher, um Gottes willen, ich bin doch kein Jude! Aber ich spreche perfekt Jiddisch.«

Sein Gegenüber zeigte sich erstaunt: »Ach, wieso denn das?«

»Ich habe ein gutes Ohr für Sprachen. Ich habe es einfach aufgeschnappt. Wenn ich Jiddisch spreche, nimmt mir jeder den Juden ab.«

Sein Gegenüber abermals erstaunt: »Wo haben Sie denn das gelernt?«

»Ach, darüber möchte ich nicht sprechen. Aber sagen Sie mal, wie kommen denn die da oben in eine so vornehme Gegend?«

»Ach, die Wohnung ist ja ganz schäbig, die konnte ich an niemand anders vermieten.«

Ich vermutete sofort, daß dies ein Nazispion war. Und wo hätte er Jiddisch lernen können außer in einem Konzentrationslager? Ich alarmierte sofort die Haganah, die ihn schon länger hier irgendwo vermutete. Er hatte eine Frau und drei Kinder und war mit einer arabischen Terrorbewegung liiert. Wir hatten eine Sitzung in der »Küche«, nachdem wir zudem herausgefunden hatten, daß er tatsächlich in einem Konzentrationslager »gedient« hatte. Hier wollte er sich als jüdischer Einwanderer ausgeben. Die Haganah zog in Erwägung, ihn hinzurichten. Da er jedoch seine Frau und drei Kinder bei sich hatte, beschloß man, ihn lediglich zu verhaften und ihn mitsamt seiner Familie aufs nächste Schiff nach Europa zu verfrachten.

Nach dieser Episode zog endlich der ägyptische Konsul in die untere Wohnung. Nicht nur, daß wir in unserer Balustradenküche keinerlei Geräusche mit dem Geschirr machen durften und deshalb so gut wie gar nicht gekocht haben – jeden Tag saßen auf der Balustrade abwechselnd zwei junge jüdische Studenten aus arabischen Ländern, die alles stenographierten, was unten an Gesprächen stattfand. Sie waren angeblich meine Englischschüler. Nach einer geraumen Zeit wurde der ägyptische Konsul wegen »Indiskretion« (möglicherweise durch unsere Schuld) zurückberufen. Dann aber, zur Genugtuung der Haganah, war es der syrische Konsul, der die Wohnung bezog. Er und seine charmante Frau waren ein äußerst anziehendes Ehepaar. Damals war mein Französisch, das auch die Syrier natürlich fließend beherrschten, noch wie meine Muttersprache, und Walter und ich brachten es fertig, uns mit ihnen zu befreunden. Sie waren beide vorurteilsfrei und international eingestellt. Walter und ich schätzten sie und hatten ein durchaus herzliches Verhältnis zu ihnen.

Da bekam ich die Aufgabe, seine Unterschrift zu beschaffen. Die Haganah wollte so gefälschte Pässe für syrische Juden ausstellen, denn schon lange waren die Juden in Syrien in Gefahr. Als wir nach einem köstlichen gemeinsamen Abendessen bei türkischem Kaffee und Likör saßen, kam ich auf Graphologie zu sprechen und erzählte von meiner Schweizer Zeit und der jahrelangen Ausbildung bei Magnat, der ihnen sehr wohl ein Begriff war. Beide gaben mir ihre Unterschrift, und wir verbrachten einen lustigen Abend, an dem ich ihnen mehr oder weniger die Wahrheit über ihre Persönlichkeit auftischte. Beim herzlichen Abschiednehmen nahm ich vollkommen unauffällig, wie ich dachte, die Visitenkarte des Konsuls mit seiner vollen Unterschrift auf der Rückseite und ließ sie in die Tasche meines Jacketts gleiten. Wir gelangten damit bis zu unserer Treppentür, wo seine Frau ihre zarte, mit Diamantringen geschmückte Hand diskret in meine Jackentasche schob, die Visitenkarte an sich nahm und mit einem charmanten Lächeln bemerkte: »Das wollen wir doch besser hier lassen.« Ich sagte: »Ach ja, wie dumm von mir, ich habe gar nicht gemerkt, daß ich es eingesteckt habe – ich bin so auf Schriften versessen, daß ich Unterschriften immer gerne sammle.« Diesmal hatte ich versagt!

Seit etwa 1943/44 wurden die Engländer durch jüdische Terroristen immer stärker bedrängt. Die »Haganah« als Selbstschutz-Organisation hat die Engländer niemals von sich aus angegriffen: Wir hießen »Verteidigung«, und nur für diesen Fall setzten wir Waffen ein. Die zwei anderen, viel kleineren, terroristischen Organisationen »Etzel« und »Lechi« hingegen hatten Rache für die englischen Ausschreitungen gegen die Juden geschworen und betrieben dies immer aggressiver. Die Mandatsregierung beschloß, den gesamten französischen Carmel als eine Art Sicherheitszone für die eigenen Leute abzuriegeln. Wir bekamen eine schriftliche Order, daß wir innerhalb von vierundzwanzig Stunden unsere Wohnung zu verlassen hätten. Natürlich waren es die Wohnungen der Juden, die als erste von den Engländern requiriert wurden. Damals arbeitete ich noch bei der britischen Zensur, mein Gehalt war gut, und Walter hatte inzwischen eine Praxis in der aufblühenden Herzlstraße aufgemacht – das war jetzt die Hauptgeschäftsstraße auf dem Hadar.

So hätten wir uns eine normale Wohnung leisten können, jedoch war keine zu finden. Allen vom französischen Carmel ausgewiesenen Juden ging es ebenso. Wir waren verzweifelt. Da beschloß ich, zu dem Direktor der IPC zu gehen, der irakischen Petrolfirma, in der ich vor Jahren für kurze Zeit angestellt war und die inzwischen fast ausschließlich von englischen Angestellten betrieben wurde. Diese mußten aufgrund der britischen Anweisungen ebenfalls ihre Wohnungen verlassen, um ihrerseits auf den französischen Carmel zu ziehen. Also würden eine Reihe Wohnungen leerstehen ...

Ich erinnerte mich gut an den Generaldirektor der IPC, der damals sehr angsteinflößend auftrat. Er hieß Hedgecock und war rothaarig, korpulent und jähzornig. Daß ich mich zu einem Treffen mit ihm entschloß, war eine Verzweiflungstat. Dem Hausdiener in der Halle legte ich einen größeren Schein unter das Löschpapier auf seinem Tisch, so daß er bereit war, mich mit einer gewissen Dringlichkeit bei Mr. Hedgecock anzumelden. Mr. H. blickte mich teils erstaunt, teils verärgert an, da er mich natürlich nicht wiedererkannte. Mit liebenswürdigstem Lächeln erklärte ich ihm, daß ich einmal für seine Firma mit viel Freude gearbeitet hätte. Natürlich könne er sich nicht daran erinnern. Ich erzählte ihm, daß ich schon damals als Hobby Graphologie betrieben hätte und daß ich stets von seiner Unterschrift enorm beeindruckt gewesen wäre und ob ich sie noch einmal sehen könnte. Wie ich gehofft hatte, legte er bereitwilligst seine Unterschrift auf den Tisch. Ich erzählte ihm alles, was er gerne über seine hervorragenden Charaktergaben hören wollte. Erst nach geraumer Zeit – wir waren richtig ins Plauschen gekommen – eröffnete ich ihm mit tragischem Blick, daß meine kleine Familie obdachlos auf der Straße läge. Ich bat ihn, mir eine frei werdende Wohnung von einem seiner Beamten zur Verfügung zu stellen, selbstverständlich gegen normale Miete. Mr. H. entsprach seinem edlen Charakter und erfüllte diese kleine Bitte.

Es war Anfang 1945, und wir zogen in unsere siebte Wohnung in Haifa. So schön und luxuriös hatten wir noch nie gewohnt! Der ehemalige Mieter ließ sein gesamtes Mobiliar zurück, da er nach England zurückging, einschließlich einer komplett mit elektrischen Geräten ausgestatteten Küche. Dies alles überließ er uns zur Miete für einen minimalen Preis. Die Wohnung war in einem Reihenhaus, das an einem Hang mit einem wunderschönen Blick auf die Bucht von Haifa lag. Zum ersten Mal in diesem Heiligen Land hatten Walter und ich die Gnade, am Abend eng umschlungen von unserem Wohnzimmer aus einen Sonnenuntergang bis tief ins Meer zu erleben.

Rouven wurde von seiner Firma für Jahre ins Ausland, nach Eritrea, geschickt. Wir hatten uns alle drei zum Abschied in einem kleinen Café getroffen. Walter legte zärtlich seinen Arm um meine Schultern, als Rouven nach einem für ihn und mich herzzerreißenden Abschied mit seiner Harley-Davidson davonfuhr. Walter sagte: »Wie schade, daß er so lange nicht mehr bei uns sein wird.« Ich konnte kein Wort herausbringen! Nachdem ich mit unendlicher Mühe den Trennungsschmerz halbwegs überwunden hatte und wir das erste Mal in diesem Land einigermaßen beruhigt ein fast normales Leben leben konnten, fanden wir, Walter und ich, wieder zueinander. Ich spürte wieder, daß ich ihn tief liebte, obwohl ich Rouven nicht vergessen konnte. Von ihm kamen regelmäßig Briefe, die an uns beide, gelegentlich nur an mich adressiert waren. Da Walter und ich niemals auf die Idee gekommen wären, gegenseitig unsere Briefe zu öffnen, war ich sicher, daß mein Geheimnis gehütet und Walters Seele verschont blieb.

Eines Abends – Walter war noch nicht zu Hause – ließ ich mir ein heißes Schaumbad einlaufen. Als er kam, öffnete er leise die Badezimmertür. In der Hand hielt er einen ungeöffneten Brief. Er setzte sich neben die Wanne auf einen Schemel: »Hier ist ein Brief von Rouven an dich gekommen. Darf ich ihn öffnen?«

Ohne meine Antwort abzuwarten, öffnete er den Brief. Ich kannte Rouvens leidenschaftliche Briefe, bekam Herzklopfen und zitterte im warmen Wasser.

»Lies ihn bitte nicht, Walter! Der Brief ist an mich gerichtet!« Walter las. Der Brief war lang, und der Schaum des Bades begann sich schon aufzulösen. Das Wasser wurde durchsichtig, ich fühlte mich bloßgestellt, nackt und ausgeliefert. Mir graute vor dem Moment, an dem er die letzten Worte, die ich mir nur allzugut vorstellen konnte, lesen würde. Walter hatte zu Ende gelesen und schaute mich an. Seine Augen waren plötzlich hart, restlos verwundert und verzweifelt. Der Brief fiel zu Boden, er schüttelte mutlos den Kopf und ging leise hinaus. Mit nassen Fingern griff ich über den Rand der Wanne nach dem Brief. Die Anrede allein verriet alles: »Ruth, Du meine einzige Geliebte«. Es war ein Brief voll verzehrender Sehnsucht.

Daraufhin war eine Aussprache mit Walter nicht mehr zu umgehen. Als er die Wahrheit erfuhr, telegraphierte er Rouven und verlangte, daß er sofort nach Haifa kommen sollte. Ich wußte nicht, wo sich die beiden verabredet hatten, sah aber, daß Walter seinen Haganah-Revolver mit sich nahm. Ich nahm an, er hatte vor, Rouven zu erschießen. – Viel später sagte mir Walter, er hätte Rouven selbst zu sehr geliebt, als daß er das hätte tun können, und er hätte bei seinem Anblick plötzlich verstanden, daß auch ich ihn mit ganzem Herzen lieben konnte. Auch sei es ihm wie Schleier von den Augen gefallen, daß er jahrelang eine blühende geliebte Frau neben sich gehabt hätte, für deren Frausein er taub und blind und stumm gewesen sei.

Beide Männer kamen nach ihrer Aussprache vereint zu mir und sagten: »Du mußt dich entscheiden!« Beide waren überaus erregt, und von beiden fühlte ich mich bedroht. Ich wußte nicht aus noch ein. Ich konnte nur murmeln: »Ihr müßt mir Zeit lassen, um Gottes willen, was verlangt ihr von mir?«

Ich traf mich noch einmal allein mit Rouven, und er schlug mir vor, daß er zurückfahren würde nach Eritrea, ich sollte mein Kind nehmen und ihm nachfahren, ohne Walters Wissen, denn dieser würde es niemals zulassen, daß ich mich tatsächlich »entscheide«. Diese Lösung war für mich indiskutabel. Und so blieb nur eins. Es fiel mir unendlich schwer, mich auf Lebenszeit von Rouven zu lösen. Bei einer unserer Unterhaltungen hatte er mir jedoch folgendes gesagt: »Weißt du, wenn du mich, so Gott will, heiratest, habe ich nur vor einer einzigen Möglichkeit Angst ..., daß du schon am nächsten Morgen sagen wirst: Ich will zurück zu meinem Walter.« Plötzlich wußte ich, daß er recht hatte.

Rouven fuhr zurück nach Eritrea. Meine Sehnsucht nach ihm blieb, und dennoch wurde ich ganz Walters Frau. Haben wir Frauen eine Sklavenseele? Damals fand ich es wunderbar, Walter hörig zu sein. Eine neue Leidenschaft erwuchs in mir. Es war seelische und körperliche Liebe zugleich, und ohne Angst und schlechtes Gewissen wie bei Rouven. Allein die Möglichkeit, Walter wieder lange und vertrauensvoll in seine mich stets fesselnden Augen zu schauen, kam für mich fast einem Orgasmus gleich. Walter nannte es etwas abfällig »Blickvögeln« und verbat es mir in der Öffentlichkeit. Den Ausdruck empfand ich als Beleidigung. Und dennoch, wie gut war es, wieder im sicheren Hafen der Ehe zu sein, der nie langweilig war und es nie werden konnte.

Und wieder einmal mußten wir umziehen, da die Wohnung des Engländers uns nur auf Zeit vergönnt war. 1948 zogen wir in unsere vorletzte Wohnung in Haifa. Auch sie lag in einem Haus mit unverstellten Blick auf das ganze blaue Meer, das ich in seiner Pracht weit unten vor mir liegen sah. Sie war zweistöckig und überteuert, aber ich war so entzückt, daß ich darüber das Geld vergaß und kurzerhand den Mietvertrag unterschrieb. Walter war an diesem Vormittag in seiner Praxis und konnte zu dem Besichtigungstermin nicht mitkommen. Er hätte Einspruch erheben können, gleich an Ort und Stelle den Vertrag zu unterschreiben, aber natürlich war er genauso begeistert wie ich. In dieser wunderschönen, auf einen steilen Hang gebauten Wohnung in der Vitkenstraße wohnten wir über zwanzig Jahre!

Meinen ersten Geburtstag in dieser Wohnung werde ich nie vergessen: Es gibt lebende Blumen, die nie verwelken, weil sie in der Erinnerung bleiben, solange wir selber leben!

Zu der Zeit gab es gerade die ersten Tonbandgeräte, die riesengroß und unhandlich waren und etliche Kilo wogen. Walter hatte ohne mein Wissen solch einen »Grundig« erworben. An meinem Geburtstagsmorgen wurde ich von einem wunderbaren Vogelkonzert geweckt, was ich mir gar nicht erklären konnte. Ich lief im Nachthemd die Treppen hinunter und fand Walter im Wohnzimmer vor der Kristallschale sitzend, von der ich mich nie trennen konnte. Die Schale auf dem kleinen Tisch war voller Feldblumen, eine unwahrscheinliche Farbensymphonie. Der wunderbare Vogelgesang kam aus derselben Richtung: aus dem »Grundig«, der daneben stand. Walter hatte den schweren Apparat tief den Abhang hinunter in die Schlucht – ins Wadi – geschleppt. Dort unten gab es einen hundert Jahre alten Brunnen, der uns immer unerreichbar erschien. Daneben wuchs ein uralter Brombeerbusch, an dem sich nur die Vögel beköstigten. Bei Sonnenaufgang kamen sie zum Trinken und zum Naschen. Wir konnten das Schauspiel zwar von unserer Wohnung aus bewundern, aber den herrlichen morgendlichen Vogelgesang konnte man bei uns oben nicht hören. Wir hörten nur die wenigen Vögel in unserem Garten.

Nachdem Walter fast eine Stunde lang die Vogelstimmen aufgenommen hatte, schleppte er den Apparat den lebensgefährlichen Weg die Felswand hinauf und hatte noch einen Arm voll der wunderbarsten wilden Blumen. Nie habe ich einen schöneren Geburtstag erlebt! Oft habe ich mir gewünscht, einmal morgens früh dort unten zu sein, was natürlich für »normale Sterbliche« gar nicht möglich ist. Ich habe auch nie jemanden getroffen, der mir sagen konnte, ob dieses kleine Paradies mit dem Brunnen und den Beeren, den Vögeln und den Blumen noch weiter existiert. Keiner würde auch nur den Abstieg wagen, geschweige denn den Aufstieg. Walter muß aus Liebe übermenschliche Kräfte entwickelt haben!

Rouven schrieb unendlich viele Briefe, die ich bewußt mit »Vernunft« beantwortete. Sowohl er als auch ich bekamen von der britischen Post einen Zettel zugeschickt folgenden Inhalts: »Letters are more likely to pass the censor expeditiously if they are short und clearly written. This letter is returned to the sender for the reason that it is not clearly written.« (»Briefe haben eine bessere Chance, schnell vom Zensor weiterbefördert zu werden, wenn sie kurz und klar geschrieben sind. Dieser Brief geht an den Absender zurück (in diesem Fall war es Rouven) aus dem oben genannten Grund.«)

Wenigstens Auszüge aus seinem langen Brief möchte ich hier wiedergeben. Rouven schrieb mir folgendes:

Ruth, meine ferne, nahe, allgegenwärtige, traumhaft-gespenstige Geliebte. Ich suche Dich in jeder Nacht, in jedem Gedanken, in allen Straßen, in jeder Frau, und es verbleibt mir nichts, als Dich fest weiter in mir zu tragen, Dir dauernd zuflüsternd, bei mir zu bleiben trotz der langen Trennung, mit der ich noch nicht fertigwerde. Ich möchte Dich nicht mit einer zerfleischenden Analyse unserer Situation belasten. Alles ist mir unwichtig gegenüber der starken Wirklichkeit, die uns leise zueinander geführt und immer stärker zueinander gejagt hat. Es bleibt mir jetzt nur das Bewußtsein, zu Dir zu gehören. Das, was war, ist noch immer schön und rein und urwüchsig stark. Ich sehe weiter das hingebungsvolle Zittern und auch die ernste tiefe Traurigkeit Deiner Augen bei dem letzten Händedruck, der uns kurz vereinte und trennte. Ich weiß, daß das niemals verblassen wird.

Ich weiß nicht, wie ich Dich mit meinen Gedanken oder durch sie erreichen kann. Ich möchte damit zu Dir kommen, damit Du daraus Kraft und Hilfe schöpfen könntest, die Dich aus Deinen Zweifeln und schwankenden Ebenen befreien könnte. Wenn ich bloß diese ganze Inbrunst, die gedanklich in mir ist, zu Dir übertragen könnte, vielleicht würde es Dir helfen.«

In einem anderen Brief:

»Du hast mir in Deiner zarten und weisen Art das Schneckenhaus beschrieben, die meiner Ansicht nach »viel zu goldige Familie«, in der Du in

Dich selbst verschlossen, sehr »ruhig und zufrieden glücklich lebst«. Glaubst Du Dich vor mir schützen zu müssen? Meinst Du, ich würde mir diese Jahre der Trennung auferlegen, wenn ich Dich nicht selber schützen möchte vor dem Verfall: Wir würden diesem Verfall ausgesetzt, wenn wir unsere Lebenswege, über alle inneren Gesetze der Familie hinweg zueinander zwingen würden. Ich weiß, daß alle unsere Instinkte und unsere tiefe Gemeinsamkeit uns dazu verlockt. Hab jedoch keine Angst, daß ich zerstören werde, was Du in verzweifelter, schwerer Arbeit Dir aufgebaut hast. Selbst wenn ich Dir wieder begegnen werde, werde ich dem nicht verfallen, denn Du hast es verstanden, wozu selten eine Frau fähig ist, das »andere«, was uns so wertvoll ist, das Gemeinsame, welches mich glücklich gemacht hat, nicht zu zerstören, sondern zu bewahren und zu erhalten. Ich kann jetzt mit dem Bewußtsein leben, daß es dieses Unerreichbare dennoch gibt, diese geheime Insel, die uns beiden gehört. Daß Du die Kraft gehabt hast, das weder in Dir noch in mir zu zerstören, das, was uns bindet, nicht zu leugnen, ist mir eine gnädige Bestätigung, die alle Entsagungen in den Hintergrund drängt, wenn auch nicht auslischt. Deine zarte Mahnung bezüglich wenn ich Dir wieder begegnen werde, habe ich so tief in mich aufgenommen, daß ich Dir keinen Schmerz bereiten werde.«

Aus einem dritten Brief:

Ich schicke diese »Warnzeilen« ab. Verzeih sie, aber sie sind echt. Den langen »Schlußbrief« werde ich Dir nie schreiben können. Gott sei Dank nicht! Ich weiß, daß Du diese seltene »wirkliche Frau« bist, die männlich zu fühlen vermag und trotz aller Zartheit, Wehmut und Zweifel der eigenen Weiblichkeit gegenüber dennoch felsenfeste Energien ausstrahlst. Das nennt man doch landläufig »männlich«? Sei es mir verziehen, daß ich Dich in dieser Form als Elixier zum Weiterkönnen »benutze«.

Ich hütete weiter mein »Schneckenhaus«, schon alleine deshalb, weil ich meine Zugehörigkeit zu Walter bereits in meinem siebzehnten Lebensjahr besiegelt hatte, und ebenso zwingend war unser gemeinsames Kind. Rouven verblaßte nie, Walter mit seiner starken Ausstrahlung war jedoch für mich überall präsent. Bis ..., ja, bis nach nur einigen Monaten Hetty erschien.

Hetty war Anfang dreißig. Sie kam aus Deutschland und war Geigerin in einem Orchester gewesen. Ihr Mann wurde ermordet, während sie mit ihrer kleinen Tochter, von guten Menschen versteckt, den Holocaust überlebt hatte. Sie landete in Haifa, und es kamen gute Freunde zu uns mit der Bitte »sie zu retten«: Sie hätte notgedrungen eine Stelle in einem Kinderheim annehmen müssen, nur gegen Kost und Logis für sie und ihr Kind, ohne jedes Gehalt. Die armen Heimkinder würden von der Heimleiterin regelmäßig geschlagen, und auch ihre kleine Tochter sei dem ausgesetzt. Außerdem sei diese Direktorin lesbisch und ließe Hetty keine Nacht in Ruhe, inzwischen riegele sie sich jede Nacht in ihrem Zimmer ein.

Vorerst brachten die Freunde Hetty und ihr Kind erst einmal zum Kennenlernen zu uns. Sie war bildschön: ein italienischer Typ, tief dunkle, wehmütige Augen, ein Profil wie aus Elfenbein geschnitzt, schwarze Locken und ihr Körper wie ein Model. Hetty war nicht nur musikalisch, sie war auch sehr gebildet und interessant. Walter spielte damals neben seiner Gitarre auch Klavier und liebte klassische Musik über alles. Sich mit Hetty zu unterhalten war uns beiden ein Vergnügen. Sie war mir ausgesprochen sympathisch, und nicht nur Walter, sondern auch ich empfanden tiefes Mitleid. Walter machte mit seiner erotischen, sonoren Stimme einen großen Eindruck auf sie. Er pflegte, wie er das auch bei seinen Patientinnen so geschickt tat, alle weiblichen Wesen von achtzehn bis achtzig väterlich mit »mein Kind« anzureden. Seine Beschützeraura war unwiderstehlich. Ich ahnte Schlimmes.

Walter konnte Hetty alsbald mit einem annehmbaren Gehalt als Helferin in einem ärztlichen Labor unterbringen. Zusätzlich gab sie auch abends einigen wenigen Schülern Geigenunterricht, was hier ein Luxus war.

Walter wurde nicht nur ihr »Erretter«, sondern auch ihr »ein und alles«, wie sie sagte, nämlich ihr Geliebter. Hetty kam zu mir, um mich innig zu umarmen, weil ich »ihre Beziehung zu Walter verstünde und erlaubte«! Sie fügte hinzu, sie sei das erste Mal, seit dem grauenhaften Tod ihres Mannes, wirklich glücklich.

Und ich war allein – so entsetzlich allein wie nie zuvor. Wie hätte ich mich dieser Beziehung auch nur im geringsten widersetzen können? Ich litt im stillen und lebte von meinen Erinnerungen. Die Sehnsucht nach Rouven flammte wieder auf, und dies machte mich noch einsamer.

Nach etwa zwei Jahren – für mich eine endlose Zeit – brannte die Leidenschaft der beiden aus. Hetty fand einen anderen Mann und heiratete. Als sie viel später, bereits geschieden, an Krebs erkrankte, war es wieder Walter, der mit meiner Unterstützung für Hetty da war. Wir versorgten sie mit den nötigen ärztlichen Behandlungen und besuchten sie so oft wie möglich. Und Walter war es auch, der sie dann zum Schluß bis in den Tod begleitete.

Bis heute wundert es mich, daß meine und Walters außerehelichen leidenschaftlichen Beziehungen nie einen Keil zwischen uns treiben konnten. Wir wußten letztendlich immer voneinander. Trotz der schweren seelischen Verletzungen, die wir einander zufügten, waren wir uns niemals fremd.

Nie gab es bei uns die allen Glanz der Beziehung tötende Gewohnheit der Ehe. Walter pflegte zu sagen: »Mit dir never a dull moment« (nie ein langweiliger Moment) – manchmal war es ihm sogar etwas zuviel! Das Mysterium unserer ersten Begegnung jedoch, als er mich fragte: »Glauben Sie an Gott?«, war uns beiden immer präsent. Niemals ist eine Grau-in-Grau-Atmosphäre aufgekommen. Das Wissen um das Vorhandensein des tiefen Geheimnisses der anderen Seele, der niemand jemals bis auf den letzten Grund folgen kann, war bei uns aufregend trennend und vereinigend zugleich. Das Unsichtbare hinter Walters so geliebten Augen existierte als eine geheimnisvolle Anziehung immer zwischen uns. Daher konnten wir uns niemals wirklich verlassen. In den einundvierzig Jahren, in denen wir zusammen leben durften, haben wir des öfteren fürchterlich aneinander gelitten, jedoch uns nie auch nur eine Minute gelangweilt. Ein absolut sicheres Gefühl unserer Zugehörigkeit besteht bei mir bis heute, bald dreißig Jahre nach Walters Tod.

Nach einigen Jahren kehrte Rouven aus Afrika zurück. Er hatte in Ägypten ein jemenitisch-israelisches Mädchen kennengelernt, das im Krieg in der Jewish Brigade Ambulanzfahrerin gewesen ist. Er meinte mir erklären zu müssen, daß diese junge orientalische Frau niemals von ihm die Liebe fordern würde, die er ihr nicht geben könnte. Er könne sie aber auch ohne diese tiefe Liebe glücklich

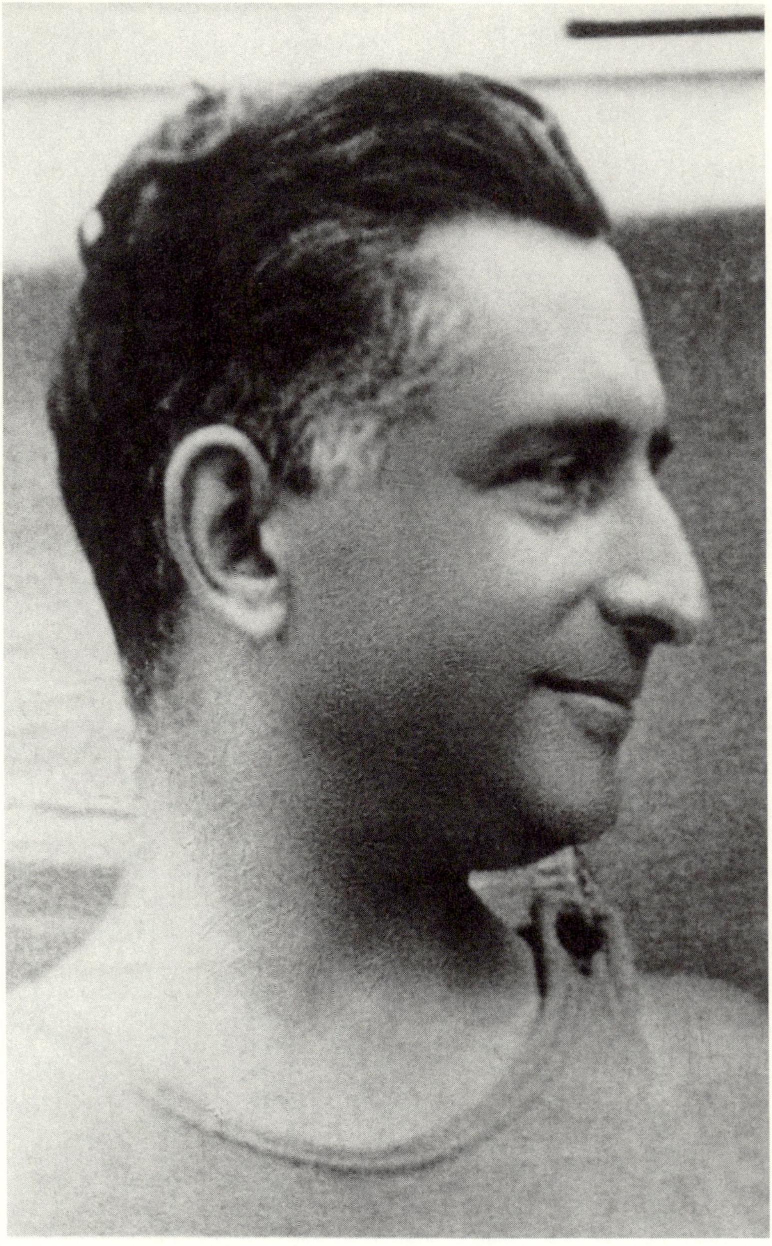

Ruths Vater Paul Koopman, 1927 in Santa Monica, Amerika

Ruth als Dreizehnjährige in den glücklichen Tagen in Amerika

Ruths Eltern in Palästina, etwa 1950

Ruth, Mitte der 1940er Jahre

Walter Zucker, 1933

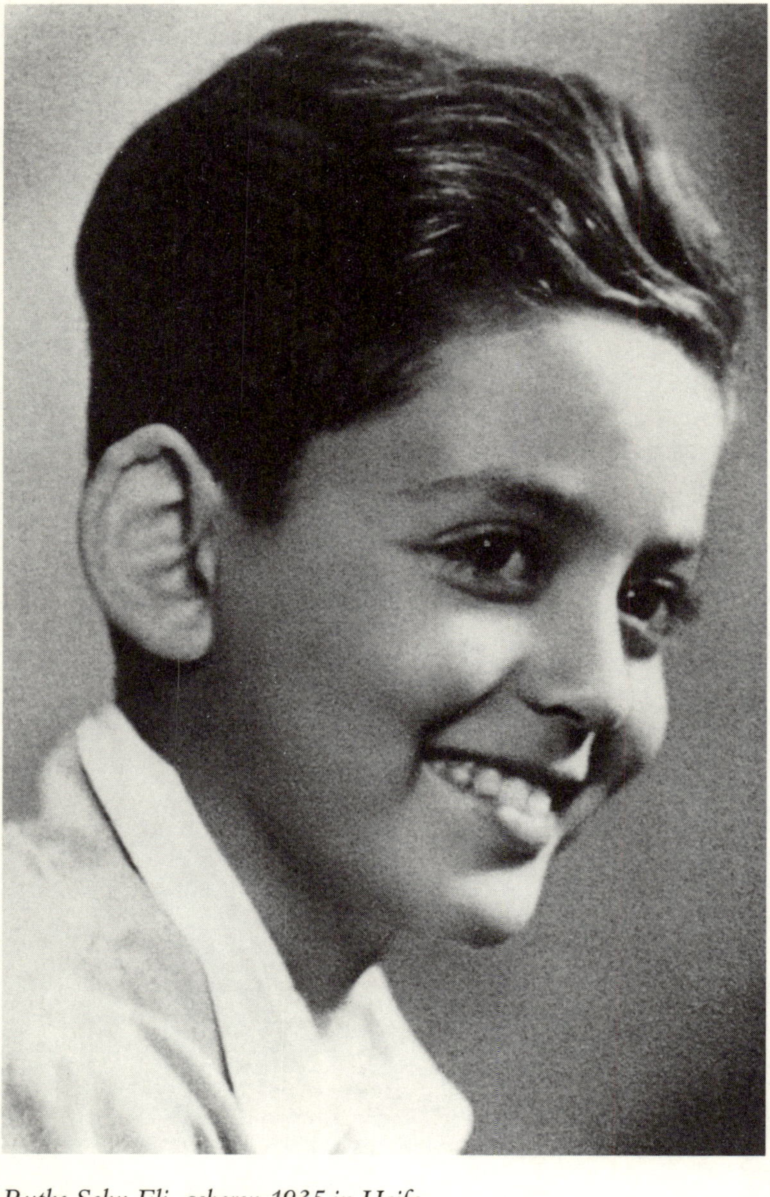

Ruths Sohn Eli, geboren 1935 in Haifa

Walter mit Adoptivtochter Tami, Anfang der fünfziger Jahre

Tamis Hochzeit mit Jossi Cabiri, 1974

Ruths Enkel Ariel Cabiri, geboren 1976

machen, indem er ihr ein sehr gutes Leben und seine treue Zuneigung biete.

Von mir verlangte er, daß ich mit ihm zum Postamt gehe, da er ihr telegraphisch einen Heiratsantrag machen wolle. Es stünde mir jetzt noch frei, erklärte er, ihn davon abzuhalten, das Telegramm zu schicken. Wir gingen zur Post und schickten natürlich vereint das Telegramm.

Nach vielen weiteren Jahren – wir waren beide schon Großeltern und ich bereits verwitwet – besuchte Rouven, der auf dem Carmel wohnte, mich fast jede Woche. Er kam noch über achtzigjährig mit seiner Harley Davidson, gerüstet mit Helm und Handschuhen. Wir sprachen niemals mehr über früher. Die Gesprächsthemen waren fast ausschließlich unsere vielen Enkelkinder. Ich hatte damals sieben. Inzwischen sind noch drei Urenkel dazugekommen. Bei seinem letzten Besuch drehte er sich, nach einem scheuen Kuß, auf dem Treppenabsatz noch einmal um: »Weißt du, in all den Jahren habe ich ja viele Frauen gehabt und doch – nur dich habe ich geliebt!« Am nächsten Tag fiel Rouven in seiner Wohnung tot um. Herzstillstand. Ein schöner Tod. Hatte er es am Tag zuvor geahnt?

Ich trauerte damals und bis heute. Manchmal, wenn ich allein in meinem mit Erinnerungsstücken überfüllten Zimmer sitze, glaube ich, er säße mir gegenüber, in seinem Lieblingssessel.

1944 bereiteten sich die Engländer auf eine Besatzung Deutschlands vor. Mir wurde angetragen, den englischen Offizieren, die in Deutschland eingesetzt werden sollten, Deutschunterricht zu geben. Der Unterricht fand in einem großen Hangar auf dem französischen Carmel statt, weit entfernt von unserer Wohnung. Da ich immer noch bei der Zensur arbeitete, konnte ich nur abends unterrichten, was recht anstrengend war. Zudem hatte ich große Bedenken, da ich mit Recht annahm, daß diese jungen Männer eine Abscheu gegen alles Deutsche hätten und mich als Lehrerin dieser Sprache als Feindin betrachten würden. Viel lieber als Deutschland zu besetzen, träumten sie davon, zu ihren Familien zurückkehren zu dürfen. Die erste Unterrichtsstunde war fürchterlich für mich. Sie lachten mich aus, machten höhnische

Bemerkungen, rauchten und zwinkerten sich zu. Sie machten zweideutige Bemerkungen, daß ich auch zu etwas anderem dienen könnte, als sie in Deutsch zu unterrichten.

An diesem Punkt gewann ich meinen Schneid zurück und sagte sehr resolut, in betont gutem Englisch: »Heute abend könnt ihr mit mir noch Englisch sprechen. Wir können uns gerne Englisch unterhalten, und ihr könnt mich fragen, was ihr wollt. Aber ab der nächsten Stunde werde ich nur noch Deutsch mit euch sprechen, werde euch jedes Wort kurz übersetzen und dann von euch verlangen, daß ihr jeweils das Wort auf Deutsch wiederholt.« Daraufhin wurden sie zahm, außergewöhnlich höflich und freundlich.

Aus dem Kreis meiner »Schüler« konnte ich für die Haganah zwei Freunde gewinnen, die bereit waren, unsere Bewegung zu unterstützen; auch sie als Engländer sträubten sich entschieden gegen die grausame Behandlung jüdischer Flüchtlinge aus Europa. Damals wurden die Flüchtlingsschiffe, die fast bis zum Sinken mit menschlichen Wracks überladen waren, von den Engländern beschossen und ohne Proviant und Trinkwasser auf hohe See zurückgeschickt. Man weiß, daß sie niemals in einem anderen Hafen angekommen sind, sie sind auf See geblieben, gesunken. Flüchtlinge, die es mit Hilfe der Haganah schafften, an geheimen Orten vor Anker zu gehen und von dort an Land zu schwimmen, wobei die Nichtschwimmer irgendwie mitgezogen werden mußten, wurden von den Engländern oftmals doch erwartet und mit dem aufgepflanzten Bajonett gejagt. Meine beiden Freunde verrieten uns, was die Engländer von diesen geheimen Landungen wußten oder auch nur vermuteten. So konnten wir Flüchtlingsschiffe manchmal noch rechtzeitig zu einem sichereren Landeplatz umleiten.

Einer der beiden, Charles Thompson, blieb unser treuer Brieffreund. Als Walter 1972 starb, kam Charles, ein überzeugter Christ, mit seiner Frau nach Israel, um nach jüdischem Brauch sieben Tage und sieben Nächte mit mir zu trauern. Damals war dies für ihn nicht nur der Beweis einer tiefen Bindung, sondern auch ein großes finanzielles Opfer.

Nach kaum mehr als einem Jahr rief er mich aus London an.

Seine Frau war inzwischen gestorben, und er hatte eine große Erbschaft gemacht. Er wollte abermals nach Israel kommen, diesmal, um mich zu heiraten, wie er mir ankündigte. Wir verbrachten eine harmonische Zeit zusammen, jedoch blieb Walter für mich so präsent, daß es weder zu einer Liebschaft noch zu einer Ehe kam.

Charles war zutiefst enttäuscht: Er hatte mir vorgeschlagen, wir könnten ein halbes Jahr in London und ein halbes Jahr in Haifa leben, außerdem hätte er ein wunderschönes Anwesen »out in the country«. Unsere Meinungsverschiedenheit über eine Eheschließung wurde gegen Ende seines Besuches leider doch etwas vehement. Charles beschloß, am nächsten Tag zurück nach England zu fahren. Ausgerechnet für diesen Tag hatte ich eine neue, junge Haushälterin engagiert. Sie sah sehr nett aus und hatte mich durch ihren Charme betört, so daß ich sogar auf Empfehlungen über sie verzichtete. Sie sagte, sie hätte bisher nicht außerhalb ihres eigenen Haushaltes gearbeitet.

Da ich Charles besänftigen wollte, brachte ich ihn selber zum Flughafen. Die junge Frau bat ich, nur die Küche sauberzumachen. Dafür hinterließ ich ihr Geld und versprach ihr, am nächsten Tag alles weitere zu erklären. Als ich vom Flughafen nach Hause kam, fand ich auf einem kleinen Tischchen im Wohnzimmer einen Brief von Charles. Er hatte ihn schon am Vorabend unbemerkt dort hingelegt. Seine Schrift verriet seine Aufgeregtheit, und er schrieb, er ließe mir hiermit ein wenig Geld (eine riesig große Summe in englischen Pfund!) »für seine Verpflegung und für die übrigen Ausgaben«, die ich für ihn gehabt hätte. In dem Brief fand sich jedoch keinerlei Geld (welches ich sowieso niemals angenommen hätte!). Und die junge Haushälterin, deren Adresse ich nicht kannte, erschien wohlweislich, mit englischem Geld gepolstert, nie wieder.

Seit ich Anfang 1934 nach Palästina eingewandert bin, habe ich niemals meine graphologischen Kenntnisse und Studien vernachlässigt. Professor Magnat, mit dem ich seit meiner überstürzten

Abreise aus Genf einen nie abgerissenen Briefwechsel hatte, hatte mir alsbald meine »Zeugnisse« nachgeschickt: das Diplom der Schweizer Graphologischen Gesellschaft, dessen Vorsitzender er war, sowie Nachweise über meine gerichtsgraphologischen Tätigkeiten. Sowie ich meine Legalität im Lande erworben hatte, wurde ich als Expertin für Unterschriften und Dokumente bei Gericht zugelassen. Zur Zeit der Staatsgründung Israels, 1948, gab es außer mir nur einen zweiten bei Gericht zugelassenen Graphologen.

Nach einigen Jahren wurde ich auf Empfehlung der Anwaltskammer zur Weiterbildung zu Interpol nach Zürich geschickt. Seit der Zeit hatte ich gute Kontakte zum Leiter der graphologischen Abteilung der Interpol und konnte ihn bei schwierigen Fällen konsultieren und auch Dokumente zur Prüfung nach Zürich schicken.

Da ich mein Psychologiestudium, kaum daß ich es begonnen hatte, schon gleich wieder hatte aufgeben müssen, wollte ich meine Kenntnisse nicht nur autodidaktisch erweitern. Ich unterzog mich jahrelanger Lehranalyse. Mein erster Analytiker war Erich Neumann, von C. G. Jung selbst als sein »Jünger« bezeichnet. Zuletzt, das war bereits in den siebziger Jahren, studierte ich mit Rivka Schön, die ebenfalls eine Mitarbeiterin von Professor Jung gewesen war. Sie bezog bei ihrer Einwanderung nach Israel eine Wohnung direkt uns gegenüber in der Ederstraße, in der ich noch heute wohne.

Neben meiner Tätigkeit bei Gericht habe ich immer nur selbständig als privat beratende Graphologin gearbeitet. Bereits 1949 veröffentlichte ich eine kleine Schrift: die erste Methode der Welt zur Analyse der Hebräischen Schrift. Man nannte mich damals die »Mutter der Hebräischen Graphologie«. Diese empirische Wissenschaft war in Israel populärer und fand in der Industrie im Bereich Personalberatung weitaus mehr Anwendung als in irgendeinem anderen Land. Sehr viel später gründete ich ein Institut für Industrielle Graphologie, das bis heute existiert und von meiner Tochter Tami weitergeführt wird.

Unter meinen Klienten für Graphologie sprach sich bald herum, daß ich mich auch mit Astrologie befaßte. Tatsächlich tat ich dies nun seit über dreißig Jahren und hielt mich für soweit, diese Kenntnisse jetzt, Anfang der sechziger Jahre, ebenfalls beruflich einzusetzen. Vor dem Zweiten Weltkrieg war Berlin die Hochburg gewesen für Astrologie. Zwei namhafte jüdische Astrologen, Zeuger und Weiss, wanderten nach Palästina ein, ein dritter ging nach England zu Churchill, den er während des ganzen Weltkrieges beriet. Ich hatte das Glück, bei Zeuger und Weiss weiterlernen zu dürfen. Später fuhr ich des öfteren nach Locarno zu dem anerkannten Astrologen und Schriftsteller Sorge, um mich dort fortzubilden. Diesen drei Lehrern bleibe ich lebenslänglich zutiefst dankbar.

Durch einen meiner Gerichtsfälle wurde mir ein arabischer »Sohn« geschenkt. Azzat Slaich war grundlos verdächtigt worden, an den Oberbefehlshaber der israelischen Armee eine Morddrohung geschickt zu haben. Es gelang mir, nachdem er sich schon lange unter grauenhaften Verhältnissen in Untersuchungshaft befand, ihn durch ein graphologisches Gutachten zu befreien. Seine Familie veranstaltete ein Dankfest, wobei alle Bewohner des kleinen galiläischen Dorfes mitfeiern durften. Wir standen lange Zeit vor der kleinen Kirche auf dem Dorfplatz, und die älteren Brüder von Azzat deklamierten stundenlang arabische Gedichte. Mir wurde ab und zu etwas übersetzt, zum Beispiel, daß ich mutig sei »wie eine Löwin und flink wie eine Gazelle«. Azzat stand neben seiner Mutter, die ihn zum Schluß segnete, wonach er sich zu mir gesellte und den ganzen Tag, auch bei dem Festessen, bei dem er mich zudem bediente, neben mir stand.

Als wir am nächsten Shabbat in unserem Garten saßen, sahen wir plötzlich Azzat über eine Hecke springen. Er warf sich mir an den Hals und rief »Mutter! Wie wunderbar, dich wiederzusehen!«

»Azzat? Ich bin doch nicht deine Mutter! Du hast doch eine Mutter«, versuchte ich ihn behutsam etwas abzuwehren.

Woraufhin er sagte: »Hast du die Zeremonie vergessen? Meine Mutter hat mich doch gesegnet, und dann hat sie mich *dir geschenkt*! Jetzt bin ich mein Leben lang für dich verantwortlich. Wenn ich nur ein Stück Brot habe, muß ich es von jetzt an mit *dir* teilen und nicht mit meiner früheren Mutter.«

Unsere beiden Familien, seine und meine, besuchten sich lange Zeit gegenseitig. Nachdem Azzat in der amerikanischen Mission in Nazareth die Schule beendet hatte, bekam er ein Stipendium für eine amerikanische Universität. Er wurde Professor für Literatur, gründete aber für sich und alle seine elf Geschwister Läden für orientalischen Schmuck: in elf verschiedenen Städten der USA. Azzat wurde sehr reich. Er schickte mir viele Fotografien von Villen mit wunderbaren Autos. Wenn er telefonierte und ich ihn darauf aufmerksam machte, daß wir so lange sprechen und daß es teuer würde, antwortete er: »Where you are concerned, money is no object!« (Wenn es dich betrifft, spielt Geld keine Rolle!) Bei seinen seltenen Besuchen in Israel fühlte er sich immer verpflichtet, mich noch vor seinen eigenen Eltern aufzusuchen. Seinem kleinen Dorf Elabun in Galiläa stiftete er eine schöne, neue Kirche.

Meine graphologischen Kenntnisse waren – neben meinen Sprachen – auch für die Haganah besonders nützlich: Ich mußte anhand der verschiedenen Handschriften entscheiden, wer von den vielen Volontären sich für welchen Zweck eignete. Die erforderliche Eignung für die unterschiedlichsten Einsätze – für die aktiven Kämpfer mit der Waffe, die Planer, die Spione und solche, die sich für ganz spezielle, sehr gefährliche Aufgaben freiwillig gemeldet hatten – konnte dadurch richtig eingeschätzt werden.

Meine andere große Aufgabe war die Begutachtung der Unterschriften auf den gefälschten Pässen von illegalen Einwanderern. Diese Unterschriften mußten jeder Prüfung standhalten können. Wir hatten einen einzigen Fälscher. Von Beruf war er Fotograf. Er hatte die Gabe, aus freier Hand, ohne zu zögern, jede Unterschrift genauestens zu kopieren. Dennoch war auch er manchmal völlig übermüdet – wie wir alle –, so daß seine Arbeit stets genauestens überprüft werden mußte.

Gleich nach dem Befreiungskrieg 1949 schickte mich die Haganah zu »Kuba«. Kuba war der Gründer des sehr großen Kibbuz Beth Alpha ganz im Süden des Landes zu Füßen des Berges Gilboa. Er war gebürtiger Wiener und hatte bereits als Siebzehnjähriger als Freiwilliger für den österreichischen Kaiser Franz Josef gekämpft.

Er war absolut furchtlos und ein Unikum. Er war nicht mehr jung, sein Alter – das man ihm in keiner Weise ansah – hielt er streng geheim. Da er keine Ahnung hatte, was Graphologie bedeutete – er hatte das Wort noch nie gehört –, schmiß er mich bei meinem ersten Besuch kurzerhand aus seinem Büro. Da zwang man ihn buchstäblich, mit mir zu arbeiten. Kuba, einer der führenden Mitglieder der Haganah, Kämpfer, Landwirt, Schafhirte in einer Person, betätigte sich obendrein auch als leidenschaftlicher Ehevermittler für alle Kibbuzim. Als ich zu ihm kam, hatte er es sich zur Aufgabe gemacht, die vielen jungen Frauen, die unser Krieg zu Witwen gemacht hatte und die jetzt allein in den Kibbuzim lebten, wieder zu verheiraten. Fast alle Männer, die in der Stadt kaum Arbeit finden konnten, wollten damals in die Kibbuzim aufgenommen werden. Der Bewerberandrang war also sehr groß, und weil Kuba bei seiner Auswahl gelegentlich auch Kriminelle oder Geisteskranke durchrutschten, sollte ich als »graphologischer Wachhund« ebenfalls alle Anwärter begutachten.

Feindselig saß Kuba mir am Schreibtisch gegenüber, und ich las in seinen Gedanken, daß er mir vorerst die Handschriften aller seiner »Reinfälle« präsentieren würde. Nachdem ich ihm ausnahmslos korrekt die verschiedenen Mängel der einzelnen Kandidaten aufgezeigt hatte, wendete sich das Blatt: Er legte seine ewig im Mundwinkel steckende Pfeife beiseite und sprang auf, um mich auf der anderen Seite des Tisches zu umarmen: »Du kannst dir nicht vorstellen, welche Last du von meinen Schultern nehmen kannst! Ich wußte, daß ich bei diesen so verflucht gutaussehenden Jungs immer in Gefahr bin, mich täuschen zu lassen.«

In der Folge arbeiteten wir sehr erfolgreich zusammen, und Kuba und ich wurden auch privat sehr enge Freunde. Wieviel älter er war als ich, wurde mir klar, als er sehr krank wurde und einige Zeit im Krankenhaus liegen mußte. Er wird es gespürt haben, denn noch kurz vorher versicherte er mir – wie mir damals schien – aus heiterem Himmel: »Ruthi, ich werde dich nie verlassen, wir werden uns ganz bestimmt im Jenseits wiedersehen.«

Soviel ich wußte, hat Kuba nur ein einziges Mal in seinem Leben eine Synagoge betreten, und das war auf einer kleinen griechischen Insel, deren jüdische Bewohner er mit Hilfe des dortigen

Rabbiners in letzter Sekunde vor den Nazis retten konnte, bevor diese die Insel besetzten. Aber Kuba war zweifellos religiös.

Aus der Klinik entlassen, brachte man ihn in das »Erholungsheim« seines Kibbuz, zu dessen Eingangstür eine sehr steile, lange Treppe führte. Oft habe ich ihn dort besucht. Wir saßen auf einer schönen Terrasse und unterhielten uns, wie immer sehr lebhaft, warm und liebevoll. Früher hatte ich ihn und seine Frau, die lange vor ihm gestorben war, in ihrer eigenen kleinen Kibbuzwohnung besucht. Dort bewahrte Kuba immer noch seine Schätze auf, die er von seinem Freund Pessach Bar-Adon, dem berühmten Archäologen, geschenkt bekommen hatte. Bar-Adon hat in Höhlen in den kaum zugänglichen steilen Felsmassiven der judäischen Wüste unglaubliche Altertümer entdeckt und erreichte mit Militär-Helikoptern Höhlen, in die sich kein anderer je gewagt hatte. Aus einer dieser Felshöhlen konnten über vierhundert Gefäße und Kultobjekte aus Kupfer, Elfenbein und Hämatit geborgen werden. Heute sind diese uralten Schätze in einem Museum in London zu bewundern.

In Kubas Zimmer schmückten unendlich viele Fotografien seines neunzehnjährigen, im Krieg gefallenen Lieblingsenkels die Wände. Dieser war mehr bei ihm als bei seinen Eltern aufgewachsen. Er war ihm sehr ähnlich, und sein Verlust muß wohl einen Einfluß auf Kubas plötzliche Erkrankung gehabt haben. In einem kleinen Nebenzimmer waren Wände sowie Fußboden voll mit Büchern und Zeitschriften und Fotografien von ehemaligen Kameraden. Seit Kuba allein lebte, störte er sich weder am Staub noch an der Unordnung, und auch ich fühlte mich dort wohl. Diese Umgebung paßte eben zu ihm.

Bei meinem letzten Besuch im »Erholungsheim« sagte er mir freudestrahlend: »Der Arzt hat mir erlaubt, in zwei Tagen wieder nach Hause zu gehen in meine Wohnung.« Drei Tage danach bekam ich die schreckliche Nachricht! Ich wurde zum Begräbnis gebeten. Enge Freunde im Kibbuz erzählten mir, seine Söhne seien bei ihm im Heim erschienen, und auch ihnen hätte er freudestrahlend die gute Nachricht mitgeteilt. Die Söhne hätten geantwortet: »Welche Wohnung? Deine Wohnung ist längst vermietet. Du kannst ganz gut hier weiterleben, niemand wird dich hier rausschmeißen.« Auf seine Frage: »Wo sind alle meine Sachen, meine Bilder, meine Bücher?« war die Anwort: »Das wissen wir nicht, das ist alles in Kisten verpackt worden, und irgend jemand vom Kibbuz hat das irgendwo untergestellt.«

Noch am selben Abend setzte sich Kuba in seinen Rollstuhl und raste damit im Dunkeln die steile Treppe hinunter. Man fand ihn mit gebrochenem Genick, ihn, der so vielen Menschen im Kibbuz und außerhalb zu ihrem Glück verholfen hatte.

Ich trauerte, zusammen mit unserem gemeinsamen Freund Pessach Bar-Adon. Wie Kuba war auch er ein Unikum, das man einfach lieben mußte. So »übersah« ich auch einmal seinen Aufzug, in dem er bei mir auftauchte, als ich einmal bei einem Abendessen im Hilton Hotel in Jerusalem saß: Direkt aus der Judäischen Wüste kommend, mit völlig zerrissenem Pullover, zerfetzten Schuhen und von Jahrtausende altem Staub verfilztem Haar, setzte er sich zu mir an den Tisch, und wir speisten gemeinsam. Die Reaktion des Publikums amüsierte uns beide köstlich.

Nach meiner Gutachtertätigkeit für Kuba, als in unserem jungen Staat laufend neue Siedlungen entstanden, wurde ich von der Jewish Agency aufgefordert, alle, die sich für die Siedlungsprojekte bewarben, auf ihre Eignung hin psychologisch-graphologisch zu prüfen. Zunächst handelte es sich um Siedlungen in Grenzgebieten in der Wüste Negev, wo manche Soldaten, die noch in Zelten wohnten, sich bereit erklärt hatten, ansässig zu werden. Eine ihrer Bedingungen war, daß sie sich entsprechende Mädchen aussuchen dürften, um Familien zu gründen. Diese Jungs hatten bereits ihre Fähigkeiten zu Genüge bewiesen: Fast jede Nacht infiltrierten Terroristen aus den angrenzenden arabischen Ländern ihr Gebiet, wogegen sie sich verteidigen mußten. Sie konnten oft auf die Hilfe von Beduinen zählen, die fähig waren, im Wüstensand die Bewegung von heranschleichenden Mördern zu entdecken, noch ehe diese die Stacheldrahtzäune überwinden konnten. Außerdem hatten unsere jungen Siedler mit Schlangen, Skorpionen und vor allem Mangel an Wasser zu kämpfen.

Die Suche nach passenden Ehefrauen zog sich etwas hin: Die Liebe siegte nicht so schnell über die so beängstigenden Bedingungen! Und doch erschienen bei mir allmählich die bereits ansässigen männlichen Kandidaten mit ihren mutigen Auserwählten, die ich schweren Herzens begutachten mußte: Ich wußte, daß dies für die jungen Leute eine seelisch belastende Existenzfrage war. Wenn die Männer ernsthaft verliebt waren, mußten sie eventuell ihr Ideal als Grenzsiedler aufgeben, um mit der Freundin in die Stadt zu ziehen. Damals war es ein »heiliges Ziel«, Grenzsiedler zu werden, da es ungeheuer viel Mut und noch mehr Entbehrungsbereitschaft forderte. Falls ich die nötigen, fast übermenschlichen Eigenschaften in den Freundinnen nicht entdecken konnte, mußte ich ihre Pläne, so schmerzlich mir das jeweils war, durchkreuzen. Mein Trost war, daß ich diese jungen Mädchen, die mir nicht geeignet schienen, sonst Bedingungen ausgesetzt hätte, die sie unmöglich hätten ertragen können.

Nach einer gewissen Zeit waren alle Zelte mit verheirateten Pärchen besiedelt. Die jungen Frauen mußten zur Entbindung in die weit entfernte Wüstenstadt Bersheva ins Hospital und dann mit ihrem Baby zurück ins Zelt, zu den Skorpionen, den Schlangen und dem Wassermangel. Man fing zwar schon an, feste Häuser zu bauen, jedoch brachte das Ausheben des Sandes weiteres Ungeziefer hervor und unzählige Insekten in die Zelte – darunter die gefährlichen »Saud-Fliegen«, die die bisher unheilbare Viruskrankheit »Papatachi« verursachen.

Unter solchen Bedingungen entstanden die beiden wunderbaren Siedlungen Ein-Jahav und Hazevah.

Zu den ersten Siedlern zählte Walters und mein gemeinsamer Freund Elijahu, der kurdischer Abstammung war. Die Kurden sind ein robustes und hartnäckiges Volk. Elijahu hatte alle ihre guten Qualitäten und wurde zum unangefochtenen Anführer der ersten Siedlung. Als für die Siedler endlich eine Wasserleitung von Bersheva bis zu ihren Zelten gelegt wurde und sie mit den Zahlungen in Verzug kamen, haben die dortigen, gut bezahlten und gut wohnenden Beamten ihnen kurzerhand das Wasser abgedreht! Jeder wußte, daß es in den Zelten stillende Mütter und Kleinkinder gab. Elijahu griff kurz entschlossen nach seinem Maschinengewehr, nahm sich einen Militärjeep und stürmte in die Abteilung »Buchhaltung« des Wasserwerks. Er zückte das Gewehr und sagte mit seiner sehr tiefen Stimme sehr ruhig: »Wasser aufdrehen, aber sofort, oder ich mähe euch alle nieder.« Die Siedler bekamen auf der Stelle wieder Wasser, und ein zweites Mal mußte Elijahu sich nicht bemühen!

Über die Jewish Agency bekam ich auch meinen nächsten Auftrag. Es ging darum, für die Firma Agrexco, die das staatliche Monopol hatte, landwirtschaftliche Produkte zu exportieren – hauptsächlich nach Europa –, die leitenden Beamten für das In- und Ausland zu begutachten. Beim Generaldirektor, Herrn Shavith, fand ich sofort Gehör. Er sagte, er würde mich gerne mit der Aufgabe betreuen, jedoch sei er abhängig vom Vizedirektor, der an Graphologie überhaupt nicht glaubte. Dieser junge, elegante, sehr sportlich wirkende Herr bestellte mich in ein Luxushotel nach Herzliya, wo er in Ferien war. Beim Tee erklärte er mir, daß er Graphologie für Mumpitz hielte. Ich bat ihn um eine Chance, ihn vielleicht doch zu überzeugen, und um seine Unterschrift, die er mir widerwillig gab.

Ich schaute ihn an und sagte: »Was sind Sie für ein toller Tennisspieler! Den Sport lieben Sie mehr als Ihre Arbeit!«

Er staunte Bauklötze: »Das stimmt! Aber wie kommen Sie darauf?«

»Schauen Sie mal Ihre Unterschrift genau an: Sie zeichnen darin sowohl den Ball als auch den Schläger. Beides ist ganz klar zu sehen.« – Es ist nicht ungewöhnlich, wenn ein Mensch von einer Tätigkeit oder einem Hobby besessen ist, daß entsprechende Symbole in seiner Unterschrift erscheinen: So habe ich bei Piloten oftmals Propeller oder Flügel in ihren Unterschriften entdeckt.

Nach diesem Interview habe ich jahrelang und als einzige Graphologin für Agrexco gearbeitet.

Ein junger Landwirtschaftler namens Dany Ben-Or (der Name bedeutet »Sohn des Lichtes«) hatte ebenfalls in diesen Anfangsjahren unseres Staates auf dem so wichtigen Gebiet der künstlichen Bewässerung bedeutende Erfindungen gemacht. Er wurde durch sein Buch *Das Bewässerungssystem nach Ben-Or* berühmt. Als ich ihn kennenlernte, suchte er die landwirtschaftlichen Instruktoren für die Entwicklungsländer unter unseren Bestgeschulten aus. Diese verstanden zwar viel von Landwirtschaft, konnten aber in keiner Weise mit den Eingeborenen umgehen. Einer nach dem anderen kam als »persona non grata« zurück. Daraufhin wurde Dany aufgefordert, die zukünftigen Instruktoren graphologisch begutachten zu lassen. Eine Zeitlang weigerte er sich, da auch er nicht im entferntesten an Graphologie glaubte. Schließlich mußte er mich jedoch zumindest empfangen. Ich kam pünktlich in das Vorzimmer seines Büros, wo die Sekretärin ihm telefonisch meldete, daß die Graphologin angekommen sei. Dany streckte den Kopf zur Türe hinaus, starrte mich einen Moment an, ließ seinen Blick kurz durch das Vorzimmer schweifen und ging dann zurück in sein Büro. Nachdem die Sekretärin mir versicherte, daß er allein in seinem Büro sei und auch nicht telefonierte, bat ich sie, nachdem er bereits zum dritten Mal die Tür kurz auf, mich angestarrt und wieder geschlossen hatte, ihm zu sagen, daß ich sehr ungeduldig sei! Daraufhin steckte er seinen Kopf noch einmal heraus und fragte erstaunt, mich wiederum anstarrend: »Sie sind die Graphologin?? Unter hundert Frauen hätte ich jede andere als Graphologin betrachtet, aber Sie? Niemals!«

»Wieso denn?«

»Ich dachte, eine Graphologin sei eine alte Professorin mit verbittertem Mund und einem grauen Haarknoten.« Ich mußte herzlich lachen. Dann, ihm gegenüber im Büro sitzend, machte er mir, wie so viele andere, klar, daß er mich für eine Blufferin hielt und daß man aus einer Handschrift absolut nichts Maßgebendes herauslesen könnte. Dann spielte sich ab, was ich bereits kannte: Die Neugier siegte, er legte mir seine eigene Unterschrift vor, und ich konnte ihn überzeugen, daß es sich bei meiner Arbeit weder um Bluff noch um Mumpitz oder Humbug oder ähnliches handelte. Nicht nur, daß keiner seiner Instruktoren mehr aus Afrika frühzeitig zurückkam – Dany wurde einer meiner überzeugtesten Anhänger und auch ein treuer Freund.

Wie ich bereits erzählte, bestand auch eine enge Freundschaft zwischen meiner Familie und dem Präsidenten Shazar. Der Name Shazar war gebildet aus den Anfangsbuchstaben seines früheren Namens Schneour Salman Rubachov (der Vokal »a« wird im Hebräischen nicht immer mitgeschrieben). Als er zum Präsidenten ernannt werden sollte (seine Amtszeit war von 1963 bis 1973), zögerte er, dieses Amt anzunehmen; er hatte größte Bedenken, da das hierfür unverzichtbare Englisch für ihn ein »böhmisches Dorf« sei. Er beherrschte Russisch, Hebräisch und Deutsch. Ich versprach ihm, daß ich ihm innerhalb von zwei Monaten ein fließendes korrektes Englisch beibringen könnte, wenn er bereit wäre, täglich zwei Stunden seiner Zeit für den Unterricht freizuhalten. Jeden Abend trafen wir uns, manchmal auch mit Walter zu einer »Konversationsrunde«, und tatsächlich konnte Shazar nach den zwei Monaten fließend englische Reden halten.

Walter kannte Shazar ja seit langen Jahren; ich lernte ihn hier im Land kennen, und mir lag viel daran, gerade ihn, den Skeptiker, von Graphologie zu überzeugen. Bei passender Gelegenheit bat ich ihn: »Gib mir irgendeine Schrift mit einer Unterschrift und sage mir nur, ob es sich um eine männliche oder weibliche Person handelt.« Er gab mir einen Schriftzug, der »Rachel« lautete. Dieser Name sagte mir damals gar nichts. Jedoch war es nicht schwer zu erkennen, daß es sich um eine literarisch und lyrisch hochbegabte, leidenschaftliche und tief empfindende Frau handelte. Ich verliebte mich fast in diese Schrift, die mich zutiefst beeindruckte. Es stellte sich heraus, daß sie *die* Dichterin des neuen, jüdischen Bewußtseins war, die an allen Schulen gelehrt wurde. Dazu aber kam, daß diese Rachel jahrelang Shazars Geliebte, später Verlobte war. Als sie endlich hätten heiraten können, stellte sich heraus, daß Rachel schwer an Tuberkulose erkrankt war, wie so viele in diesem Land. Da diese Krankheit sehr ansteckend ist, weigerte sie sich von da ab, sich auch nur von Shazar berühren zu lassen. Nicht einmal zu einem Kuß war sie mehr bereit, aus lauter Angst, ihn anzustecken. Sie zog sich in ein Kibbuz zurück, in dem sie starb und wo sie auch begraben liegt.

Für mich war es eine ganz große Ehre, daß Shazar nach meiner graphologischen Analyse ihrer Unterschrift nicht nur ein überzeugter Anhänger dieser empirischen Wissenschaft wurde, sondern daß er die Analyse bei einer Gelegenheit benutzte, die ihm mehr als alles andere am Herzen lag: Jedes Jahr am Todestag von Rachel pflegte er mit einem Gefolge an ihr Grab zu gehen, um dort eine Rede zu halten. In diesem Jahr jedoch hielt er keine Rede, sondern verlas meine Analyse, von der er behauptete, sie sei der schönste Nachruf gewesen.

Shazar war nicht fanatisch fromm, hatte aber sehr viel übrig für die chassidische Bewegung des Judentums. Einer der Gründer war der Rabbiner Schneour-Salman-Baruch Schneoursohn. Genannt wurde er Rav (= Rabbi) Miladi. Er hatte etliche Nachkommen, die durch Erbfolge das Rabbineramt übernahmen. Shazar war sehr an der Frage interessiert, ob es möglich sei, mit modernen, psychologischen Mitteln diese sehr frommen Menschen, die Hunderte Jahre vor uns gelebt hatten, zu analysieren. Ich machte mich an die monatelange Arbeit, alle rabbinischen Nachkommen des Rav Miladi graphologisch zu analysieren. Natürlich hatte ich keine Originalhandschriften, aber Shazar gab mir Faksimiles, die er in uralten Büchern aufgestöbert hatte. Einer der Rabbiner, der den Beinamen Zemach Zedek (»Pflanze der Gerechtigkeit«) trug, gefiel mir am besten, und dies schlug sich wohl auch in meiner Analyse nieder. Als Shazar sie durchgelesen hatte, schaute er mich vielsagend an: »Oh, du mein Gott, Kind, mit dem mußt du geschlafen haben . . .!« Noch beeindruckender war für mich jedoch die Schrift des Begründers, von dem es auch eine Abbildung gab: eine bedeutsame, jedoch auch furchterregende Erscheinung!

Shazar, der als Herausgeber einen Sammelband vorbereitete über historische Ereignisse, die mit diesen Chassidim zusammenhängen, konnte für die einzelnen Beiträge namhafte Rabbiner, darunter einen hoch anerkannten Oberrabbiner gewinnen. Er bestand darauf, daß die graphologische Analyse des Charakters des Rav Miladi von Ruth Zucker in diesem Buch erscheinen sollte. Darüber empörten sich die Rabbiner und erklärten, daß an diesem Buch keine Frau mitschreiben dürfe. Shazar setzte sich am Ende durch, und das Buch erschien: Im Inhaltsverzeichnis befinden sich nach einem Vorwort von Shazar der Oberrabbiner, dann elf weitere Rabbiner, und dazwischen, an neunter Stelle, »Ruth Zucker«. Dieses Buch hatte nur eine geringe Auflage. Ich selbst bekam zwei Gratisexemplare, wovon mir eines gestohlen wurde. Mit dem anderen konnte ich eine »Mizwe«, eine »gesegnete Tat«, vollbringen.

Ich war als Gutachterin für einen Prozeß bestellt, in dem es um das Sorgerecht einer jüdischen Mutter für ihr Kind ging, dessen Vater drusischer Religion war. Beide Elternseiten waren strikt gegen eine Heirat, und die Familie der Mutter ging in ihrem religiösen Fanatismus sogar so weit zu behaupten – und es vor Gericht durchsetzen zu wollen! –, daß dieser »jüdische Sohn« bei seiner Mutter in »verdorbenen« und schlechten Händen sei. Ich sollte nun ihre Eignung als Sachverständige bezeugen und wußte, daß auch der Jugendrichter eher der Gegenseite zugeneigt war, da er eine schwarze Kipa (die Kopfbedeckung frommer Juden) trug. Mit großen Bedenken sah ich diesem Prozeß entgegen. Erst in der allerletzten Minute, ehe ich meine Wohnung verließ, kam mir die Eingebung, das »Chassidische Buch« mit zur Verhandlung zu nehmen. Ich hatte ein dunkles Gefühl, daß ich dadurch einen »Paß zum Judentum« in meiner Hand trug. Die Verhandlung fing damit an, daß der Richter mich zur Zeugenbank bat, wo ich meine Analyse der Mutter vorlesen durfte. Danach wurde der Anwalt der Gegenseite gebeten, sich dazu zu äußern. Dieser gehörte, wie ich befürchtete, den ultra-fanatischen Jerusalemer Juden an. Er trug nicht nur die Kipa, sondern hatte auch den langen Bart und die Seitenlocken.

Er sprach in süßlich-wohlwollendem Ton und behauptete: »Frau Zucker ist uns ja als erstklassige Psychologin und Graphologin bekannt. Ich bezweifle auch nicht, daß sie von ihrem Gesichtspunkt aus die Qualitäten dieser Mutter nicht völlig falsch eingeschätzt hat, jedoch möchte ich das Gericht darauf aufmerksam machen, daß die völlig assimilierte Jüdin Ruth Zucker von dem wirklichen Judentum keine Ahnung hat und daher in keiner Weise verstehen kann, worum es sich bei diesem Prozeß eigentlich dreht. Insofern betrachte ich ihre Stellungnahme, in allen Ehren, als null und nichtig.«

Daraufhin reichte ich dem Richter das mitgebrachte »fromme« Buch und bat ihn, sich das Autorenverzeichnis anzusehen. Der Richter bekam große Augen und reichte dem Anwalt lächelnd das aufgeschlagene Buch. Dann sagte er: »Pause! Ich schreibe jetzt das Urteil«, und verschwand aus dem Saal. Das Urteil brauchten wir nicht abzuwarten. Die Eltern des Kindes heulten und strahlten abwechselnd, und wir fielen uns gegenseitig in die Arme. Es fiel uns allen schwer, uns ernst und ehrwürdig zu verhalten, während das Urteil wenig später verlesen wurde. Ich konnte nicht umhin, den frommen Anwalt verstohlen dabei zu beobachten.

Dieses alte und sehr abgegriffene kleine Buch hüte ich bis heute wie ein Heiligtum.

Zur Zeit von Shazars Präsidentschaft war der »Eiserne Vorhang« vor Rußland noch hermetisch geschlossen. Wir wußten, daß in Rußland Millionen von Juden, die dort ihr Judentum streng geheimhalten mußten, nur darauf warteten, nach Israel kommen zu können, und jeder jüdische Einwanderer war uns, die wir selbst als Minderheit lebten, hoch willkommen.

Shazar sagte zu mir: »Ruth, ich verspreche dir, daß während meiner Amtszeit zumindest *ein* russischer Jude den Eisernen Vorhang durchbrechen wird, um nach Israel einzuwandern! Danach werden weitere folgen.«

»Wie willst du das bewerkstelligen?«

Er antwortete mir, als ob es das Selbstverständlichste von der Welt sei: »Natürlich Kraft des Gebetes!« Er sagte es mit einer solchen überzeugten Vehemenz, daß ich nicht daran zweifeln konnte, daß er dies ernst meinte.

»Glaubst du so absolut ans Gebet?«

»Aber selbstverständlich! Ich werde es dir beweisen.«

Shazars ganze Familie lebte damals noch hinter dem Eisernen Vorhang. Während seiner Amtszeit brachte er zuerst seinen Bruder und danach seine ganze Familie nach Israel. Ihnen folgten nach und nach sogenannte »Ausnahmefälle«, bis sich später die Tore öffneten. Jedoch besteht kein Zweifel daran, daß Shazar das erste Loch in den Eisernen Vorhang schlug.

Als Shazar bereits die Präsidentenresidenz bezogen hatte, schenkte Walter ihm ein wunderschönes, buntes Gemälde aus Emaille, das er selbst gemacht hatte: neben dem ockerfarbigen Umriß von Israel die strahlend grün-weiße Fläche Rußlands. Im israelischen Teil sieht man im Schneidersitz eine orientalisch gekleidete Frau im bunten Umhang. Ein biblischer Spruch besagt: »Rachel (die Mutter des Israelischen Volkes) weint um ihre

Söhne.« Walter veränderte diesen Satz durch ein Wort: »Rachel *erwartet* ihre Söhne«, so schrieb er in gold-emaillierten Buchstaben hinzu. Shazar war außer sich vor Freude über das Geschenk. Während seiner ganzen Amtszeit hing dieses Bild in der Empfangshalle seiner Residenz.

Bei der Vielzahl meiner Aufträge ist mir ein Fall deswegen in besonderer Erinnerung geblieben, weil er, was selten vorkam, recht amüsant war. Der Gründer der ersten Fabrik für Molkereiprodukte – die heute ein Millionenkonzern ist –, der aus Deutschland eingewanderte Richard Strauss, war von Anfang an einer meiner treuesten Klienten. Als er in die Käsebranche einsteigen wollte, nahm er die Konkurrenz mit französischer Qualität auf. Man empfahl ihm einen jungen, hochqualifizierten, französischen Experten, der bereit wäre, nach Israel zu kommen. Wie bei allen potentiellen Angestellten seiner Firma schickte er mir dessen Handschrift zur Begutachtung. Ich fand diesen Anwärter außergewöhnlich passend, was seine zukünftigen Pflichten betraf. Es fiel mir jedoch auf, daß dieser junge Mann höchst »oversexed« war. Normalerweise würde ein seriöser Graphologe eine solche, rein private Eigenart in einer Angestelltenanalyse nicht erwähnen, da man sich sehr bemüht, die Privatsphäre jeden Anwärters zu respektieren. In diesem Falle wußte ich jedoch, daß dieser junge Mann mit vielen arabisch-moslemischen jungen Arbeiterinnen zu tun haben würde. Bei dem leisesten Übergriff wäre ein betroffener Vater sofort bereit, den Täter zu ermorden. Aus diesem Grund fühlte ich mich verpflichtet, Direktor Strauss diese Eigenschaft mitzuteilen. Zunächst rief meine Behauptung bei ihm nur ein Schmunzeln hervor. Er war an solche Einzelheiten in meinen Gutachten nicht gewöhnt, verstand aber meine Bedenken. Es entwickelte sich zwischen ihm und dem Anwärter eine Korrespondenz, in der der junge Mann mitteilte, er sei verlobt und käme nur unter der Bedingung, daß er die bezahlte Überfahrt als Hochzeitsreise in einer doppelten Luxuskabine verbringen dürfte. Mit einer solchen Ausgabe hatte Strauss nicht gerechnet, zudem fand er diese Bedingung eine unverschämte Zumutung. Ich gab ihm jedoch zu bedenken, daß es in Anbetracht der »triebhaften Neigungen« dieses jungen Menschen nur gut wäre, wenn er eine Frau bereits mitbrächte. – Der junge Franzose kam und bewährte sich auf erstaunliche Art und Weise. Die von ihm kreierten Käse sind bis heute berühmt. Zum Leidwesen von Dr. Strauss erschien allerdings nach einigen Monaten die Polizei in seinem Büro und verlangte, ab sofort alle Gehälter dieses Angestellten zu pfänden, da er zu Hause eine Frau mit vier Kindern hatte sitzengelassen. Ohne Gehalt wollte sein Experte keinen Tag länger bleiben und verließ die Firma Strauss.

Ich habe daraus gelernt, daß ein Käseexperte, wenn er wirklich gut ist, auch sehr sinnlich sein muß: Käse muß gut duften, anregend aussehen und zart im Mund zerschmelzen und hat somit sehr viel mit aufgeweckten Sinnen zu tun. Sinnlichkeit fördert Sex – und umgekehrt.

Eine der schwierigsten Aufgaben, die ich vor Gericht als Graphologin bewältigen mußte, war der berühmte Erbprozeß der Familie Pollack. Der Erbanspruch der Familienangehörigen aufgrund eines vorliegenden schriftlichen Testamentes wurde von einem Dritten bestritten. Er behauptete, der Erblasser hätte ihm einen großen Teil des Vermögens »versprochen«.

Die Familie war französischer Herkunft und besaß ein riesiges Vermögen. Der alte Herr Pollack hatte sein Testament unterschrieben, als er bereits todkrank im Hospital lag. Ein in Haifa sehr berühmter Anwalt namens Salomon bat mich nun zu sich in sein Büro, um mir den Fall zu erklären: Es handelte sich nicht etwa um den Verdacht einer Fälschung, sondern ich sollte feststellen, ob Herr Pollack zur Zeit seiner Unterschrift von der Parkinson-Krankheit befallen war oder aber von Arteriosklerose. Im Falle von Parkinson wäre er bei klarem Verstand gewesen, bei Arteriosklerose aber wäre sein Gehirn angegriffen gewesen und er hätte, wie die Gegenseite behauptete, ohne zu wissen, was er unterschrieb, seine Unterschrift unter ein Testament ausschließlich zugunsten der Familie gesetzt.

Anwalt Salomon erzählte mir, daß beide Seiten mit gleich mehreren namhaften Ärzten vor Gericht erscheinen würden, und diese hätten sich bereits jetzt schon alle gegenseitig widersprochen, auch solche, die Herrn Pollack persönlich behandelt hatten. Er fuhr fort: »Ich habe dem Richter Etzioni versprochen, daß ich Ihnen in keiner Weise zu verstehen geben würde, welche Partei ich persönlich vertrete. Etzioni, der Sie offenbar als Gerichtsgraphologin seit Jahren gut kennt, hat beschlossen, Ihr Einverständnis vorausgesetzt, Sie bei diesem Prozeß als Schiedsrichterin einzusetzen. Allerdings haben wir Anwälte eine Bedingung gestellt: Wir dürfen Ihnen so viele Unterschriften von Kranken zur Prüfung vorlegen, wie wir es für richtig halten, ehe Sie die Pollacksche Unterschrift zu sehen bekommen. Sollten Sie auch nur *einen* Fehler machen, müssen Sie als Schiedsrichterin ausscheiden.« Dann sah er mich mitleidig an: »Wollen Sie Ihr Renommee aufs Spiel setzen?« »Für mich ist das eine tolle Herausforderung«, antwortete ich.

Ich erschien also zur Verhandlung, und als erstes legte man mir vierzig Unterschriften vor! Alles Fotokopien, wo doch Graphologen Originale benötigen, sowohl des Schreibdruckes als auch der »Aura« wegen, die von jeder Handschrift ausgeht. Unter den Schriften waren nicht etwa nur Kranken, die eine der beiden fraglichen Krankheiten hatten, sondern solche von Kriminellen, Drogenabhängigen, Selbstmördern und auch ganz gesunden Menschen. Ich stand im Zeugenstand und fing an, den Wust zu sortieren. Ich dachte zurück an meinen Lehrer Magnat, der mich nicht nur psychiatrische Fälle an Ort und Stelle hat studieren lassen, sondern mich auch durch alle Stationen der Hospitäler geschleust hat. Fast »hörte« ich ihn sagen: »Parkinson: schlotternde Buchstaben«, »Arteriosklerose: zittrige Buchstaben.« Ich fühlte mich auf sicherem Boden und überreichte dem Richter bald drei Stapel, indem ich sagte: »Diese hier können wir vergessen, links liegen die arteriosklerotischen Schriften, rechts die parkinsonschen.« Ich hatte die Prüfung bestanden, und jetzt erst gab man mir das Testament: Herr Pollack war zweifelsfrei an Parkinson erkrankt, somit war sein Gehirn völlig klar, und das Testament war gültig. Der Anwalt Salomon sprang auf, umarmte und küßte mich vor allen Anwesenden im Gerichtssaal: Pollack war sein Klient!

Haifa war seinerzeit noch eine »unschuldige« Stadt, und Bordelle waren strengstens verboten. Ein gewiefter Anwalt und seine hübsche, junge Frau dachten sich jedoch, mit einem solchen Etablissement schnell zu Geld kommen. Sie hatten rasenden Zulauf, jedoch in einer vergleichsweise kleinen Stadt wie Haifa konnte die Sache auf Dauer nicht geheim bleiben. Das Paar wurde bei einer Polizeirazzia verhaftet, und zur Begeisterung der Haifaer Bürger fand ein großer Skandalprozeß statt. Damals war ich so mit anderen Dingen beschäftigt, daß ich gar nichts davon mitbekommen hatte, daß der Prozeß bereits begonnen hatte. Als ich eines Tages zum Gerichtsgebäude fuhr, fand ich zu meinem Erstaunen im Gegensatz zu sonst keinen einzigen Parkplatz für meinen Topolino. Ich mußte in einer nahe gelegenen Garage parken und kam zu Fuß mit meiner schweren Aktentasche zum großen Eingangstor des Gerichtsgebäudes.

Das Tor war mit Polizisten verbarrikadiert, die jeden zurückwiesen: »Der Saal ist voll, hier kommt keiner mehr rein!« So etwas hatte ich noch nie erlebt und verstand überhaupt nicht, worum es sich dabei handeln könnte. Hinter den Polizisten standen zwei junge Anwälte. Beide belustigten sich über meinen Kampf mit den Polizisten, denen ich erklärte, ich müsse unbedingt amtlich an ihnen vorbei. Die Polizei gab nicht nach, bis ich zum Schluß mit erhobener Stimme fast brüllte: »Sie müssen mich durchlassen! Ich bin *Expertin*!« worauf einer der Polizisten sich zu mir beugte und sehr belustigt fragte: »Expertin für *was*?« Die beiden Anwälte schüttelten sich vor Lachen! Sie merkten, daß ich keine Ahnung hatte, wovon die Rede war, und fanden es lustig, mich zappeln zu lassen. Noch Jahre nachher haben die Gerichtsbeamten, wenn ich an ihnen vorbeikam, lächelnd kommentiert: »Da kommt unsere *Expertin*!«

Bei Gericht arbeitete ich fast dreißig Jahre, ohne dies jemals zu meinem finanziellen Vorteil zu nutzen. Meine Nachfolger ließen sich einen gewissen Prozentsatz des Streitwertes als Honorar geben – ich berechnete meine Arbeit bei Gericht nach Stunden! Der Stundenlohn war derselbe wie für meine privaten Beratungen. Außerdem fühlte ich die moralische Pflicht, niemals einen Fall zu übernehmen, wenn ich dem Anwalt der Gegenpartei schon im Vorfeld klarmachen konnte, daß sein Klient lügt. Auf keinen Fall wollte ich jemandem in den Rücken fallen. Daraufhin ließen mich alle Anwälte, wenn sie den Verdacht hatten, daß ihr Klient keine weiße Weste hatte, zu sich rufen. Alle Richter im Lande wußten, daß ich nicht käuflich war. Mancher Prozeß, in dem ich erscheinen sollte, kam gar nicht erst zustande: Wenn ich mit meinem Klienten, dem jeweiligen Anwalt, im Vorzimmer des Verhandlungsraumes erschien, kam es vor, daß der gegnerische Anwalt zu seinem Kollegen sagte: »Du bringst die Zucker? Dann komm mal eben mit ins Nebenzimmer!« Die beiden Herren kamen unweigerlich versöhnt heraus und teilten mir mit: »Wir haben uns verglichen. Wie viele Stunden macht das?« Ich verlangte zögernd zwei Stunden für die schriftliche Vorarbeit. So hatte ich immer viele Klienten und wenig Geld. Leider war ich nie ein Materialist ...

Es waren sehr aufregende Zeiten, aber wenn ich jeden aufregenden Prozeß erzählen würde, müßte ich darüber ein ganzes Buch schreiben. Und warum ich nach über dreißig Jahren diesen Zweig meiner Tätigkeit von einem Tag auf den anderen aufgab, das lag an meinem letzten Prozeß: Eine kleine Gruppe von, wie sich später herausstellte, »Unterweltlern«, hatte erstaunlich oft den Jackpot im Lotto gewonnen und das mit Hilfe eines Lottoangestellten, der im nachhinein mit den Kreuzchen einen gewissen Zauber trieb. Die Polizei beauftragte mich, als »Spezialistin für Dokumente« (so der Nebentitel eines jeden bei Gericht zugelassenen Graphologen) diese Lose auf eventuelle Manipulation zu prüfen. Auf mein Gutachten hin, das diese Manipulation bestätigte, holte der Anwalt der Gegenseite in laufender Verhandlung zu einem ungeheuerlichen Vorwurf aus: Die Expertin der Polizei (in diesem Fall Ruth Zucker) hätte während ihrer Begutachtung die Kreuze selber »ausradiert und neu hergestellt«, mit anderen Worten: gefälscht! – Diese Begutachtung hatte im Polizeihauptquartier in Tel Aviv in Gegenwart von zwölf Polizisten stattgefunden, und da sollte ich manipuliert haben!? Der Richter schaute den Anwalt der

Polizei bedeutungsvoll an und erwartete wohl, daß er aufspringen und seine Expertin verteidigen würde. Dieser kauerte jedoch kläglich auf seiner Bank und tat nichts. Ich schaute ihn an und las in seinen Augen, daß er Angst hatte. Später stellte sich heraus, daß er unter Morddrohung der Unterweltler stand.

Als er auf die erneute Aufforderung des Richters, sich zu äußern, nur stammelte: »Ich weiß nicht, ich habe dazu nichts zu sagen«, brüllte der Richter: »So etwas ist mir noch nie passiert! Ich breche die Sitzung ab! Vertagt! Datum bekommen Sie mitgeteilt.«

Ich hatte bei Gericht Schlimmeres erlebt und machte mir weiter keine Gedanken. Dann geriet ich jedoch selbst unter Morddrohung, kam jedoch davon, da die Unterweltler wohl begriffen, daß sie den Prozeß noch lange nicht gewonnen hätten, wenn sie meine »Fälschung« nicht beweisen, sondern es »nur« zu einer Leiche bringen würden. Es wäre zu auffällig gewesen.

Der vertagte Prozeß wurde niemals fortgeführt. Soviel ich weiß, regelte die Polizei die Angelegenheit selbst. Für mich war er das wenig glorreiche Ende meiner Karriere als Gerichtsgraphologin. Ich dachte mir: »Das hast du nun wirklich nicht mehr nötig.« Man nannte mich bereits eine »alte Dame«, obwohl ich mit meinen noch nicht sechzig Jahren gar nicht so sehr dieser Meinung war. Tatsache ist, daß mich bis heute gelegentlich Anwälte um meinen Rat bitten – natürlich sogar ohne Stundenlohn!

Eine lustige Episode bescherte mir die Firma H. Stern Jewellers. Ihre Juweliergeschäfte sieht man vor allem auf Flugplätzen sowie in ungezählten Luxushotels auf der ganzen Welt. Der hiesige Firmendirektor, Herr Dreifuss, war ein äußerst sympathischer, kluger und liebenswerter Mann, und die jahrelange Arbeit für diese Firma war mir stets eine besondere Freude.

Ihr Büro und eine Verkaufsstelle hatten sie in dem neu eröffneten Hilton in Jerusalem. Die Eröffnung des ersten Hilton Hotels empfand man in Israel als ein sehr aufregendes Ereignis. Da mich dort viel Arbeit erwartete, wurde ich auf Firmenkosten in diesem Luxushotel einquartiert. Ich kam in der Mittagshitze an und hatte meinen ersten Termin erst am Nachmittag. So freute ich mich auf eine Dusche und kühle Bettlaken für eine kurze Siesta. Als ich die

Überdecke zurückschlug, entdeckte ich ein zerknülltes Bettuch mit etlichen kurzen, schwarzen Haaren sowie Spuren einer offenbar sehr aufregenden Nacht.

Ich rief per Telefon die oberste Hausdame des Hotels, um ihr etwas verärgert diese Tatsache mitzuteilen. Sie antwortete mir: »Das ist in einem Hilton gar nicht möglich! Das kann nicht sein. Das bilden Sie sich ein.« Ich gab ihr zu verstehen, daß ich mich an die Direktion wenden würde, wenn sie nicht augenblicklich höchstpersönlich in meinem Zimmer erschiene. Sie kam hoch, inspizierte das ihr präsentierte Laken, gab einen verlegenen Laut von sich und rief prompt die beiden jungen, neu eingewanderten Zimmermädchen. In welcher Sprache sie diese anschrie, habe ich nicht erkannt, jedoch genügte der Tonfall, um den Sinn ihrer Worte zu verstehen. Dann verschwand sie. Als wir zu dritt waren, drehten sich die Mädchen, die sich bereits am Bett zu schaffen machten, mit verächtlichem Blick zu mir herum, und eine von ihnen belehrte mich: »Das hätte Ihnen was geschadet, auf dieser Bettwäsche zu liegen?! Wissen Sie, wer diese Nacht hier gelegen hat? Ein *Bankdirektor*! Mit ganz fein angezogenen Damen! Die sahen viel besser aus als Sie!«

Wenig später – ich hatte diese Episode noch kaum verdaut – machte ich mich auf den Weg zum Büro und wollte die Zimmertür hinter mir abschließen. Der große Schlüssel ließ sich jedoch trotz mehrmaliger energischer Versuche weder hin noch herdrehen im Schloß. Ich ging hinunter zur Rezeption, wo man mir sagte, ich möge bitte wieder nach oben gehen, sie würden mir einen Techniker schicken. Ich fuhr also wieder nach oben und wartete und wartete. Endlich erschien der junge Techniker mit einem Blechkasten mit vielen Werkzeugen. Ich blickte ungeduldig auf meine Uhr, es war bereits nach vier Uhr, ich würde unpünktlich sein! Der Techniker machte sich mit seinem vielen Zubehör an meinem Schloß und meinem Schlüssel zu schaffen, ohne den geringsten Erfolg. Plötzlich schrie er begeistert auf: »Ich hab's! Sie müssen nur einen Moment warten, ich werde Ihnen etwas bringen.«

»Was werden Sie mir bringen?«

»Natürlich etwas, damit der Schlüssel sich bewegt.«

Ich wartete weiter, eine, wie mir schien, endlose Zeit.

Endlich erschien der »Mechaniker« wieder, eine Gabel mit der deutlichen Aufschrift »Hotel Hilton« in der Hand.

»Schauen Sie, Sie müssen den Hals der Gabel in das große Schlüsselloch stecken und die Gabel dann als Hebel benutzen, wenn Sie den Schlüssel in das Loch gesteckt haben. Bitte, hier haben Sie die Gabel, sie ist sehr kostbar!«

Ich nahm sie, aber nur, um sie umgehend dem Empfangschef zu treuen Händen zu geben, indem ich ihm erklärte, daß ich mich weigerte, mit dem Hotelbesteck in der Handtasche herumlaufen zu müssen, damit ich mein Zimmer auf- und wieder zuschließen könnte. Er rief das Rezeptionspersonal herbei, die alle in herzliches Lachen ausbrachen. Man gab mir ein anderes Zimmer mit intaktem Schloß, jedoch jedes Mal, wenn ich wieder ins Hilton kam und mich an der Rezption eintrug, kommentierten die Angestellten lachend: »Aha, unsere Gabeldame!«

Und eine zweite »Hotelgeschichte« ist mir in Erinnerung geblieben, war sie doch fast ein Märchen aus 1001 Nacht! Es war im dem alten Sheraton in Tel Aviv. Das neue Sheraton war bereits im Bau, und dies hier war bereits an eine amerikanische Firma vermietet, die damals Grundstücke in Florida an Israelis verkaufte! Ich hatte beruflich mit ihnen zu tun, und als ich in die Lobby kam, saß an einem Tisch eine frühere Nachbarin aus Haifa. Sie war in Begleitung einer jungen, sehr hübschen blonden, jedoch unförmig dicken Dame und bat mich inständig, doch bitte einen Moment Platz zu nehmen, um mit ihnen Tee zu trinken. Da ich mich freute, die Nachbarin wiederzusehen, und ein paar Minuten Zeit hatte, setzte ich mich zu ihnen. Daraufhin bat sie ihre Freundin, mir ihr Leid zu klagen; ich sei eine berühmte Astrologin und könne durch meine Horoskope oft das Schicksal der Betreffenden zum Guten wenden. Die junge Dame faßte sich ein Herz und begann: Sie klagte über ihre Figur und erklärte mir, daß sie in keinem Geschäft der Welt passende Garderobe finden könnte. Es sei ihr auch klar, daß sie mit ihrer Figur nie im Leben einen Mann bekäme, obwohl sie doch so gerne heiraten möchte. – Ihre Maße waren tatsächlich fast überwältigend. Ich versuchte, sie zu trösten, indem ich ihr versicherte, daß viele Orientalen gerade sehr vollbusige Frauen mit der entsprechenden Rückenansicht bevorzugten und daß es außergewöhnlich nette, galante und gebildete Herren unter ihnen gäbe. Die junge Frau sagte: »Wenn Sie mir ein Horoskop machen würden, wäre ich Ihnen unendlich dankbar, jedoch trösten Sie mich nicht wie jetzt. Sagen Sie mir bitte, bitte nur die Wahrheit! Ich muß mich ja mit meinem Schicksal abfinden.«

Sie schickte mir die nötigen Daten nach Haifa, und ich begab mich an die Arbeit. Ich selber konnte meinen Augen nicht trauen! Ich rief sie an, sowie ich das erstaunliche Resultat ihres Horoskops entdeckte: »Mein liebes Kind, dein Horoskop bezeugt zweifelsohne, daß du innerhalb der nächsten drei Monate heiraten wirst! Nicht nur das, du wirst einen Millionär, wenn nicht einen Multimillionär heiraten, der dich lieben wird, so wie auch du ihn lieben wirst.« Natürlich konnte sie mir dies nicht glauben.

Sie arbeitete in den Büros der amerikanischen Firma als Sekretärin. Da dort keine Klimaanlage war, hatte sie stets das Fenster und auch die Tür zum Flur geöffnet, so daß jeder, der vorbeiging, sie dort sitzen sah. Niemals hätte ich geglaubt, daß diese ihre räumliche »Konstellation« ihr Glück bereiten könnte: Dort saß sie für jeden sichtbar. Nun geschah es, daß ein enger Mitarbeiter des Schahs von Persien auf diplomatischer Mission sich in diesem alten Sheraton einquartierte, und zwar auf demselben Flur, auf dem sie arbeitete. Täglich lief er an ihrem Zimmer vorbei. Am Anfang nur mit »hello« winkend, sprach er sie bald an und lud sie ein, mit ihm zu dinieren. Gerade ihre Figur war es, die ihn so sehr anzog! Dazu ihr heller Teint und das blonde Haar. Außerdem war sie ja sprachgewandt und gebildet, so daß er sie gut vorzeigen konnte! Sie heirateten sehr bald, und die umfangreiche Dame verschwand mit ihm nach Persien. Von ihr bekam ich eine Einladung an den persischen Hof. Die Frau des Schahs, Farah Diba, die den Titel »Schahbanu« trug, war begeisterte Anhängerin der Astrologie. Als sie von der Geschichte der frisch Vermählten erfuhr, wollte sie mich unbedingt kennenlernen und mich für meinen Rat entsprechend belohnen. Die Dame versicherte mir, ich könnte in diesem Fall ein Vermögen erwarten. Als ich, es war das Jahr 1979, endlich

Zeit fand, der Einladung zu folgen, brach in Persien gerade die Revolution aus. Kein Mensch wäre dort noch hingefahren! Und mein Leben aufs Spiel zu setzen für eine Handvoll Juwelen und Diamenten, das wollte ich nicht. So blieb mir der »Mammon« versagt!

In diesen Jahren, Mitte bis Ende der Siebziger, unterrichtete ich an der Haifaer Universität. Als erste Nichtakademikerin hatte ich einen Ruf als Dozentin erhalten, für Fortgeschrittene Graphologie. Meine Studenten der psychologischen Fakultät waren bereits graduiert, manche hatten schon ihren Doktorgrad. Sie wollten Graphologie studieren als Zusatzqualifikation für ihre zukünftigen psychologischen Berufe. Es war ein anspruchsvolles Publikum, und diese vier Jahre als Dozentin waren auch für mich ein besonderer Erfolg. Meine Schüler bestürmten mich, meine Veröffentlichung zur Graphologie der hebräischen Schrift, die jetzt etwa dreißig Jahre zurücklag, zu aktualisiseren und neu herauszugeben. Auch aus Amerika kamen entsprechende Anfragen. Jedoch wollte und konnte ich darauf keine Zeit mehr verschwenden.

Das Leben gab mir mit Geburt meines ersten Enkels eine andere, für mich wichtigere Aufgabe, auf die ich später ausführlicher zu sprechen komme. Zunächst – nach diesem Ausflug in mein zu jeder Zeit ausgefülltes und aufregendes Berufsleben – zurück zu meinen Eltern und Geschwistern.

Eines Tages, es war Anfang der sechziger Jahre, lernte ich über den Haifaer Redakteur der ›Jerusalem Post‹, der größten englischen Zeitung Israels, einen sehr sympathischen, älteren Herrn kennen, der, wie er selber sagte, aus Deutschland stammte. Sie zeigten mir ein uraltes verblichenes kleines Büchlein mit einer Vielzahl handschriftlicher Randbemerkungen und Korrekturen und baten mich um meine Meinung. Es war der Erstdruck einer philosophischen Abhandlung des großen Spinoza, aus seiner persönlichen Bibliothek! Auf mein ungläubiges Staunen hin sagte der Journalist: »Ich bin Ihnen eine Erklärung schuldig: Dieses Buch wurde von einer Deutschen an Ben Gurion persönlich geschickt. Sie schrieb ihm, daß ihr verstorbener Mann, ein hoher Nazi, dieses Buch als ›offensichtliche‹ Antiquität aus dem Autodafé gerettet habe. Kurz vor seinem Tod hätte er es ihr anvertraut mit den Worten: ›Wenn du das verkaufst, kannst du dafür sehr viel Geld bekommen.‹ Sie hätte es nicht mit ihrem Gewissen vereinbaren können, das Buch zu verkaufen, und es als jüdisches Eigentum an Ben Gurion geschickt.« Zu mir sind sie gekommen, um die Echtheit der handschriftlichen Einträge bestätigen zu lassen. Das Buch befindet sich heute im Jerusalemer Museum.

Als die beiden Herren sich verabschiedeten, sagte der mir so sympathische ältere Herr, daß er mich bitten möchte, ihn zu besuchen. Es läge ihm sehr viel daran.

Wie ich bereits erwähnte, war mein Vater ein großer Anhänger von Spinoza. Als man mir dieses Buch brachte, war er leider nicht mehr am Leben. Da der alte Herr ebenfalls ein »Spinozist« war, wie er sich bezeichnete, war ich natürlich interessiert daran, ihn aufzusuchen. Er wohnte allein in einer kleinen bescheidenen Wohnung, die Räume angefüllt mit Büchern und Memorabilien aus Spanien und Holland. Er erzählte mir, daß er verschiedenes aus dieser Sammlung gemeinsam mit einem Freund zusammengetragen hätte. Die Schriften Spinozas, die er hier hätte, dazugenommen, sei dies inzwischen ein kleines »Spinozeum«. Dann kamen ihm die Tränen, und er erzählte mir, sich die Augen trocknend, daß dieser Freund, der hier in Haifa nicht weit von ihm gewohnt hätte, der beste Freund gewesen wäre, den er je im Leben gehabt hätte. Dessen Vorfahren seien wie Spinoza auch vor der spanischen Inquisition nach Holland geflohen. Und dieser Freund selbst mußte aus Deutschland fliehen – leider hätte er hier in diesem Land sehr frustriert gelebt. Seine sehr dominante Frau, die seit ihrem fünfundvierzigsten Lebensjahr im Rollstuhl säße, hätte sein Leben sehr belastet.

Schon als der alte Herr anfing zu erzählen, hatte ich einen Verdacht geschöpft – jetzt wußte ich, daß er von meinem Vater sprach! Dieses Kapitel seines Lebens, seine Hingebung an diesen Freund und das gemeinsame »Spinozeum« – das inzwischen wesentlich erweitert in Tel Aviv zu sehen ist –, hatte er wegen des Unverständnisses meiner Mutter vor der ganzen Familie, auch vor mir, geheimgehalten. Als ich dem alten Herrn mitteilte, daß ich die Tochter seines besten Freundes sei, konnte dieser sich vor Rührung kaum fassen! Bis zu seinem Tode habe ich ihn so oft wie möglich besucht. Die Persönlichkeit meines Vaters und unser beider Liebe zu ihm war bei unseren Gesprächen immer präsent.

Ich habe jahrelang schrecklich darunter gelitten, wie sehr die Persönlichkeit meines Vaters hier am Boden lag. Wir Kinder hatten nicht die Mittel, unsere Eltern »standesgemäß« zu ernähren. Mein Vater mußte bis ins hohe Alter Lebensmittelpakete in großen Plastiktüten, die der Deutsch-Jüdische Hilfsverein an bedürftige Deutsche verteilte, zu den Betreffenden schleppen. Als »Belohnung« durfte er dann zwei-, dreimal in der Woche ein Paket für sich selbst mitnehmen. Allein das brach mir das Herz. Noch schlimmer jedoch war ein Tag, den ich niemals vergessen werde: Einer der angeblich notleidenden Empfänger gab meinem Vater ein Trinkgeld von einem Dollar. Er nahm es tatsächlich an, nur um es mir zu schenken. Er besuchte mich am selben Abend und bestand darauf, daß ich den Dollar annahm, und ich sah in seinen Augen, wieviel ihm daran lag, mir endlich etwas schenken zu können. Ich bedankte mich mit einem wortlosen Kuß. Die Tränen, die mir bereits kamen, schluckte ich herunter, doch als er seinen bereits vom Alter gebückten Rücken drehte und wieder ging, heulte ich wie ein Schloßhund!

Mein Vater war sich seiner spanischen Abstammung immer sehr bewußt. Wenn wir uns als Kinder nicht aufrecht hielten, zum Beispiel bei Tisch, sagte er: »Eure Großmutter Amélie hat immer gesagt: ›Stolz lieb' ich den Spanier!‹ Haltet euch gerade, mit hohem Kopf!« Wie schwer muß es gewesen sein für diesen stolzen Mann, sein erniedrigendes Schicksal zu tragen.

Meiner armen Mutter erging es noch schlimmer: Siegesbewußt wie immer fing sie sofort bei ihrer Ankunft in Palästina an, Hebräisch zu lernen. Sie nahm das Wörterbuch sogar mit ins Bett! Als sie soweit war, daß sie durch ihre Sprachkenntnisse und neue hiesige Bekannte wieder ein gesellschaftliches Leben hätte führen können, entwickelte sich bei ihr ein schweres Hüftleiden. Die Ärzte empfahlen ihr »Ganzkörpermassage«. Um ihr das Leben zu erleichtern, hätten wir Kinder auch dazu das Geld irgendwie aufgebracht. Sie aber erklärte: »Meinen Körper wird keine fremde

Hand berühren!« Unbehandelt entwickelte sich ihr Leiden besonders schnell. Schließlich blieb nur noch der Rollstuhl. Sie gab ihr Studium der hebräischen Sprache auf, das ihr ohnehin nichts Neues mehr bringen konnte, und war nunmehr fast ganz ans Haus gebunden. Ihre Wohnung hatte steile Treppen, und sie fürchtete auch den Straßenverkehr. Da beschloß sie, zum Lebensunterhalt beizutragen und Englischunterricht zu geben: Sie verdiente so gut, daß mein Vater Minderwertigkeitsgefühle bekam. Mutig war sie ja schon immer! Allerdings mußte, bevor ein Schüler erschien, der Rollstuhl verschwinden: Man mußte ihr in einen Sessel helfen, da sie nicht in einem Rollstuhl gesehen werden wollte!

Durch diese Erkrankung war mein Vater, wenn er nicht gerade bei seiner »Arbeit« sein mußte, fast stündlich an sie gebunden. Sie haßte ihre Abhängigkeit und wurde deshalb immer unduldsamer und schwerer zu ertragen.

Als die sogenannte »Wiedergutmachung« in den fünfziger Jahren, das heißt die Rückgabe des ehemaligen Besitzes an die Juden Deutschlands, begann, beschloß mein Vater, nach Bonn zu fahren. Vor seiner Abreise kam er zu mir, um sich zu verabschieden und sich mit mir auszusprechen. Er betonte, daß er sehr hoffte, mich bald für mein schweres Leben entschädigen zu können. Dann schaute er mich lange traurig an – bis er weitersprach: »Mein Ruthchen, meine Amélie, falls mir bei der Reise etwas passiert, so daß ich nicht mehr zurückkommen kann – ich meine, falls ich unterwegs sterbe, trauere *bitte nicht*! Ich möchte so gerne sterben! Ich halte es mit deiner Mutter einfach nicht mehr aus. Eine Invalidin darf man aber nur durch den Tod verlassen! *Bitte* versprich mir, daß du nicht trauern wirst. Wir beide werden weiter verbunden sein.« Dann umarmte er mich – zum letzten Mal. Hatte er es geahnt, oder hatte er es durch seinen Wunsch vollbracht?

Er erreichte Bonn – es war Ende August 1953 –, übernachtete dort und fuhr am nächsten Tag nach Köln. Dort wollte er einen ihm von früher bekannten Bankdirektor sprechen. Vor dem Bankgebäude sagte er zum Taxifahrer: »Ich halte mich hier nicht lange auf. Ich will zurück nach Bonn.«

Kurz nachdem er das Büro des Direktors betreten hatte, bat er um ein Glas Wasser. Der Direktor bestand darauf, es ihm selber zu bringen. Als er zurückkam, lag mein Vater tot am Boden. Gehirnschlag. Er war zweiundsiebzig Jahre alt.

Kurz danach beschloß meine Mutter, im Rollstuhl mit ihrem Sohn nach Bonn zu reisen. Mein Bruder kam zu mir: »Du Arme, du kannst ja jetzt unmöglich mitfahren! Gib mir einfach deine Vollmacht, ich werde deine Interessen wie meine eigenen hüten.« In meiner damaligen seelischen Not (Eli lag nach einem entsetzlichen Unfall, von dem ich später erzählen werde, schwerverletzt im Hospital) hatte ich fast keine Ahnung, wovon er eigentlich redete. Ich gab ihm die Vollmacht, über mein Erbteil frei zu bestimmen. Damals hätte ich mich an die großen, schwarzen Spinnen erinnern sollen, die er mir, als ich ein kleines Mädchen war, auf die Haut setzte ... Wie bereits erwähnt: »Mammon« war mir nie gegönnt. Meine Mutter lebte als Witwe in sogenannten »guten Verhältnissen«, und mein Bruder, der niemals heiratete, übernahm als Erbfolger des Vaters ihre Pflege und das gesamte Vermögen. Trotz Rollstuhl und diverser Leiden lebte sie mutig bis zum Alter von zweiundneunzig.

Meine kleine Schwester Miryam, der »blonde, blauäugige Engel«, war eine wunderschöne junge Frau geworden. Hier, im Mittleren Osten, macht das immer einen großen Eindruck. Jedoch die Tatsache, daß sie schon mit sechzehn Jahren als Dienstmädchen arbeiten mußte, hat sie sehr verbittert. Ihren Vater verachtete sie, weil er stets der Mutter nachgegeben hatte. Wie sie es vielleicht nicht zu Unrecht sagte, hatte der Vater den Ruin der Familie herbeigeführt: damals, als er Mutters Wunsch folgend, die amerikanische Staatsbürgerschaft für die Familie ausschlug.

Zu meinem Bruder hatte sie ebensowenig eine Beziehung wie ich, und die Mutter fürchtete sie wie wir alle.

Ich liebte Miryam und habe versucht, um sie zu werben; durch ihr tiefes Mißtrauen der ganzen Familie gegenüber konnte sie jedoch auch mir meine Zuneigung niemals wirklich glauben. Trotzdem gingen wir lebenslänglich recht freundlich miteinander um. Sie heiratete noch als »Teenager« den begabten und liebenswerten Vetter und Milchbruder des berühmten Sängers Joseph Schmidt. Miryams einziger Sohn Gaby war, wie sein Onkel und sein Vater, ein junges musikalisches Genie. Er war noch ein Kleinkind, als sein Vater an Herzversagen starb. Als junge Witwe mußte Miryam sich mit ihrem Kind ohne jede finanzielle Hilfe alleine durchschlagen. Sie ernährte sich und ihr Kind mit privaten Englisch- und Französischstunden. Ab 1939 konnte ich sie in der Englischen Militärzensur unterbringen, wo sie sehr geschätzt wurde. Sowohl ihr Sprach- als auch ihr hervorragendes Organisationstalent fielen sehr bald auf. Unser damaliger Boß, auch ein »Jecke«, sagte mir: »Frau Zucker, wenn Sie bloß halb so konzentriert arbeiten würden wie Ihre Schwester, wäre ich schon zufrieden!« Weder er noch Miryam wußten, daß ich meine ganze Konzentration auf die Spionage richtete: Ich mußte tausend wichtige Kleinigkeiten im Kopf behalten, ohne sie zu Papier bringen zu können! Miryam hat niemals erfahren, daß ich neben ihr als Spionin tätig war. Das haben auch meine Eltern sowie alle die engsten Freunde, die jetzt nicht mehr leben, niemals erfahren.

Miryam heiratete ein zweites Mal und lebte lange in Italien, wo ihr Mann sehr erfolgreich eine Schiffahrtslinie betrieb. Als sie ziemlich wohlhabend zurück nach Israel kam, fiel ihr auf, daß die bei ihrem Militärdienst erblindeten jüdischen Soldaten zwar bestens betreut wurden, jedoch die Tausende orientalischen Einwanderer, unter denen es auch etliche Erblindete gab, keinerlei Unterstützung hatten. Im Orient sind die Augenkrankheiten, die zur Erblindung führen, äußerst epidemisch. Hunderte waren in dem finanziell so schwachen Israel zu einer hilflosen, kümmerlichen Existenz verdammt.

Miryam begann aus eigener Initiative, Geld zu sammeln. Am Anfang beschränkte sie sich auf Israel, später fuhr sie auf eigene Kosten in die ganze Welt. Sie brachte es fertig, einen Riesenbau zu veranlassen, in dem die Blinden entsprechende Berufe lernten. Man nannte den Bau »Das Hilton-Hotel Herzliya«. Der Unterricht fand im Parterre statt, während auf der ersten Etage ein schöner Imbiß- und Gesellschaftssaal errichtet wurde. Gebaut wurde auch ein Altenheim für Blinde und eine spezielle Zahnklinik für Blinde und Invaliden. Die besten Zahnärzte aus Tel Aviv arbeiteten dort ehrenamtlich.

Miryam erkrankte. Sie mußte eine künstliche Hüfte bekommen und wurde von Krebs befallen. Nach vielen schweren Operationen und Bestrahlungen zwang sie sich noch einige Jahre lang, bis zu ihrem letzten Tag, weiter die Welt zu bereisen, um Geld für ihre Schützlinge aufzubringen. Ihren zweiten Ehemann, der sie bei Beginn ihrer Krankheit verlassen hatte, kostete die Scheidung ein Vermögen, welches sie dem Blindenheim vermachte. Bei ihrem Begräbnis weinten Hunderte, und alle versicherten mir: »Sie war unsere einzige Mutter, die einzige für uns alle!« Viele Menschen nannten sie »Die Heilige«. Ich habe oft beobachtet, daß Blinde ihre Hände und sogar den Saum ihres Kleides küßten. Unsere Regierung gewährte ihr mehrere Auszeichnungen, und auf der Fassade des großen Blindenheims in Herzliya steht in Stein gemeißelt der Name meiner Schwester.

Ich war sehr befreundet mit Itzchak Navon, wie Shazar einer unserer Staatspräsidenten, und dessen wunderschöner Frau Ophira, die leider sehr früh an Krebs starb. Sie war Zeit ihres Lebens meine enge Freundin. Ich wurde von ihr und Itzchak des öfteren ins Präsidentenhaus eingeladen. Ophira, die in ihrem kurzen Leben unendlich vielen Menschen geholfen hat – unter anderem durch ihre Arbeit für SOS Kinderdorf – war eine wunderbare Gesprächspartnerin, und wir konnten nie genug Zeit miteinander verbringen. Wenn ich bei ihnen übernachtete, schlief ich in einem Raum, der an die Küche angrenzte. Da ich einen leichten Schlaf hatte, hörte ich Itzchak, dem es ähnlich ging, so zwischen Mitternacht und ein Uhr am Kühlschrank rumoren. Ich gesellte mich dann zu dem ebenfalls im Pyjama gekleideten Präsidenten. So haben wir oft bei einem nächtlichen Imbiß lange philosophiert.

Als im November 1977 Anwar Sadat als erster arabischer Staatsmann nach Israel kam, wurde er in Jerusalem von einer riesigen, begeisterten Menschenmenge empfangen. Das jüdische Jerusalem war komplett auf den Beinen und gab seine Freude über sein Kommen lauthals kund. Sadat wurde unter anderen von Golda Meir begrüßt, die wußte, daß er gerade Großvater geworden war. Auch sie konnte sich gleichzeitig über einen Enkel freuen. Sie sagte zu ihm: »Darf ich Ihnen, als eine neue Großmutter, als neuem Großvater die Hand reichen?« Sadat umarmte sie! Das Eis war gebrochen! All dies geschah nach einem grausamen Krieg, in dem beide Seiten schlimme Verluste zu beklagen hatten, und nachdem riesige Flächen Land, inklusive der von uns errichteten schönsten Stadt Israels, »Jamith«, an Ägypten zurückgegeben werden mußten.

Sadat mit seinem Gefolge war in einem Nobelhotel in Jerusalem untergebracht. Zu seinen Ehren sollte ein ganz besonderes, überaus reiches festliches Dinner gereicht werden. Als First Lady wurde Ophira aufgefordert, ein »Probemenü« vorzukosten. Dazu lud sie mich ein. Wir saßen auf einer wunderbaren, sonnigen Terrasse und bekamen jeweils vier Suppen, vier Vorspeisen, vier Zwischengerichte und so weiter bis hin zu vier verschiedenen delikatesten Desserts zu unserer Auswahl! Die Weine überließ ich Ophira. Dieser unwahrscheinliche Vormittag, an dem wir, platzend vor Lachen und Essen, uns gegenseitig über die Vorzüge der jeweiligen Speisen einigen mußten, wird mir stets in Erinnerung bleiben. Eine andere uns beide sehr amüsierende Begebenheit war, als sie eines Tages in einem einfachen Taxi zu mir zu Besuch kam, anstatt wie sonst mit Chauffeur. Als sie meine Adresse nannte, fragte der Haifaer Taxifahrer: »Wollen Sie zu Ruth Zucker?« Darauf Ophira: »Ja, kennen Sie die Adresse?«

»Ja, natürlich. Sind Sie etwa mit ihr befreundet?«

»Ja!«

»Da haben Sie aber Glück! Wissen Sie überhaupt, wie berühmt die Frau ist?!«

Die Präsidentenfrau und ich mußten herzlich lachen!

Als Sadat das zweite Mal, diesmal per Schiff von Alexandrien aus, Israel besuchte und in Haifa landen sollte, bekam ich einen Anruf von Navon: Er wolle mir Originalschriftstücke von Sadats Handschrift mit einem Boten zuschicken. Er selber sei in Cäsarea, dem altrömischen Vorort von Haifa. Schon morgen werde Sadat im Haifaer Hafen erwartet, und er, Navon, müsse dort eine Empfangsrede halten. Er bat mich, ihm alle Charakterzüge und alle Neigungen Sadats anhand seiner Schrift zu analysieren. Ob ich dies in einigen Stunden für ihn fertig hätte, er würde dann wiederum einen Boten schicken? So gut es mir möglich war, entsprach ich seiner Bitte.

Am nächsten Tag konnte ich Navons Rede im Fernsehen verfolgen. Er hatte meine Analyse fast Wort für Wort in seine Rede hineinfließen lassen. Man sah Sadat auf ihn zugehen, ihn in seine Arme schließen und auf arabische Art ihn auf beide Wangen küssen. Dann sagte er: »Mein Bruder! Woher kennst du mich so genau? So treffend hat noch niemals jemand über mich gesprochen!« Navon war fair genug, ihm von meiner Mithilfe zu erzählen. Daraufhin schickte mir Sadat Muster seiner eigenen sowie der Schrift seiner Frau. Er lud mich ein, beim nächsten Staatsbesuch Navons in Ägypten in dessen Gefolge mitzureisen.

Wenig später, im Oktober 1981, wurde Sadat von moslemischen Extremisten als »Freund Israels« und »Verräter« ermordet.

Es muß einen »Teufel« geben: Die besten Menschen werden immer ermordet: Jesus, Gandhi, Martin Luther King, Kennedy, Sadat, Rabin und viele andere, die den Frieden liebten. Warum haben diese Menschen die meisten Feinde?

Die eigentliche und wichtige Aufgabe in meinem Leben waren meine Kinder. Nachdem ich nach der Geburt von Eli wußte, daß ich nie wieder ein Kind würde gebären können, dachte ich die langen Jahre der Haganah-Zeit bis nach dem »Befreiungskrieg« nicht daran, daß unsere kleine Familie jemals doch Zuwachs haben würde. 1949 hatte ich mich zwar schon als Gerichtsgraphologin und in der Personalberatung für Firmen etabliert, aber mir fehlte die Volontärtätigkeit, die freiwillige Hilfe für unseren gerade erst geborenen Staat. Da schlug Walter mir eines Tages vor, im Kino einen Dokumentarfilm über die Flüchtlingssituation im Jemen und unsere Tausende Neueinwanderer aus diesem südarabischen Bergland anzusehen, in dem eine große jüdische Minderheit zu Hause ist – oder besser war. Walter sagte, nach diesem Film würde ich meine Aufgabe gefunden haben.

In dem Film sah man die jemenitischen Juden auf der Flucht, darunter so viele Kinder, abgezehrt bis auf die Knochen! Sie kamen von der äußersten Südspitze der arabischen Halbinsel, und um zum Hafen Aden zu gelangen, mußten sie die lange Wüste durchwandern. Im Jemen waren sie ausnahmslos Goldschmiede gewesen, da sie als Juden keine anderen Berufe ausüben durften. Sie legten ihren gesamten Familienbesitz in Gold und Silber und auch in Edelsteinen an, da dies die Ware war, mit der sie ihr Leben verdienen konnten: Bei ihrer wochenlangen Durchquerung der Wüste wurde ihnen fast alles gestohlen, was sie bei sich hatten. Ungezählte starben an tropischen Krankheiten. Als sie halbverhungert in Aden ankamen und dort in kläglichen Zelten lange darauf warten mußten, nach Israel überführt zu werden, erkrankten sie in ihrem Zustand an allen möglichen anderen Krankheiten. Sie mußten deshalb warten, weil der Krieg mit den Arabern gerade erst beendet war und vorerst keine israelischen Flugzeuge für den Flüchtlingstransport bereitgestellt werden konnten. Im Jemen wurden sie verfolgt aus Rache gegen den jüdischen Staat.

Als ich diese verhungerten Kinder sah, die dennoch mit blitzenden Zähnen, ihrer hellbraunen Haut und ihren großen, dunklen Augen über das ganze Gesicht lachten, wußte ich, wo ich hingehörte. Walter erzählte mir, daß die Kinder von den Flugzeugen sofort in eine Ambulanz gebracht würden, wo man die lebenden von den bereits toten sortierte. Nicht alle Kinder überlebten den Transport, den sie irgendwie, über- und untereinander, in den Gängen und Frachträumen der Flugzeuge verbringen mußten. Unsere Hospitäler waren überfüllt, der Rest wurde in dem ehemaligen »Gefangenenlager« der Engländer für illegale jüdische Einwanderer untergebracht. In dem armen israelischen Staat diente es als kümmerliches Immigrantenlager.

Es war der Winter 1949, in dem das erste Mal seit hundert Jahren hier meterhoher Schnee fiel. Und das ganz besonders auf dem Carmel, an dessen Fuß das vollkommen heruntergekommene Gefangenen- beziehungsweise Immigrantenlager Atlith liegt.

Ich erschrak, als ich die Kinderabteilung sah. Die Holzhütten waren undicht, Fensterscheiben gab es nicht. Die Nahrung der Kinder war kläglich: Die kranken Babys bekamen halb Wasser, halb Milch mit Reispulver angerührt. Weiter nichts. Es gab weder Vitamine noch irgendwelche Medikamente. Die Ärzte sahen verzweifelt aus. An diesem Tag warteten sie auf eine dringend bestellte Obstlieferung – immerhin Obst war im Land zu haben, aber mehr nicht. Wir lebten von Lebensmittelkarten. Alles war rationiert. Nur für die Flüchtlinge, die in Hospitälern untergebracht waren, war alles vorhanden, was man von der Bevölkerung nur irgendwie absparen konnte.

Große Lieferungen der nötigsten Medikamente wurden von den Juden Amerikas geschickt. Wir Ansässigen hätten für kein Geld irgendwelche Medikamente, geschweige denn ein Antibiotikum erwerben können. Alles wurde für die Flüchtlinge bereitgehalten. Ärzte wurden des öfteren nach achtundvierzig Stunden ohne Schlaf ohnmächtig. Das Wunder der Etablierung eines eigenen israelischen Staates bewirkte ein Wunder in den Menschen. Wir wuchsen alle über uns hinaus und »liebten endlich unseren Nächsten wie uns selbst«.

Als ich gleich am nächsten Tag wieder da war und in das sogenannte Krankenzimmer der Babys kam, erzählte mir die junge Schwester, daß in der Nacht ein Mann gekommen sei und ein winziges Baby in eines der leeren Betten geworfen hätte. Er sei verschwunden, noch ehe sie ihn hätte ansprechen können. Am frühen Morgen wäre das Kind ins Regierungshospital gebracht worden. Es wäre ein kleines Mädchen, nur Haut und Knochen.

Das kleine Mädchen kam vom Hospital in das Krankenzimmer der Babys zurück, hoch fiebernd, mit einem Zettel: »Völlig hoffnungsloser Fall, wir brauchen das Bett für hoffnungsvollere Fälle.« Zusammen mit dem Kinderarzt, Doktor Kannafass, betrachtete ich dieses völlig abgezehrte Wesen.

Dr. Kannafass meinte: »Dieses Kind muß eine außergewöhnliche Konstitution haben, sonst wäre es längst gestorben.« Ich sah, wie Kannafass seine Fäuste ballte, er knirschte mit den Zähnen und stieß verzweifelt hervor: »Ich habe hier nichts, man gibt mir nichts, ich stehe hier und muß die Kinder verrecken sehen! Die hier stirbt mir auch unter den Händen weg.«

Als er hinauslief, hielt ich ihn an: »Könnte *ich* sie vielleicht pflegen? Bei mir zu Hause?«

Er schaute mich verdutzt an: »Ich muß mal sehen, wie die überhaupt registriert ist. Normalerweise haben die Kinder einen

Zettel am Bett, zu wem sie gehören. Ich schau mal im Büro nach, ob ich irgendeine Spur finde, ich komme gleich zurück.«

Kannafass konnte nichts finden. Ich dachte nicht lange nach und rief Walter in der Praxis an.

»Wieso soll ich runterkommen, was ist passiert? Ich hab Patienten im Wartezimmer!«

»Bitte, tu mir den Gefallen, es ist wirklich dringend, ein Kind liegt im Sterben!«

Walter kam. Als er in die fensterlose Holzhütte eintrat, sagte er: »Welche Zustände! Hier müssen ja selbst gesunde Kinder erfrieren!«

Zusammen beugten wir uns über das Kinderbett. Ich hielt einen messingfarbenen großen Schlüssel in der Hand und wollte sehen, ob das Baby überhaupt darauf reagieren würde. Und tatsächlich griff die winzige hellbraune Hand nach dem blinkenden Schlüssel. Wir beugten uns näher und erhielten ein zögerndes Lächeln aus dem kleinen kläglichen Gesicht. Das kleine Mädchen hatte weder Wimpern, Augenbrauen noch Haare. Es hatte einen geschwollenen Hungerbauch und völlig abgezehrte Arme und Beine. Dennoch schien sie uns lächelnd anzuschauen. Walter kamen die Tränen. Erstaunt schaute ich ihn an und fragte unvermittelt: »Darf ich sie nach Hause nehmen, um sie zu pflegen?«

Er drückte meine Hand so fest, daß es mir weh tat, und sagte: »Ein Menschenkind, das sterbend lächeln kann, läßt man nicht liegen!«

»Und falls sie doch noch gesund wird, will ich sie adoptieren!«
»*Wir* werden sie adoptieren!«

»Aber Walter, du warst doch zeitlebens gegen eine Adoption!«

»Peterle, du weißt, daß unser Leben immer zu schwer war. Es gab immer genügend vermögende und gute Eltern für europäische Waisenkinder. Ich fürchte, in diesem Falle haben wir keine Konkurrenz. Vielleicht ein Fingerzeig Gottes?«

Ich holte Doktor Kannafass, der wiederum Hanna, eine Sozialarbeiterin, rief. Ich sagte ihm, daß ich das Kind gerne nach Hause nähme. Vielleicht könnte ich es retten. Die beiden erklärten mir, daß elternlose Einwandererkinder der Jewish Agency unterständen. Dorthin müsse ich mich wenden.

Kurz entschlossen machte ich mich auf in die Hafengegend zur Jewish Agency, um ihnen den Fall zu erklären. Und Walter fuhr zurück in die Praxis.

Als ich meinen Fall dem Leiter der Agency vortrug, sagte er, daß dieses wahrscheinlich elternlose Kind dort zu bleiben hätte, wo es bereits sei! Verzweifelt fuhr ich zurück ins Lager. Hanna und Kannafass kamen mir erwartungsvoll entgegen. Sie glaubten kaum, was ich ihnen erzählte. Plötzlich hatte Hanna eine Idee: »Ruth! Erinnerst du dich, daß man bereits vor mehr als einem halben Jahr ansässige Familien aufgefordert hat, jemenitische Kinder ab dem zehnten Lebensjahr für die strengen Wintermonate in ihrem Heim aufzunehmen?«

»Natürlich erinnere ich mich: Ich habe mich damals für zwei Kinder gemeldet. Aber die sagten auch, die kleineren Kinder sollte man aus psychologischen Gründen in der neuen Heimat nicht von ihren Eltern trennen.«

Daraufhin Hanna, lächelnd: »Aber Ruth! Um ein Leben zu retten, darf man doch auf dem Papier einen kleinen Fehler machen – ab heute ist die kleine Unbekannte zehn Jahre alt.

Wieder rief ich Walter an. Er sagte: »Dann muß ich sofort Eli zu dir bringen. Schließlich geht es ihn ebenso sehr an, wie es uns angeht. Er hat sich immer eine kleine Schwester gewünscht.«

Als der ja mittlerweile vierzehnjährige Eli dieses unglückliche Wesen sah, sagte er nur mitleidig: »Wollt ihr die wirklich adoptieren?«

»Ja, falls sie überlebt – aber auch du mußt einwilligen.«

»Ich habe mir eine kleine Schwester ganz anders vorgestellt! Die hier sieht aus wie eine verschrumpelte graue Kartoffel, in die man vier Streichhölzer gesteckt hat. Aber wenn ihr es beide für richtig haltet, dann bin ich natürlich dabei. Auch ich werde sie pflegen.«

Wir nahmen das nun offiziell registrierte Kind in Empfang. Wir wickelten sie in eine dünne Baumwolldecke, etwas Wärmeres war nicht zu finden, und fuhren mit ihr direkt zu unserem Kinderarzt, der Eli jahrelang betreut hat. Eli war seit einem Jahr erst vollständig gesund und seine Tuberkulose ausgeheilt. Es stellte sich heraus, daß unser kleines Mädchen neben akutem Durchfall eine doppelseitige Lungenentzündung, Eiter in beiden Ohren sowie eitrige Wunden am Körper hatte. Diese Wunden waren infizierte Brandmale. Damals glaubten viele orientalische Medizinmänner, sie könnten durch glühende Eisen die bösen Geister austreiben, die Menschen krank machten. Auch dieses Kind war ihnen zum Opfer gefallen.

Der mit uns gut befreundete Arzt Bertold Ratzkowski riß die Augen auf, als wir ihm die Kleine präsentierten: »Wieso bringt ihr mir dieses Häufchen Unglück heute hierher? Morgen früh bin ich doch sowieso wieder in Atlith.«

Ich sagte: »Dieses hier wollen wir adoptieren. Wir möchten nur von dir wissen, ob wir es zum Leben oder in den Tod pflegen werden. Nur das möchten wir von dir wissen.«

Doktor Ratzkowsky erblaßte, setzte sich in einen Stuhl und stieß hervor: »Ich hab ja gar nicht gewußt, daß ihr ein Kind adoptieren wollt, das trifft sich wunderbar! Ich habe nämlich ein Kleinkind bekommen, das zur Adoption freigegeben ist. Ruth, ich kenne dich als Mutter, nicht ich habe diesen strammen Jungen (auf Eli zeigend) so gesund gepflegt. Das warst du, du bist die richtige ›jiddische Mamme‹. Das Kind, das ich unterbringen soll, auch ein Mädchen, ist europäischer Herkunft, hat helle Augen und sieht dir tatsächlich etwas ähnlich. Niemand wird je daran zweifeln, daß es deine eigene Tochter ist. Die jungen Eltern sind aus Holland hier eingewandert. Beide sind bei einem Autounfall tödlich verunglückt. Sie haben dem Kind weit über eine Million Dollar hinterlassen. Ihr werdet nie Ausgaben für dieses Kind haben. Die holländischen Verwandten möchten, daß das Kind in Israel adoptiert wird, und das Geld soll sie lebenslänglich versorgen. Ich habe mir schon seit einiger Zeit überlegt, welchen Eltern ich diesen wunderbaren Schatz vermachen soll. Jetzt haben wir es!«

Während dieser ganzen Tirade wimmerte das kleine Wesen zitternd in meinen Armen. Ich schaute Bertold an und fragte: »Und wie viele Elternpaare würden für diesen ›Schatz‹ Schlange stehen?«»

Daraufhin Bertold: »Von hier bis nach Hongkong!«

Ich legte das Kind auf die Wickelkommode seiner Praxis, lüftete die dünne Decke und sagte:« Und wer steht hierfür Schlange?«

Bertold wurde sichtlich blaß: »Meinst du das wirklich ernst, das mit der Adoption?«

»Sehr ernst!«

Mir schien, daß es sehr lange dauerte, bis er uns sagte:« Ich kann euch gar nichts versprechen. Die Chancen für ihr Überleben stehen nicht gut. Nur das eine kann ich euch heilig versprechen: Ich bin mit von der Partie, und zwar gratis und franko. Diese ›Mizwe‹ (»gute Tat«) wollen wir alle vier zusammen machen. Dafür werde ich nicht nur jeden Tag einen Hausbesuch bei dieser kleinen Tochter machen, ich werde es auch mit meinem Gewissen vereinbaren, alles, aber auch alles aus dem Hospital zu stehlen, was dieses Kind zum Überleben braucht. Ruth, auf deine Mütterlichkeit kommt es an, nicht nur auf meine Kunst, und ihr zwei Männer müßt Ruth dabei gründlich unterstützen!«

Wir brachten die Kleine nach Hause, nachdem wir unterwegs noch schnell zumindest ein Kinderbett und das Allernötigste zum Warmhalten besorgt hatten.

Es war der 1. Januar 1950. Das Kind wimmerte fast ununterbrochen. Nachdem sie in einem Waschbecken warm gebadet war und im neuen Bettchen lag, hatte Eli nichts Eiligeres zu tun, als die nächste Nachbarschaft zu informieren: »Wir haben ein Kind adoptiert! Ihr glaubt das nicht? Kommt gucken!« Daraufhin ergoß sich ein Strom neugieriger Nachbarn in unsere Wohnung. Als sie das klägliche, blaße, hellbraune Gesichtchen, ohne Augenbrauen und Wimpern, gesehen hatten, verließen sie allesamt verlegen lächelnd, zum Teil kopfschüttelnd, das Haus.

Ich hörte jemand murmeln: »Die Ruth war schon immer ein bißchen verrückt!«

Die Aufmerksamkeit und die Fürsorge, die Walter Tag und Nacht und von Anfang an diesem kleinen Wesen schenkte, war rührend und rätselhaft zugleich. Kurz nachdem sie bei uns im Schlafzimmer übernachtete, wurde ich dadurch wach, daß Walters Faust über meinen Kopf hinweg gegen die Wand schlug und er vor Schmerz laut aufschrie. Hätte mich diese Faust getroffen, so wäre ich vielleicht nicht mehr. Entsetzt schüttelte ich ihn: »Was ist los mit dir, hast du geträumt?«

»Ich habe geträumt, daß man uns die Kleine wegnehmen will, da war ein großer Kerl, den wollte ich totschlagen!« Walters Knöchel waren tatsächlich blutig.

Wir umarmten uns zärtlich und wußten, daß uns eine gemeinsame schwere Pflegezeit bevorstand. *Wie* schwer die nächsten Jahre für uns alle sein würden, wußten wir damals, Gott sei Dank, noch nicht.

Lange überlegten wir uns, wie wir das Kind nennen sollten. Da sie braunhäutig war und wir zumindest sie »süß« fanden, nannten wir sie »Tamar« (hebräisch für Dattelpalme und auch die Frucht). Gerufen wurde sie jedoch Tami. Das Kind entwickelte sich gut. Berthold hielt sein Versprechen und kam täglich. Walter und ich wechselten uns ab beim nächtlichen Herumtragen, bis nach vielen Wochen endlich ihr dauerndes schmerzliches Wimmern vorbei war. Ich fotografierte sie erst, als sie wirklich außer Gefahr und am Kopf behaart war.

Obwohl unsere Straße noch kaum bebaut war, lebten wir bereits in einer sehr kinderreichen Gegend, so daß Tami, deren Muttersprache Deutsch wurde, sehr schnell Hebräisch von den anderen Kindern aufschnappte. Sarahle, ihr liebes Kindermädchen, die in einer Baptistischen Amerikanischen Missionsschule in Nazareth erzogen wurde, sprach mit uns nur Englisch, da Arabisch uns schwerfiel. So wurde das Kind von klein auf dreisprachig erzogen. Als Tami drei oder vier Jahre alt war, verirrte sich seltsamerweise in unsere eher städtische Gegend ein einsames Huhn. Es hatte sich auf der Terrasse vor unserem Haus eine Art Nest zusammengekratzt und produzierte laufend Eier, zum Entzücken der Kinder! Die Nachbarkinder und Tami fingen an, sich um die Eier zu schlagen, so daß wir eine Art Lotterie mit Münzen erfanden, damit jeder nach und nach an die Reihe kam. Nachdem endlich Tami dran war, behütete sie das sitzende Huhn vor allen Eindringlingen und war höchst konzentriert. Zum ersten Mal war sie diesem Schöpfungsakt nahe. Als das Ei erschien, schrie sie nach mir: »Mutti! Weißt du, wo das Ei rausgekommen ist? Das kann man doch nicht essen! Das ist doch ekelhaft!« Sie überließ das lang ersehnte Ei einem ihrer Spielgefährten. Ich mußte ihr versichern, daß die Eier, die ich aus dem Laden holte, doch ganz anders auf die Welt kämen, sonst hätte sie keines mehr angerührt.

Sie war am 1. Januar 1950 zu uns gekommen. Als Bertold Ratzkowsky ihr Alter auf ein Jahr schätzte, wog sie ganze drei Kilo – bei gesunden Kindern ein normales Geburtsgewicht! So waren wir ganz versunken in unsere Aufgabe, ein Kind zu retten, glücklich und zufrieden. Bis zum 25. August desselben Jahres, 1950 ...

Von unserer schönen Wohnung auf dem Carmel aus fuhr man zum Hadar den Berg hinunter. Rechts von der Straße fiel der Fels steil ab, während sich links die Bergwand steil erhob. Sie war übersät mit vielen tiefen Höhlen. Der Boden oberhalb der Höhlen war ehemaliger arabischer Besitz, der bis zur endgültigen Friedensregelung von einem von der Regierung gestellten Treuhänder verwaltet wurde.

Haifa befand sich gewaltig im Aufbau, und man benötigte Unmengen von Kies. Wie aber macht man Kies, der damals Gold wert war? – Indem man von dem Verwalter der Böden oberhalb der Höhlen die Lizenz bekommt, diese Höhlen zu sprengen. Diese Lizenzen wurden tatsächlich ausgegeben, aber erlaubten eine Sprengung nur nachts, während genau kontrollierter Stunden. Tagsüber waren Sprengungen strengstens verboten.

Wir fuhren an diesem Augusttag 1950 um zwölf Uhr mittags mit Eli im Auto in Richtung Hadar. Vor uns fuhr ein blauer Autobus mit vierzig Schulkindern. Als dieser gerade eine prekäre Kurve nahm, sprang ein aufgeregter Arbeiter mit hoch erhobenen Händen vor unseren Wagen und schrie: Sprengung! Sprengung! Da unser Auto, ein uralter Ford, bei Vollbremsung auf abschüssiger schmaler Straße unweigerlich im Abgrund gelandet wäre, versuchte Walter noch durchzukommen, indem er Gas gab und einen Bogen um den Arbeiter machte. Dieser konnte noch einen Sprung in die rettende Richtung machen, während im selben Moment eine Explosion loskrachte und unzählige riesige

Steinblöcke auf uns stürzten. Der Wagen stand! Es war ein offener Wagen mit einem Schutzdach. Hinter mir hörte ich Elis Aufschrei, dann nichts mehr. Das Dach war zerfetzt, und die eine Gesichtshälfte von Eli war kaum mehr vorhanden. Ich sah ein Auge von ihm auf dem Asphalt liegen. Walters rechter Arm war schwerverletzt, eine blutige Masse. Ich war irgendwie am Kopf verletzt, Gesicht und Kleider waren blutüberströmt, und doch konnte ich klar denken. Mein Schutzengel war mir auf unerklärliche Weise wieder zur Hilfe gekommen. Auf welche Weise er mir das Leben wieder einmal gerettet hatte, erfuhr ich erst viel später.

Eine Ambulanz herbeizurufen, daran war nicht zu denken. Es existierte kein Telefon in erreichbarer Nähe. Hinter uns hielt ein großer Lastwagen, dessen Chauffeur ich lebenslänglich dankbar sein werde. Er sprang aus seiner Kabine, trug erst den bewußtlosen Eli vorsichtig auf die Ladefläche und dann mich. Walter schaffte es fast alleine. Während unser blutgetränktes Auto dort stehenblieb, überfuhr der Lastwagen, ständig hupend, in rasendem Tempo alle roten Ampeln. Im Regierungshospital angekommen, wurden Eli und Walter in zwei verschiedene Operationsräume gebracht. Um mich kümmerte sich ein befreundeter Arzt, der mir auf eine Pritsche in einem abgelegenen Zimmer half.

Er sagte: »Du bist nur leicht verletzt, deine Kopfhaut ist zwar völlig aufgeplatzt, aber jetzt ist niemand frei, um sie zu nähen. Alle Chirurgen sind im OP!«

Noch ehe er weitersprechen konnte, brach ich hervor: »Wird mein Kind leben?«

»Das darfst du mich nicht fragen. Ich nehme an, daß dein Mann vor deinem Sohn aus dem OP kommt. Vielleicht wird er dann Näheres wissen.«

Daraufhin überließ er mich meinem Schicksal.

Zuerst fluchte ich innerlich: »Warum kümmert sich keiner um mich? Warum sagt mir keiner was? Warum gibt man mir nicht etwas gegen meine Schmerzen, oder zumindest eine Beruhigungspille?« Dann, als ich mich etwas gefaßt hatte, war ich froh, daß mein Geist nicht benebelt war: Ich fing an zu denken. Nicht umsonst hatte ich jahrelang bei Gericht gearbeitet, ich kannte »solche

Fälle«! In meinem kleinen Zimmer entdeckte ich ein Telefon. Etwas zitternd stand ich auf und rief Aharonchik an, meinen ehemaligen Vorgesetzten im Untergrund, der inzwischen einer der höchsten Polizeioffiziere im Land geworden war – später war er der oberste Polizeikommissar Israels. Ich berichtete ihm in aller Kürze: »Wir hatten zusammen mit Eli einen furchtbaren Unfall. Das Auto steht noch verlassen auf der Rupinstraße, sie haben dort heute mittag gesprengt. Wir liegen im Regierungshospital. Bitte kümmere dich um das Auto und kümmere dich um die kriminelle Explosion. Leg' eine offizielle Akte an!«

Dann rief ich den besten und teuersten Anwalt Haifas an, den ich sehr gut kannte und schätzte.

Dr. Gottschalk erschien nach kurzer Zeit in meinem kleinen Zimmer. Er war völlig außer sich vor Entsetzen. Nachdem er sich gefaßt hatte, versprach er: »Ich werde Ihnen bei allem zur Seite stehen! Natürlich handelt es sich hier um einen kriminellen Akt. Ich werde mich sofort mit Ihrem Freund, dem Polizeioffizier, in Verbindung setzen. Juristisch haben Sie alle Chancen, das verspreche ich Ihnen.« Sein Blick sagte mir alles über sein Mitleid, als er sich verabschiedete.

Dann lag ich alleine bis zum Abend, als der befreundete Arzt sich zu mir auf die Pritsche setzte: »Ich weiß nur, daß dein Sohn ein Auge verloren hat, das andere ist verletzt. Hast du von dem Auge gewußt?«

»Ja.«

»Das andere versucht man zu retten.«

Ich stammelte wieder: »Wird mein Kind leben? Wird es erblinden? Und was ist mit Walter – ist es sein *rechter* Arm?«

»Kind! Wenn ich etwas wüßte, würde ich es dir doch sagen! Ich würde dir doch nichts verschweigen.«

Dann kam jemand, es war schon bei Dunkelheit, um meine Wunde zu versorgen. Man gab mir etwas Luminal, und nach einer halben Stunde nähte mir jemand ohne Betäubung die Kopfhaut. Vor lauter tiefer Verzweiflung habe ich das kaum gespürt.

Dann brachte man mich in ein größeres Zimmer. Ein zweites Bett mit Walter wurde hereingerollt. Walter war bei vollem Bewußtsein: »Peterle, was ist mit dir?«

»Ich bin o.k., wird Eli leben?«

»Ich weiß genauso viel wie du ... Ich komme gerade aus der Narkose. Die haben meinen Arm zusammengeflickt, aber meine rechte Hand ist nach innen gekrümmt. Es hängt von weiteren Operationen ab, ob ich jemals wieder arbeiten kann.«

Lange schwiegen wir. Dann sagte ich: »Walterle, werden wir jemals wieder lachen können?«

Daraufhin schwiegen wir wieder.

Sehr viel später gelang es den Ärzten, Walters rechte Hand wieder vollständig herzustellen.

Eli war drei Monate lang auf der sogenannten »Dangerlist«, das heißt, er lag im Koma und schwebte zwischen Leben und Tod. Gott war uns gnädig, und endlich wachte er auf. Sein erhaltenes Auge und die leere Höhle waren fest verbunden, und sein Vater mußte, seine Hand haltend, Eli mitteilen, daß er ein Auge verloren hätte und daß das andere noch operiert werden müßte.

Elis sofortige Frage war: »Weiß das die Mutti?«

»Ja.«

»Wo ist sie?«

»Sie wartet vor der Türe.«

Eli wollte, daß ich sofort zu ihm komme. Als ich seine Hand in meine beiden Hände nahm, sagte er mit entschiedener Stimme: »Mutti! Wenn du durchhältst, dann halte auch ich durch. Ohne dich kann ich es nicht.« Obwohl er es ja gar nicht sehen konnte, versuchte ich verzweifelt meine Tränen herunterzuschlucken.

Nach einiger Zeit wurde das andere Auge von einem genialen Chirurgen operiert. Gott war wieder gnädig. Eli war der Blindheit entkommen.

Damals sagten mir die Ärzte: »Du mußt jetzt begreifen, daß Eli nicht zu rehabilitieren ist. Er hat bei der Explosion Sand eingeatmet und leidet an einer chronischen Inhalations-Pneumonie, einer Lungenentzündung. Vier Finger seiner rechten Hand hängen am Handteller herunter, die Sehnen sind zerstört. Sein halbes Gesicht ist völlig entstellt. Ihr werdet einen Invaliden pflegen müssen. Du mußt dich leider damit abfinden!«

Wir nahmen unseren Sohn mit nach Hause, nachdem die Ärzte

ihr Möglichstes getan hatten. Ich wollte ihnen nicht widersprechen, dachte jedoch im Inneren: »Ich verlasse mich aufs Beten!«

Sein Heimkommen war ein fürchterlicher Schock für seine kleine Schwester, die inzwischen über ein Jahr alt war und vorher immer gerne auf seinem Arm war. Als sie seinen verbundenen und entstellten Kopf sah, schrie und weinte sie, da sie schreckliche Angst vor ihm hatte. Es war für beide ein fürchterlicher Schock!

Nachdem die Ärzte hier in Israel ihr Bestes getan hatten, erkundigte ich mich überall nach dem besten Chirurgen der Welt. Ich fand ihn über Gaby Ullmann, der inzwischen Medizin studiert hatte und Assistenzarzt bei Sir Archibald McIndoe in London gewesen war. An ihn verwies er mich mit Eli. In London lebte auch der engste Freund Walters, Emil Speyer. Emil war Walters Milchbruder gewesen und jahrelang auch sein Schulkamerad. Zusammen hatten sie dem »Blau-Weiß« angehört, der zionistischen Pfadfinderbewegung. Er hatte kofferlos und völlig mittellos vor den Nazis fliehen müssen, traf aber in London auf seine Logenbrüder, die ihm halfen, sich neu zu etablieren. Inzwischen besaß er, wie einst in Berlin, eine Bank.

Als ich mit meinem Sohn zu Sir Archibald McIndoe kam, damals der berühmteste Schönheitschirurg der Welt mit den entsprechenden Preisen, sprang Emil finanziell sofort für uns ein. Persönlich kannte ich ihn gar nicht, er aber hieß mich auf das herzlichste willkommen, als ich ihn in seiner Londoner Bank das erste Mal aufsuchte. Er sprang auf, umarmte mich und sagte: »Du weißt ja nicht, wieviel mir dein Walter immer bedeutete!« Dann setzte er sich wieder hinter seinen riesigen Schreibtisch, zog ein Scheckbuch hervor, welches noch etwa halb voll war, und zeichnete jeden Scheck blanko. Er übergab mir das Heft und sagte: »Wenn das alle ist, sag mir Bescheid.«

McIndoe operierte in der Harley Klinik. Eli hatte schon einundzwanzig Kopfoperationen über sich ergehen lassen müssen, als Sir Archibald mir erklärte, daß er die vier Finger der rechten Hand amputieren müsse. Ich fiel ihn an wie eine Löwin: »Dafür habe ich meinen Sohn nicht zu dem berühmtesten Chirurgen der Welt gebracht! Ich will das überhaupt nicht gehört haben! Sie müssen es zumindest *versuchen*, seine rechte Hand wiederherzustellen!«

McIndoe versuchte es dreimal, jedesmal von mir entweder angetrieben oder erbettelt. Die Operationen waren ein völliges Fiasko. Während all der Zeit, in der Eli im Hospital war, wohnte ich in einem ungeheizten Dachzimmer; es war der Winter 1951. Ich schlief, da ich eine Nachtwache für Eli hatte, kurze Stunden auf einer Matratze, bei der die spitzen Sprungfedern herausstachen. Ich wurde fast zu einem »Yogi«. Die übrigen Stunden der Nacht arbeitete ich als Nachtschwester bei einem herzkranken Pensionär. Das Geld für Elis Operationen nahm ich gerne von Emil in Empfang, jedoch wollte ich ihm nicht auch noch auf der Tasche liegen. Es war die einzige Arbeit, die ich damals bekommen konnte – Graphologie wurde in England als »Humbug« abgelehnt.

Die Operationen für Elis Gesichtshälfte gingen weiter. McIndoe fand es nötig, den Knochen von einem Tier in seinen Kiefer einzupflanzen. In dieser Phase meldete ich mich bei Sir Archibald in seiner Privatpraxis. Ich sagte ihm, wie sehr ich die Mühe schätzte, die er sich mit der Hand meines Sohnes gemacht hätte, und: »Sie sind in der ganzen Welt als Genie bekannt – Genies machen Erfindungen«, ich erhob die Stimme, »*also machen Sie eine Erfindung*, eine *chirurgische* Erfindung!«

Er schrie nach seiner Assistentin: »Schmeißen Sie dieses verrückte Weib raus aus meiner Praxis! Lassen Sie sie nie wieder rein! Ihr Juden wißt immer alles besser! Ich operiere die Taylor und die Milliardäre aus den arabischen Golfstaaten. Die verstehen, was ich ihnen sage, und die mucksen sich nicht – wenn McIndoe spricht, dann ist aus, Ende!« Damit war ich schon an der Außentüre, von der Assistentin sanft geschubst.

Ein paar Tage danach erhielt ich einen Anruf von Sir Archibald höchstpersönlich: »Mrs. Zucker, I hate you!«

»Das weiß ich! Das habe ich ja genügend zu hören bekommen. Aber warum rufen Sie mich dann noch an?«

»Ich habe Ihretwegen zwei Nächte nicht geschlafen!«

»Das tut mir leid, aber wieso bin ich schuld daran?«

»Ich habe eine Erfindung gemacht! Wollen Sie ein Versuchskaninchen aus Ihrem Sohn machen?? Diese neue Operation könnte sehr erfolgreich, aber auch nicht ungefährlich sein. Außerdem hat Ihr Sohn bereits zu viele Narkosen hinter sich. Es wäre wieder eine sehr lange Narkose. Sein Herz wäre gefährdet.«

»Wir wollen ihn selber fragen, er ist ein sehr reifer junger Mensch. Sie müssen ihm allerdings alles genau erklären, mit allen Gefahren.«

Eli hörte sich alles an und erwiderte McIndoe: »Wenn nur *ein* Prozent Aussicht besteht, daß ich meine rechte Hand wieder benutzten kann, dann bin ich zu jedem Risiko bereit. Ich will selber später Chirurg werden.«

McIndoe operierte, und diese Operation gelang. Allerdings mußte Eli jahrelang besondere Übungen machen und Behandlungen über sich ergehen lassen, bis seine Hand wieder völlig hergestellt war. Der Tierknochen in seinem Gesicht heilte nicht an und mußte in einer entsetzlichen Operation wieder herausgetrennt werden. Dies geschah nach unserer Rückkehr nach Israel. Eli überstand auch dieses Martyrium, und insgesamt waren es drei Jahre, bevor er aus den diversen Hospitälern befreit war.

Eli studierte später in Jerusalem und in Heidelberg Medizin und Zahnmedizin. Er wurde Narkosearzt im Regierungshospital und konnte die Praxis seines Vaters als Zahnarzt übernehmen. Ich hatte mich aufs Beten verlassen!

Da es mir damals klar war, daß ich für eine Entschädigung für Elis Verletzungen sowie für die Erstattung der horrenden Arztkosten einen Prozeß führen würde, brauchten wir dringend Geld. Da die sogenannte »Wiedergutmachung«, das heißt Rückgabe jüdischen Vermögens, in Deutschland bereits begonnen hatte, wäre es natürlich möglich gewesen für Walter, das Erbe seiner Eltern anzutreten. Meiner Mutter, wie ich schon erzählt habe, war es als Witwe ja kaum ein Jahr zuvor bereits gelungen – beziehungsweise meinem Bruder. Für meinen Vater kam alles zu spät ...

Walter und ich entschlossen uns kurzerhand, nach Worms zu fahren. Dort gingen wir zum Grundbuchamt. Der freundliche Beamte bestätigte Walter, daß das Haus seines Vaters durch einen eindeutigen Zwangsverkauf verlustig gegangen ist. Seine Eltern hatten ja damals genau tausend englische Pfund bekommen, ein kleiner Bruchteil des Wertes, womit sie legal nach Palästina einwandern konnten. Der Beamte empfahl Walter, sich sofort an einen guten Anwalt zu wenden, was wir auch für den nächsten Tag vorhatten. Am späten Nachmittag des ersten Tages gingen wir uns das Haus in der Bahnhofstraße anschauen. Walter wurde bereits blaß, als wir es nur von weitem sahen.

Vor der Eingangstür erzählte er aufgeregt: »Hier hat man vor meinen Augen meinen Freund Benny erschlagen. Und hier in den Geschäftsläden wurden alle Anwesenden mißhandelt. An diesem Haus klebt Blut! Ich gehe zu keinem Anwalt, ich bitte dich, nimm mich hier weg, hier will ich keine Minute mehr bleiben! Jetzt, noch heute abend, nimm mich von hier weg, sonst bekomme ich einen Nervenzusammenbruch.« Noch am selben Abend fuhren wir nach Bonn. Am nächsten Morgen besuchte ich das Grab meiner Eltern und Großeltern auf dem jüdischen Friedhof. Danach fuhren wir zum Flughafen Köln-Bonn und flogen via Frankfurt zurück nach Israel. Unterwegs sagte Walter zu mir: »Bitte schwöre mir, daß du, solange ich lebe, niemals mehr dieses Haus erwähnen wirst! Ich will kein Geld dafür, ich will nicht mehr daran denken, bitte versprich es mir.« Natürlich versprach ich dies.

Jahrelang hatte ich an dieses Haus nicht mehr gedacht und ganz besonders nicht während der vier Jahre, in denen ich durch Walters Tod gar nicht wirklich von dieser Welt war. Danach machte mich ein Bekannter darauf aufmerksam, daß dieses millionenschwere Objekt, welches mir als einziger Erbin zustand, doch noch immer existierte und rechtlich mir gehören sollte. Dieser wohlmeinende Bekannte rief für mich einen Wormser Anwalt an, der versprach, sich darum zu kümmern. Nach einigen Tagen bekam ich seinen Rückruf, in dem er mir mitteilte, daß ich mich hätte früher melden müssen. Leider sei mein Anspruch um ein Jahr verjährt.

Aharonchik war es, der mir erzählte, wieso ich bei der Explosion so relativ glimpflich davongekommen war: Als er damals das ramponierte Auto untersuchte, fand er Walters Filzhut, blutig und mit einem kiloschweren Stein mit scharfen Ecken darin. Diesen Hut hatte Walter stets mit einem Haken an das bewegliche Dach befestigt. Dort baumelte der Hut, zu meinem Ärger, immer über meinem Kopf. Ich bat Walter sehr oft, »das Ding da wegzuschmeißen«, es machte mich nervös! Walter aber behauptete, seine Kopfbedeckung sei sowohl bei starker Sonne wie bei Regen notwendig. Besonders wenn er auf dem Weg zu den Siedlungen längere Zeit unter freiem Himmel verbringen mußte. Der Hut blieb hängen, zu meinem Ärger. Und er rettete mir das Leben! Ohne die Polsterung des Hutes wäre der schwere spitze Stein unweigerlich tödlich gewesen. Er fing ihn ab, und so wurde mir nur die Kopfhaut zerfetzt.

Wir begannen unseren Prozeß auch ohne das Geld, das wir uns durch unseren Worms-Besuch erhofft hatten. Der Anwalt, den ich damals, vor drei Jahren, gleich nach dem Unfall rief, war pessimistisch. Er erklärte mir, daß es in unserem neuen Staat noch gar kein Entschädigungsgesetz für »fahrlässige Körperverletzung oder Tötung« gäbe. Allerdings, meinte er, würde er es als Herausforderung betrachten, einen Präzedenzfall herbeizuführen. Er übernahm den Fall ohne jedes Honorar, wobei ich ihm versprach, daß wir, sollte er einen Präzedenzfall schaffen, ihn natürlich entsprechend honorieren würden. Allerdings hatte er eine Bedingung: »Ich kann für einen ›Nullprozeß‹ keinen meiner Angestellten freistellen. Das ist ein Full-time-Job! Aber wenn Sie mir täglich zur Verfügung stünden ...? Es kann Jahre dauern.« Ich gab alles andere auf und begann bei Dr. Gottschalk zu arbeiten. Der Prozeß dauerte drei Jahre vor dem Landgericht. Dann mußten wir zwei weitere Jahre zum obersten Gericht.

Es kam zu dem ersehnten Präzedenzfall. Mein Sohn war danach sehr wohlhabend. Es war ein Sensationsprozeß. Die Sitzungen fanden immer im größten Saal des Gerichtsgebäudes statt. Allein die Journalisten füllten den halben Saal. Ich selber wurde durch den Prozeß in diesem kleinen Land etwas berühmt – besonders nachdem der Gegenanwalt mich in der Öffentlichkeit mehrmals als »Shylock« laut beschimpfte. Er wußte nicht, daß ich wiederum wußte, daß er »pro domo« (in seiner eigenen Sache) auftrat, da er an dem Kiesgeschäft zur Hälfte beteiligt war – zur anderen Hälfte eine Verquickung aus dem von der Regierung gestellten Treuhänder und dem Verwalter des arabischen Grund und Bodens. Dies und noch mehr haben Aharonchik und meine Haganah-Freunde, die jetzt zum großen Teil in der Polizei arbeiteten, herausgefunden. Ich habe damals für diesen Prozeß noch einmal unsere Truppe zusammengetrommelt, und die hat sich in bester Untergrundmanie bewährt. Die kriminellen Machenschaften, die sich um diesen Prozeß rankten und mit denen wir fertig werden mußten, sind unzählbar. Es ergäbe ein eigenes Buch, dies alles aufzuschreiben.

Nachdem die Zukunft unseres Sohnes gesichert und ich von meiner Tätigkeit bei Gottschalk befreit war, konnten Walter und ich anfangen, an unsere Zukunft zu denken.

Wir hatten seit eh und je von einem kleinen Häuschen am Meer geträumt, nicht etwa als Hauptwohnung, sondern als Ferien- und Wochenendhaus. Wir hörten, daß die Regierung Bauplätze verpachtete: Man bekam die Pacht für fünfundvierzig oder neunundneunzig Jahre zu einem lächerlichen Preis, vorausgesetzt, daß man dort baute. Natürlich waren die Plätze nicht alle so direkt am Meer gelegen, wie wir es uns erträumt hatten. Und doch – das Schicksal wollte es, daß wir eine kleine, von deutschen Juden aufgebaute landwirtschaftliche Siedlung fanden, direkt am Meer, wo es diese Pachtplätze gab. Dort, in der Siedlung Shavej-Zion in der Nähe von Naharya, pachteten wir ein Stück Land in einer geschützten Ecke, ohne jeden Verkehr, neben einem kleinen Park. Wir brachten es fertig, nach und nach ein kleines Haus zu bauen. Später baute Walter noch ein kleines Atelier aus, da er gerne malte und Emaille-Bilder brannte. Endlich konnte er es sich leisten, ein Hobby zu haben!

Dort verbrachten Walter und ich unsere glücklichsten Jahre. Walter nannte den Ort »Shangrilah«, der Titel eines Buches, in dem keiner älter wurde und jeder Alte wieder jung. Bald pflanzten wir einen großen Rasen hinter dem Haus an, der sich bis zum Strand erstreckte. Von da aus waren es nur fünzig Meter bis zum Meer.

Zu Walters fünfzigstem Geburtstag, 1961, ließ ich uns einen richtigen Garten anlegen – mit Rosenbeeten, verschiedenen schönen Bäumen, einer Laube und einem großen Teich mit bunten Zierfischen und zartfarbenen Lotusblumen. Den Boden dieses Teiches bildete ein uraltes byzantinisches Mosaik. In eine Ecke des Gartens pflanzte Walter noch einen Papyrus, diese Pflanze, aus der in uralten Zeiten das erste Papier hergestellt wurde. Daneben wuchs ein großer Baum. Dieser Baum, ein Eschel, kann nur im Sand wachsen. Er lebt von dem salzigen Tau, der sich, geschenkt vom nahen Meer, in seiner Krone sammelt. Unser Baum bekam jedoch auch Wurzelwasser, da sie sich bis zum Teich hin erstreckten. Er wurde riesig und sah nach wenigen Jahren aus wie eine Trauerweide. Wenn ich diesen Baum bei Nacht, oft im Mondschein, betrachtete, packte mich immer eine schreckliche Angst. Dieser Baum schien mir eine Botschaft zu verkünden. Wie ein Geist stand er drohend Tag und Nacht vor mir – mich mein Schicksal vorausahnen lassend. Ich spürte genau, daß dieses unser Paradies nicht lange dauern würde.

Einige Jahre jedoch wurden uns gegönnt. Wir wurden ruhig wie das Mittelmeer, an dem wir lebten. Ebbe und Flut sind dort sanft. Es lag fast unverändert manchen Sommer vor unserem Garten. Nur an seltenen Tagen überschlug sich der weiße Schaum auf dem Korallensand. Wir konnten in Ruhe, eng umschlungen, auf die endlose Melodie der Wellen horchen. Am schönsten war der Garten im Juni. Abends schauten Walter und ich der sinkenden Sonne nach, die noch einmal die Farben der Blumen aufleuchten ließ. Die Nächte brachen schnell herein. Eine Dämmerung gibt es in Israel kaum. Hier hat mir die Dämmerung oft gefehlt. Diese besondere Abendstimmung hätte in mir meine Jugend in meinem verzauberten Garten wieder aufleben lassen können – eine Erinnerung, dessen waches Aufleben mir schmerzlich fehlte. Dafür aber strahlte in der abrupten Dunkelheit sehr bald der große orientalische Mond. Ein kühles Licht über der heißen Landschaft.

In Shavej-Zion hatte ich Zeit zu lesen. Es fiel mir ein Buch von Graf Karlfried von Dürckheim in die Hand: ›Japan und die Kultur der Stille‹. Von diesem Buch war ich so begeistert, daß ich alles, was er geschrieben hatte, las. Dann schrieb ich ihm einen Brief. In seiner Antwort regte er mich an, sein Zentrum in Todtmoos-Rütte im

Schwarzwald zu besuchen. Beide, Walter und ich, beschlossen, zu ihm zu fahren. Rütte liegt hoch auf einem Berg und war damals schwer zu erreichen. Das zentrale große, aus Holz gebaute Haus, hieß seltsamerweise »Herzl-Haus«, nach Theodor Herzl, dem Urheber der Idee eines jüdischen Staates. Vor diesem Haus war eine große Terrasse. Alle paar Monate wechselten die Gruppen, die den »Meister des Zen für den Westen« besuchten und in kleinen Häuschen, meist umgebauten Ställen, wohnten. Etwa vierzig Personen verließen den Ort, während sich vierzig neue auf der Terrasse versammelten und auf die Begrüßung von Dürckheim warteten. Meiner und auch Walters Neigung entsprechend, suchten wir uns einen Platz ganz am Rand der Terrasse. Als Graf Dürckheim erschien, begrüßte er kurz einige seiner ihm bereits bekannten Adepten. Dann aber ging er durch die Menge geradewegs auf mich zu, gab mir die Hand und sagte: »Guten Tag, Ruth Zucker!«

»Wieso kennen Sie mich?«

»Sie haben mir doch geschrieben!«

»Aber ohne Bild!«

»Von allen mir bisher unbekannten Menschen, die hier stehen, konnten nur Sie diesen Brief geschrieben haben!« –

Wenn mein geliebter Lehrer Edouard Magnat meinen Geist geöffnet hatte, dann hatte ich jetzt in Graf Dürckheim meinen Meister gefunden. Er lehrte mich neben unendlich vielem anderen, ernsthaft zu meditieren: eine Disziplin, der ich jahrelang treu blieb. Dürckheim ist nicht mehr unter den hier Lebenden, jedoch ist er mir weiterhin ständig präsent. Ich habe ihm unendlich viel zu verdanken. Die Hilfeleistungen, die ich in meinen graphologischen und astrologischen Beratungen geben konnte, vertieften sich durch seine Lehre, die er mir vermittelte, wie ich es nie zu hoffen gewagt hatte. Visionen, die ich von Kind an hatte und denen ich immer zweifelnd gegenüberstand, wurden mir zur Gewißheit. Dürckheim brachte mich auf einen gesegneten Weg, den ich nie vorher betreten hatte.

Eli, der zuerst in Jerusalem studiert hatte, studierte inzwischen in Heidelberg, dort, wo sein Vater seine ersten Studienjahre verbracht hatte. In den Ferien arbeitete er ehrenamtlich als Jugendleiter mit durch den Holocaust traumatisierten Kindern. In unseren märchenhaften Frieden einbrechend, bekamen wir plötzlich ein Telegramm von ihm: »Ich habe ein seelisch und körperlich krankes Mädchen in meiner Gruppe. Ich kenne nur einen Menschen, der sie heilen könnte, das ist meine Mutter. In wenigen Tagen fährt eine Jugendleiterin von uns per Schiff nach Israel, die könnte sie mitbringen. Bitte telegraphiert sofort, ob Ja oder Nein.«

Wir standen wieder mal vor einer schicksalhaften Entscheidung! Wir telegraphierten »Ja«.

Erst nachdem die kleine, etwa zehnjährige Esti bei uns ankam, erhielten wir den erklärenden Brief von Eli: Vater und Mutter des Kindes waren nach ihrer Befreiung aus einem Konzentrationslager in ein »Joint-Lager« gebracht worden. Diese Lager wurden von amerikanischen Juden mit Hilfe der amerikanischen Armee in Deutschland errichtet. Estis Vater starb kurz danach, ihre Mutter war bereits schwanger und brachte ihr erstes Kind als Witwe auf die Welt. Als Eli das Mädchen, wie viele andere, zu einem Sommeraufenthalt in den Bergen zugeteilt bekam, lag auch ihre Mutter, die jung war, aber die Folgen des KZs nicht überwunden hatte, im Sterben. Eli konnte sie noch kurz vor Estis Abfahrt nach Israel im Hospital besuchen. Sie bat ihn, einen Notar dazuzurufen. Sie und ihr Mann seien beide gläubige Juden gewesen. Ein Halbbruder von Esti hätte eine fanatische Katholikin geheiratet und daher das Kind, als sie selbst so schwer erkrankte, in ein katholisches Kloster gesteckt. Sie wüßte, daß das Kind dort todunglücklich sei! Nach den kurzen Ferien, die die jüdische Wohlfahrt möglich machte, würde das Kind wieder ins Kloster zurückmüssen. Sie wollte ein beglaubigtes Testament hinterlassen, mit dem Vermächtnis, daß ihr Kind in Israel aufwachsen solle – bei einer Adoptivfamilie. Nachdem Eli unsere telegraphische Antwort bekommen hatte, brachte er Esti noch einmal zu ihrer Mutter, die kurz darauf starb.

Esti war genauso alt wie Tami. Die Kinder bildeten einen tollen Kontrast: die eine dunkel, selbstbewußt und besonders selbständig, die andere hellblond, blauäugig, verschreckt und eingeschüchtert. Tami war sofort von dieser schutzbedürftigen kleinen Schwester begeistert. Schon am ersten Abend schenkte sie ihr ihre schönste Puppe.

Esti war unter Menschen aufgewachsen, die über nichts anderes zu sprechen pflegten als über ihre auf grausamste Art und Weise verstorbenen Verwandten. Sie hörte sehr viel über Gasöfen und »Verbrennungen«. Als sie im Kloster einmal angeblich »unartig« war, warf die erziehende Nonne ihre einzige Puppe – und dazu ihr einziges Spielzeug! – in die Flammen eines Ofens! Für dieses Kind ein fürchterliches Trauma. Sie hatte so viel über Hitler gehört, daß sie glaubte, ihn gesehen zu haben. Da sie in dem Joint-Lager geboren und aufgewachsen war, kannte sie nichts anderes.

Nachts weinte sie im Traum, und oft mußte ich an ihr Bett eilen, wenn sie schreiend aufwachte. In der ersten Zeit, die sie bei uns war, schlief sie nur in meinen Armen ein. Sie sammelte Brot und legte es unter ihr Kopfkissen, weil sie überzeugt war, daß es ihr eines Tages fehlen könnte. Leider war sie auch an Tuberkulose erkrankt, und ich mußte oft mit ihr zu Untersuchungen, bei denen natürlich auch Tami zugegen war. Die beiden Mädchen waren eifersüchtig auf die Zeit, die ich ihnen jeweils widmen konnte, auf jede Liebesbezeugung, auf jeden Kuß!

Die Krankenschwester sagte zu Esti: »Deine Mutti braucht dir nicht beim Auskleiden helfen, das kann ich tun«, worauf Tami sagte: »Das ist nicht *ihre* Mutti, das ist *meine* Mutti!« Die Schwester sagte, leicht lächelnd, wobei sie das dunkle Kind anschaute: »Das glaubst du doch selber nicht!« Tami wandte ihr den Rücken zu, in ihren Augen tiefe Verzweiflung. Einstweilen jedoch blieb die tiefe Verbundenheit der beiden Kinder – das wunderbare Geben von Tami und das dankbare Empfangen von Esti – noch bestehen.

Esti erholte sich zusehends. Sie bekam Nachhilfeunterricht in Hebräisch bei der besten Lehrerin und konnte direkt mit Tami in die passende Klasse gehen, da Tami ihr alles ins Deutsche übersetzen konnte. Für die ehrgeizige Tami war dies kein kleines Opfer, da sie dadurch in ihren auffallend guten Leistungen zurückfiel.

Damals waren Tausende von Menschen in sogenannten »Maabaroth« untergebracht. Es waren alles Einwanderer, die meisten aus orientalischen Ländern, die vor der Verfolgung der arabischen Staaten nach der Etablierung des Judenstaates geflohen sind. Damals, Anfang der sechziger Jahre, lebten sie noch in Zelten oder in kümmerlichen Wellblechhütten.

Tami war das einzige dunkle Kind in einer weitgehend europäischen Schule. Dort freuten sich alle über die neu angekommene und daher »interessante«, blonde Esti. Als diese sich bereits verständigen konnte, sagten einige Klassenkameradinnen zu ihr: »Du darfst nicht mehr mit der Tami nach Hause gehen. Wenn du das tust, glaubt man, du seist eine Maabarikne (eine arme Zeltbewohnerin)!«

Esti hatte keine Ahnung, was das bedeuten könnte, folgte aber den anderen Mädchen und ließ die wie versteinerte Tami dastehen. Von diesem Moment an gab es, ohne daß man die Schuld auf eines der Mädchen hätte schieben können, einen tiefen Bruch zwischen ihnen. Für uns alle war die Situation äußerst schwierig!

Es war damals, 1964, als die Mädchen bereits am Anfang der Pubertät waren, daß ich ein Buch schrieb und mir damit einen lang ersehnten Traum erfüllte. Seit ich siebzehn Jahre alt war und erste kleine Artikel für die Sonntagsausgabe des ›Bonner Generalanzeigers‹ schrieb, wollte ich immer schreiben, als Journalistin, als Buchautorin. Das Schicksal hatte es lange anders gewollt. Es war an meinem fünfzigsten Geburtstag, als Walter zu mir sagte: »Jetzt nimmst du dir mal drei Monate Ferien, fährst nach Shavej-Zion und schreibst ein Buch. Diese Ferien schenke ich dir zum Geburtstag.«

So schrieb ich aus tiefstem Drang mein Buch über meine drei Kinder und uns Eltern. Ich bat Tami, den Titel für das Buch auszuwählen. Sie entnahm ihn einem biblischen Psalm: »Wache auf, Norden, und lasse den Süden zu Dir kommen«. Dieses Buch, das in Israel in hebräischer Sprache erschien (›Uri zafon uboi Teman‹, so lautete der Titel auf hebräisch), war ein großer Erfolg, und es wurde Pflichtlektüre für Abiturienten des ganzen Landes.

Auch Tami und Esti mußten in ihrer Schule einen Aufsatz über das Buch schreiben. Ab diesem Moment wurden die beiden Kinder in der Schule als »Heldinnen« eines bekannten Romans gefeiert, worauf sie sehr stolz waren und was sie wieder miteinander vereinte. Wir schauten zuversichtlich nicht nur in Tamis Zukunft, sondern auch in Estis.

Jedoch das Schicksal wollte es anders: Estis deutscher Halbbruder strengte einen Prozeß an zur Rückgabe seiner Halbschwester. Wir nahmen den damals bekanntesten und teuersten Anwalt, aber es stellte sich heraus, daß nach deutschem Gesetz eine Blutsverwandtschaft vor jedem Testament und jeder beglaubigten Verfügung zur Adoption Vorrang hat. Eine Adoption von Esti war völlig ausgeschlossen! Esti mußte zurück. Unser Anwalt erreichte zumindest einen Vergleich: Da Esti selbst sich strikt weigerte, wieder in Deutschland zu leben, wurde sie bis zu ihrer Volljährigkeit in einem jüdischen Kinderheim in der Schweiz untergebracht. Die ganzen Jahre über hielten wir engsten Kontakt und hatten sie so oft wie möglich in ihren Ferien bei uns. Nach ihrem Abitur machte sie eine Ausbildung zur Kindergärtnerin, und an ihrem einundzwanzigsten Geburtstag war sie bereits auf einem Schiff in Richtung Israel. Später wurde sie Lehrerin in einem sehr schönen Kibbuz.

Als Tami 1974 heiratete, saß Esti noch immer ohne Freund unter den Hochzeitsgästen. Von der Familie meines Mannes hatten nur zwei Vetter überlebt. Der Sohn des einen war bei der Hochzeit zugegen. Er verliebte sich in Esti, die er dort zum ersten Mal sah. Die beiden heirateten. So kam Esti durch eine »Hintertür« dennoch in meine Familie. Die beiden jungen Frauen, Tami und Esti, bekamen fast zu gleicher Zeit ihre drei Kinder.

Zurück in die Ferien in Shavej-Zion! Ich konnte stundenlang die Meditationen, die ich bei Dürckheim gelernt hatte, üben und weiterentwickeln. Oft saß ich, im Türkensitz, unter freiem Himmel, und erst nach zwei Stunden berührte mich Walter sanft an meiner Schulter: »Ich möchte wieder etwas Gesellschaft haben!« sagte er leise. Ich konnte so tief meditieren und war so weit weg, daß ich hätte stundenlang weitermachen können. Damals, in unseren friedlichsten Jahren, war Walter auf jede Minute eifersüchtig, die ich ihm nicht alleine widmete. Als eine sehr nette

Nachbarin mich über die niedrige Steinmauer zu sich rief, sagte Walter: »Laß die dumme Hexe, jetzt bleibe endlich bei mir!« Wir gingen abends stundenlang Hand in Hand am Strand spazieren, und da der Strand vor unserem Haus bei Nacht völlig »privat« war, gingen wir nachts im Mondschein nackt baden. Man muß es erfahren haben: Es ist ein unvergleichlich schöneres Gefühl, ohne jede Badebekleidung, nur mit der nackten Haut den Wellen preisgegeben zu sein. Oft lag ich so in Walters Armen.

Kurz nach Erscheinen meines Buches rief mich ein Mann namens Checkver an und erzählte mir, er hätte einen amerikanischen Filmproduzenten bei sich zu Besuch in seiner Villa in Netanya. Sie hätten beschlossen, mein Buch zu verfilmen, und möchten mich gerne kennenlernen und alles weitere besprechen.

Ich empfing die beiden Herren voller Freude. Chekver, ein gebürtiger Amerikaner, war nicht mehr jung und hatte in zweiter Ehe eine etwa fünfzigjährige, äußerst temperamentvolle russische Schauspielerin geheiratet.

Schon bei diesem Besuch, bei dem mir Checkver goldene Berge versprach, merkte ich den Widerstand seiner Ehefrau, die ihn zu beerben hoffte und nichts von dem erwarteten Geldsegen preisgeben wollte. Mr. Checkver sprach davon, drei Millionen Dollar in den Film zu investieren, und organisierte bereits für die folgende Woche eine große Pressekonferenz mit allen israelischen Journalisten im Dan-Hotel in Tel Aviv. Er erklärte dort, daß er beabsichtigte, den ersten Farbfilm Israels zu finanzieren. Er wollte das Land in den schönsten Farben von, wie er sagte, »Dan« bis nach »Bersheva« (größer war das Land damals nicht) der Welt vorstellen. Er nannte bei dieser Gelegenheit bereits die damals berühmtesten amerikanischen Schauspieler. Für die weibliche Hauptrolle sah er die orientalisch aussehende, jedoch von deutschen Eltern stammende Daliah Lavi vor.

Checkver bestand auf einem offiziellen Vertrag mit seinem und meinem Anwalt, worin mir sechzigtausend englische Pfund als Vorschuß zugesichert wurden.

Das Projekt wurde weitergesponnen, und Checkver lud Walter und mich in seine Villa in Netanya zum Abendessen ein. Die Villa war im »Beverly Hills«-Stil gebaut und selbstverständlich, um dem Anwesen die Krone aufzusetzen, durfte auch der große Swimmingpool nicht fehlen, der erste private Pool in Israel! An diesem Abend lud er auch die Gründerin des sehr großen und damals einzigen Filmstudios in Israel, Margot Klausner, ein, die schon lange eine gute Freundin von mir war. Mit in der Runde war auch ein Drehbuchautor. Bereits im Dan-Hotel hatte Checkver uns angekündigt, daß er uns bei dieser Einladung, noch vor dem Dinner, unsere erste Anzahlung geben würde. Ich wußte nicht genau, worauf ich mich mehr freute: die in ganz Israel berühmte Villa besichtigen zu können, die sehr angenehme Gesellschaft des liebenswürdigen Herr Checkver zu genießen, ganz abgesehen von einem versprochenen Galadiner, oder aber den zu erwartenden Scheck.

Die vier Gäste, Walter, Margot, der Drehbuchautor und ich, erschienen pünktlich und wurden freudig von Herrn Checkver willkommen geheißen. Die Dame des Hauses war einstweilen nicht zugegen. Er führte uns strahlend in sein elegantes Privatbüro und setzte sich hinter seinen polierten Schreibtisch. Wir vier saßen ihm gegenüber. Er öffnete die Schublade, nahm sein Scheckbuch heraus und den goldenen Parker aus seiner oberen linken Jackentasche. In dem Moment, als er das Scheckbuch aufschlug, erschien im Türrahmen Mrs. Checkver. Sie kam gerade vom Friseur und trug die damalige, sehr auffallende hohe Turmfrisur – heute ist diese Frisur nur noch im Fernsehen bei Marge Simpson zu sehen ...

Mit erhobener Stimme sagte sie anstatt einer Begrüßung: »Darling! What are you doing? Du wirst doch nicht am heiligen Freitagabend Schecks schreiben? Weißt du nicht, daß es furchtbares Unheil bringt, wenn man am Freitagabend mit Geld hantiert? Ihr wollt doch, daß euer Projekt gelingt! Bitte kommt zu Tisch, das Essen ist angerichtet.«

Checkver verstaute das Scheckbuch und den Parker. Er stand verlegen auf und bat uns, am nächsten Dienstag um dieselbe Zeit wieder zu erscheinen, um unsere Vorauszahlungen entgegenzunehmen. Von allen Dingen, auf die ich mich gefreut hatte, blieb das vielleicht Wichtigste aus. Beim guten Abendessen tröstete ich mich mit der Aussicht auf Dienstag, schließlich ist aufgeschoben ja nicht aufgehoben.

Herr Checkver besuchte gewohnheitsmäßig jeden Sonntagabend in Tel Aviv seine Loge »Bnej-Brith«, die altbekannte jüdische Loge. Während seiner Abwesenheit empfing seine Frau wie immer auch an diesem Sonntag einen jungen Jemeniten, von dem sie wahrscheinlich nicht wußte, daß er aus einer Irrenanstalt entflohen war. Damit die Nachbarn ihn nicht sehen würden, bat sie den jungen Liebhaber jeweils durch das Küchenfenster herein.

Als Herr Checkver sich an diesem Sonntag vor dem so wichtigen Dienstag unterwegs nach Tel Aviv plötzlich unwohl fühlte, beschloß er, nach Hause zurückzukehren. Als seine Frau, mit ihrem Besuch nackt im Bett liegend, das Auto hörte, versuchte sie, ihren Liebhaber zu vertreiben. Dieser, in der Ekstase gestört, nahm in unzurechnungsfähiger Wut den eisernen Feuerhaken vom Kamin und schlug sie damit mehrmals auf den Kopf. Nachdem er anscheinend begriffen hatte, daß er sie ermordet hatte, raste er aus dem Zimmer und sprang nackt aus dem Küchenfenster.

Checkver kam ins Haus und fand im Schlafzimmer seine Frau nackt und verblutet in ihrem Bett. Daneben, auf einem Stuhl mit hingeworfener Männergarderobe, fand er eine goldene Uhr, die seine Frau dem jungen Jemeniten geschenkt hatte. In seiner kopflosen Verzweiflung ging er zum Telefon und rief seinen freundlichen Nachbarn an. Er stammelte unzusammenhängend etwas von »ermordeter Frau« und »Männerkleider«. Der »freundliche Nachbar« war kein anderer als einer der bedeutendsten Journalisten des Landes. Auf das Wort »Mord« hin nahm dieser natürlich sofort seinen Fotoapparat mit, von dem er im Laufe der Nacht bestens Gebrauch machte. Herr Checkver, der seit eh und je sehr auf seine Ehre achtete, mußte am nächsten Morgen hören, daß seine grausame Tragödie, bestens illustriert und mit allen Einzelheiten, in allen Zeitungen stand. Den nackten Täter hatte man inzwischen dingfest gemacht.

Der arme Herr Checkver hatte einen Nervenzusammenbruch. Nach der Beerdigung seiner Frau bat er mich: »Bitte, laß mich raus aus dem Vertrag! Ich kann das Wort ›Jemen‹ nicht mehr hören. Wenn du es willst, kannst du mir einen Prozeß machen.«

Natürlich machte ich das nicht. Herr Checkver verließ das Land, und ich hörte, daß er kurz darauf gestorben sei.

So ging unser ruhiges Leben weiter, ohne Filmprojekt und ohne Geldsegen. Im nächsten Sommer, als wir nach Shavej-Zion kamen, herrschte dort große Aufregung: Man hatte in nächster Nähe unseres kleinen Häuschens unter dem Sand eine Basilika aus urchristlichen Zeiten entdeckt! Erhalten waren wunderbare Mosaikböden, einige Mauerreste und seltsamerweise auch ein rituelles Bad. Im Mosaikboden der Basilika befanden sich mehrere Kreuze. Es ist bekannt, daß es vierhundert Jahre nach der Kreuzigung Christi verboten wurde, Kreuze auf einem Fußboden darzustellen, da man niemals auf dieses Symbol treten sollte.

Ganz Shavej-Zion fing an zu buddeln. Am Anfang war das erlaubt. Walter und Eli machten sich jedes Wochenende an die Arbeit, und bald hatten wir ebenfalls im Sand wunderbare Marmorsäulen und byzantinische Kapitelle entdeckt. Diese Buddelei war nicht ganz ungefährlich: Wenn die beiden zusammen einen tiefen Tunnel im Sand gegraben hatten und eine Marmorsäule erst am Ende aufleuchten sahen, kroch Eli tief in die Sandgrube, umfaßte die Säule fest mit beiden Armen, während Walter ihn an den Füßen herauszog. Jedes Mal stand ich Todesängste aus, da ich fürchtete, Eli würde unter dem Sand verschüttet werden. Bald hatten wir eine wunderbare, byzantinische Ausstellung um unseren Teich herum. Tami, die zwar noch klein war, jedoch fleißig mit dabei war, fand tatsächlich die uralte, wunderbar ziselierte Kupferlampe der Basilika. Die Wandreste waren mit Mosaiken geschmückt, welche zum großen Teil aus farbigem Glas bestanden. Es waren kleine viereckige, symmetrisch geschliffene, bunte Glasteilchen. Diese Reste waren höchstens so groß wie eine Handfläche oder noch kleiner. Ich konnte einige zusammensammeln. Viele verteilte ich später an christliche Freunde in Deutschland, wo sie zum Teil unter Glas, wie Heiligtümer, behütet werden.

In diesem archäologischen Fieber, noch ehe die »United Nations« herbeieilten, um dieses, eines der ältesten Heiligtümer der Welt, zu restaurieren, entdeckte ich an einem Stück Wand einen Knabenkopf aus Mosaik. Er trug einen roten Turban. Da ich leider nichts von Mosaikaltertümern verstand, habe ich diesen Kopf nicht gleich dort, wo ich ihn gefunden habe (wie dieArchäologen sagen: »in situ«), fotografiert. Ich versuchte, ihn vorsichtig von dem Wandstück abzulösen. Dabei fielen sofort einige Steine in den Sand. Schnell holte ich ein Mehlsieb von zu Hause und ließ alle Steine dieses Kopfes mit dem Sand in das Sieb fallen, hatte aber vorher wenigstens eine Bleistifskizze des Kopfes gemacht. Walter machte mir eine Metallform, in der die Skizze ruhte. In monatelanger mühseliger Arbeit, habe ich diesen Kopf Stückchen für Stückchen wie in einem Puzzle wieder zusammengesetzt.

Eine israelische Freundin brachte ihn nach Amerika in ein großes Museum in New York. Der Kurator prüfte das Alter der Steine und sagte ihr: »Da ich es gut mit Ihnen meine, nehmen Sie diesen Kopf so schnell wie möglich zurück nach Israel! Ich würde dafür ein Vermögen zahlen, wir haben aber ein Abkommen mit Israel, daß wir solche Altertümer nicht erwerben dürfen. Eigentlich müßte ich Sie verhaften. Ich hoffe, daß die so geduldige Urheberin, die dieses Original wieder zusammengestellt hat, es eines Tages doch noch verkaufen kann.«

Unsere kleine, byzantinische »Stadt«, die unseren Garten zierte, wurde sehr bald von der Leitung des Jerusalemer Museums requiriert. Zur Erinnerung ließen sie uns ein kleines Stückchen eines Kapitells. Meinen Knabenkopf im roten Turban habe ich geheimgehalten, da er ja durch meine Hände wieder auferstanden ist. Ohne meine »Sisyphusarbeit« wäre er hoffnungslos im Sande verschollen. Dieser Kopf ist fast zweitausend Jahre alt. Ich besitze ihn bis heute.

Da Shavej-Zion damals ein wirkliches Refugium war, waren weit und breit keine Nachbarn. Allerdings grenzte an unser Grundstück ein großer Garten mit einem zweistöckigen Haus, das wie ein feudales Kurhaus geführt wurde. Dorthin kamen die höchsten Politiker sowie Militärs einmal im Jahr zur Erholung, mit oder ohne Gefährtinnen. Durch diese Nachbarschaft haben wir mit manchen Freundschaft geschlossen.

Tami, die kaum neun Jahre alt war, liebte es, unterhalb des Gartens im Sand zu spielen. Eines Tages erzählte sie, sie hätte einen Freund gefunden. Sie nannte ihn »Haim«, jedoch in der verniedlichten Koseform »Haimke«. Darunter stellten wir uns einen kleinen Jungen vor, wahrscheinlich gleichaltrig. Wir baten sie, den

»kleinen Freund« zu uns zu bringen: An ihrer Hand brachte sie Haim Laskov, unseren damaligen militärischen Oberbefehlshaber, der in Shavej-Zion zur Erholung war!

Auch diese Ferien gingen vorüber, und wir kehrten zurück in die Stadt. Walter hatte sich im Souterrain unserer Wohnung in der Vitkinstraße ein Atelier eingerichtet, wo er neben seiner Malerei, die eher Shavej-Zion zugehörte, mehr und mehr zu dem fand, was ihm einst im Elternhaus in die Wiege gelegt wurde: Wie sein Vater stellte er wunderschönen Gold- und Silberschmuck her: Anhänger, Broschen, Armbänder, Ketten und vor allem Ringe, unendlich kunstvolle, originelle Ringe, von denen keiner dem anderen glich; alles waren Unikate. Einen sehr besonderen dieser Ringe trage ich bis heute: Der Stein stammt aus der Mine König Salomons. Es ist die biblische Mine des Königs, der das berühmte »Salomonische Urteil« fällte, als zwei Mütter sich um ein Kind stritten. Da es eine Kupfermine war, haben diese Steine eine ganz besondere, tiefgrüne Farbe. Man nennt sie »Eilath-Steine«, nach dem nahegelegenen Badeort am Roten Meer. Inzwischen ist die Mine geschlossen, so daß heute alle neuen sogenannten »Eilath-Steine« Imitationen sind. Walter verarbeitete in meinen Ringe auch einige Geheimnisse, die er nur mir anvertraute. Ich trage ihn täglich als Talisman.

Walters Praxis befand sich nicht mehr in der Herzlstraße auf dem Hadar, sondern war mit uns umgezogen auf den Carmel, genauer auf den Zentral-Carmel. Es waren Räume in der ersten Etage eines Gebäudes, in dem unten eine Bank residierte. Als diese vollkommen renoviert wurde, schenkte der Bankdirektor Walter bei dieser Gelegenheit für seinen Hobbyraum zwei uralte große Drehsessel aus schwerem Eisen, jedoch mit schöner Sitz- und Rückenpolsterung. Walter kam mit einer dieser Sitzgelegenheiten eines Abends nach Hause. Er hatte das schwere Ding mit einem Seil auf das Autodach gebunden. Ich wußte noch gar nichts von seiner Neuerwerbung und war sehr überrascht. Da unser Haus an einen steilen Abhang gebaut war, mußten wir von der

Straße immer eine roh behauene, scharfkantige Steintreppe hinuntergehen – es waren achtundvierzig Stufen! Wie so oft erwartete ich ihn oben auf der Straße. Ganz begeistert von seinem Geschenk, schnallte er es vom Autodach ab und erzählte mir, daß er morgen das zweite Exemplar bringen würde – das wolle er mitnehmen nach Shavej-Zion. Als er dann auch noch eigenhändig dieses schwere Ding die Treppe hinunterschleppen wollte, war ich sehr froh, als unser Nachbar, der zufällig vorbeikam, sich anbot zu helfen. Walter jedoch hatte sich den Sessel bereits mit der Sitzfläche auf seinen Kopf geschwungen, hielt die Armlehnen mit beiden Händen und sprang die achtundvierzig Stufen hinunter wie ein Junge! Ich hatte ein Unglück befürchtet, hatte es in meinen Knochen gespürt, doch an diesem Abend ging alles gut. Am nächsten Abend jedoch, als er mit dem Pendant für sein »Sommeratelier«, ankam, bat ich ihn inständig, sich doch vom Nachbarn, der wieder zur Stelle war, helfen zu lassen – diesmal *wußte* ich, daß es nicht gutgehen würde, ich hatte eine entsetzliche Vorahnung. Aber Walter ließ sich nicht beirren. Auf den letzten Stufen rutschte er aus, fiel mit seiner schweren Last nach hinten auf den Rücken, prallte mit dem Brustkorb gegen eine scharfe Kante der Steintreppe. Er blieb, begraben unter dem schweren Stuhl, regungslos liegen.

Ich stürzte die Treppe zu ihm herunter, unser Nachbar hinterher. Walter war leichenblaß und sagte: »Wahrscheinlich ist es ein Herzinfarkt. Versucht mich ins Haus zu tragen, auf den Wohnzimmerteppich, und meinen Arzt …« Aber ich war schon zum Telefon gestürzt und hatte den Arzt alarmiert. Er war sofort da, und ich fing ihn ab: Falls es wirklich ein Herzinfarkt wäre, solle er es Walter bitte nicht gleich sagen, sondern mir einen Wink geben. Der Arzt brauchte nicht lange, um zu wissen, daß es tatsächlich ein Infarkt war, ein Aneurysma: Die Hauptschlagader hatte durch den Aufprall eine Ausbuchtung erlitten, die jederzeit platzen konnte. Unser Arzt gab mir den verabredeten Wink und sagte Walter vorerst nur, daß es *noch* kein Infarkt sei. Inzwischen war die Ambulanz gekommen, und wir fuhren ins Hospital. In der Notaufnahme bestätigte sich der erste Verdacht: Aneurysma. Der junge Arzt, Ephraim Meyer, sagte zu Walter: »Dr. Zucker, ich gebe Ihnen jetzt eine Spritze, danach werden Sie schlafen, und morgen sehen wir weiter. Ich komme gleich zu Ihnen zurück.«

Doktor Meyer nahm mich bei der Hand hinaus in den Flur und sagte: »Ihr Mann wird wissen, daß er in Lebensgefahr ist, wir können ihm als Kollegen nichts verheimlichen.« Ich nickte nur, und er fuhr fort: »Ehe ich ihm jetzt die Spritze gebe, gehen Sie zu ihm, verabschieden Sie sich von Ihrem Mann. Ich kann Ihnen nicht versprechen, daß er morgen noch mal aufwacht.«

Ich nahm mich aufs äußerste zusammen, setzte Walter gegenüber ein ruhiges, zuversichtliches Lächeln auf und sagte ihm mit einem liebevollen Kuß: »Gute Nacht, mein Schatz, bis morgen früh.« Natürlich ging ich nicht nach Hause, sondern kehrte, nachdem er eingeschlafen war, zurück an sein Bett, wo ich die Nacht über wachte, die Augen unentwegt auf dem Monitor.

Walter konnte man nichts weismachen. Als er morgens wach wurde, erklärte er mir, er wüßte, daß er ein Aneurysma hätte, welches jederzeit platzen könne; bestenfalls würde es sich ständig vergrößern, bis es dann doch so weit käme und die Arterienwand dem Druck nicht mehr standhalte.

Nach langen Wochen kam Walter aus dem Hospital nach Hause. Er durfte zwar nicht mehr Auto fahren, konnte aber seine Praxis weiterführen. Ich brachte ihn täglich dorthin und wieder zurück. Eli, der inzwischen sein Studium beendet hatte und in diesem Jahr aus Heidelberg zurückgekehrt war, konnte ihn unterstützen und ihm alles Anstrengende abnehmen. Für Walter war es wichtig, überhaupt wieder im weißen Kittel in seiner Praxis stehen zu können. Ich lebte in ständiger Angst um ihn.

Um so froher war ich über Eli. Er war jetzt neunundzwanzig Jahre alt und zu Walters und meiner Freude hatte er seinen Beruf als Arzt gefunden. Traurig hingegen machte uns die Auflösung seiner langjährigen Verlobung: Während seiner ganzen Heidelberger Studienzeit, sieben Jahre lang, war er mit der Tochter von Aharonchik verlobt gewesen. Voller Erwartung auch auf Siva kam Eli in diesem Jahr, es war 1964, endgültig wieder zurück nach Haifa, wo er ohnehin alle seine Ferien verbracht hatte. Jedoch hatte sich die Beziehung über die Jahre und die räumliche Distanz nicht aufrecht erhalten lassen. Sie trennten sich, was für Eli ein

Schlag war. Es warf ihn wieder zurück auf seine tiefen Selbstzweifel und die quälerische Gewißheit, daß er mit seinem »entstellten« Gesicht, wie er es selbst schonungslos empfand, nie von einer Frau wirklich geliebt werden würde. Da war es auch kein Trost, daß er als einer der wohlhabensten Junggesellen auf dem Carmel bekannt war. Ich hatte das Geld aus dem Entschädigungsprozeß für ihn in Grundstücke und Häuser investiert, was im kleinen Israel Gold wert ist und an Wert nur gewinnen kann.

In dieser Zeit erschien eines Tages ein kleiner dreizehnjähriger Junge vor unserer Tür. Er hatte die typisch orientalischen Augen, die ich so zu lieben gelernt hatte, und ein sehr schüchternes Lächeln. Sein ebenfalls typisches orientalisches, etwas gutturales Hebräisch stimmte mich fröhlicher. Er sagte: »Frau Zucker, ich möchte wissen, wieviel eine Konsultation bei Ihnen kostet. Ich bin Stipendiat in der teuren Realschule. Die reichen Kinder werden immer von ihren Eltern zu Ihnen geschickt, wenn die Probleme haben. Die haben gesagt, daß Sie immer so sehr helfen können. Ich habe schlimme Probleme. Ich möchte wissen, wieviel eine Beratung bei Ihnen kostet.«

Ich legte meinen Arm um seine Schultern und sagte ihm: »Komm erst mal rein!«

Der Junge hieß Ilan Levi und stammte aus einer kinderreichen Familie. Sein Vater war jahrelang im Ausland im Geheimdienst tätig. Nicht einmal seine Mutter wußte, wo er sich aufhielt und ob er überhaupt am Leben war. Jahre später wurde dieser Vater als Held gefeiert, aber damals wußten die Kinder nichts über ihn und bekamen den Frust der Mutter täglich zu spüren. Ilan hatte unendlich viel aufzuholen, was ihm an Zuwendung seiner Eltern entgangen war, und sein Wissensdurst wie auch sein Mitteilungsbedürfnis waren enorm. Ilan kam regelmäßig nach Schulschluß zu mir, und ich genoß seine wunderbare Entwicklung bis zu seinem achtzehnten Lebensjahr.

Da wurde er zum Militär eingezogen und kam, um sich zu verabschieden: »Heute muß ich dir etwas beichten«, sagte er, »ich habe dir immer alles erzählt, was mich betrifft. Du kennst alle meine Geheimnisse! Aber etwas habe ich dir nicht gesagt, und ich kann nicht in den Krieg ziehen, wo ich eventuell fallen werde, ohne daß ich dir alles gebeichtet habe.«

Ich dachte mir: Was kann er bloß verbrochen haben? Ich kenne ihn doch so gut. Vielleicht hat er mal Zigaretten geraucht oder womöglich am Kiosk geklaut? Ich sagte nur: »Warum hast du mir denn irgend etwas vorenthalten?«

Seine Antwort: »Ich hatte Angst, du würdest mich dann nachher nicht mehr so lieb haben wie bisher.«

Ich erklärte ihm, daß wir doch alle unsere Schwächen hätten und ich alles, was nur irgend möglich menschlich wäre, bestimmt verstehen könnte, ohne daß meine Liebe davon betroffen sein könnte.

Ilan seufzte, schaute mir in die Augen und sagte: »Ich bin Orientale!« Er glaubte tatsächlich, erstens, daß ich das nicht bemerkt hätte, und zweitens, daß ich ein orientalisches Kind nicht lieben könnte. Ich dachte, mich trifft der Schlag! Ich wußte tatsächlich nicht, ob ich weinen oder lachen sollte. Dieser Junge hatte sich sechs Jahre lang mit dem Gedanken gequält, daß er in meinen Augen bis zur Lieblosigkeit minderwertig wäre, weil er kein westlicher Jude sei.

Ich sagte ihm: »Ilan, darauf möchte ich dir jetzt im Moment gar nicht antworten. Ich möchte dich nur bitten, heute länger hierzubleiben und zu warten, bis meine Tochter aus der Schule kommt.« Ilan war immer schon gegangen, bevor Tami Schulschluß hatte, und so sind die beiden sich in diesen ganzen Jahren nie begegnet.

Darauf Ilan: »Was hat das mit deiner Tochter zu tun?«

»Das wirst du schon sehen.«

Ilan sah verwirrt aus. Während wir warteten, unterhielten wir uns über den Konflikt zwischen seiner pazifistischen Einstellung und dem so notwendigen Militärdienst.

Als Tami erschien, dunkelhäutiger als er selber, traute er seinen Augen nicht: »Das ist *deine* Tochter?«

»Ja. Glaubst du mir, daß ich sie liebe? Und glaubst du jetzt auch, daß ich die orientalischen jungen Menschen wie dich mindestens so sehr liebe wie die Weißen?«

Ilan fiel mir um den Hals. Vom Militär schrieb er mir wunderbare Briefe. Einer davon lautete: »Alles, was du an meinem Charakter schön fandest und was du lieben konntest, hat man mir hier bereits ausgetrieben! Man lehrt mich hier zu töten. Ich leide sehr, und doch kann ich es nicht verhindern, daß ich nie wieder derselbe sein werde wie früher.«

Ilan Levi ist heute Dr. Ilan Levi, ein anerkannter Arzt, und wir treffen uns weiter ziemlich regelmäßig. Zum Geburtstag bekomme ich Rosen, adressiert an »Meine liebe Mutter Ruth«. Inzwischen hat er selbst vier Kinder und nähert sich der Fünfzig.

Walter und mir waren noch acht Jahre zusammen gegönnt, Jahre, in denen Walter des öfteren in die Notaufnahme des Hospitals eingeliefert wurde. Beide wußten wir, daß jeder Tag, ja, jede Stunde eine neue Gefährdung und das Ende bringen könnte. Wir haben uns oft und lange über den Tod im allgemeinen und über den seinen im besonderen unterhalten. Dadurch entstand zwischen uns eine Nähe, wie es wohl selten zwischen Eheleuten geschieht. Unzählige Momente sind mir bis heute schmerzlichst gegenwärtig. Zum Beispiel: Wir hatten damals einen Kohleofen in unserer letzten gemeinsamen Wohnung, der nicht leicht an- und auszumachen war. Wir sind bald nach Walters Sturz wegen der steilen Treppen schweren Herzens von der Vitkenstraße in die Ederstraße umgezogen, die jedoch nur ein paar Straßenzüge entfernt liegt und die gleiche Hanglage mit Blick auf das Mittelmeer hat. Dieser Kohleofen wurde bei Wintereinbruch angemacht und erst im Frühjahr wieder gelöscht. Als Walter ihn im April 1972 löschte, sagte er zu mir: »Peterle, guck jetzt mal genau zu, wie ich es mache. Du hast es bisher nicht gelernt. Nächsten Winter werde ich nicht mehr da sein, um ihn dir anzumachen.«

Während dieser acht Jahre, während derer ich Tag und Nacht nur für Walter lebte, verlor ich leider meine Beziehung zu der Disziplin, die ich bei Dürckheim erlernt hatte. Im Wissen, den größten Fehler meines Lebens zu begehen, ohne es verhindern zu können, hörte ich auf zu meditieren! Natürlich würde ich diesen Fehler immer wieder begehen, wenn ich mein Leben noch einmal zu leben hätte. Walters Tod war stündlich zu erwarten, und ich hatte niemals die Ruhe, noch hatte ich das Bedürfnis, mich in mich selbst zurückzuziehen – ihm meine Aufmerksamkeit Tag und Nacht zu schenken war mein Leben. Leider war es mir nach seinem Tod unmöglich, jemals zur Meditation zurückzufinden. Die seelische Stärke, die mir Dürckheim und die sechs Jahre steter Meditationspraxis vermittelt haben, haben mich zwar gerettet, jedoch konnte ich niemals wieder nach Walters Tod die Sphären erreichen, die mir damals in der Meditation zur Verfügung gestanden haben.

In den letzten Tagen in Walters Leben unterhielten wir uns, wann immer er die Kraft zu sprechen hatte, sehr intensiv. Als ich ihn bat, doch noch zu versuchen, bei mir zu bleiben, sagte er: »Wer sterben muß, den muß man gehen lassen, ich bin seit acht Jahren noch immer bei dir, nur weil du mich nicht gehen läßt. Aber – wer leben kann, soll wirklich leben. Ich möchte, daß du glücklich bleibst und dein Leben so voll und glücklich gestaltest wie nur möglich. Du mußt dich ganz dem Leben zuwenden, und bitte lebe so weiter, wie ich dich gekannt habe. Und arbeite weiter an all dem, was dir Freude macht.«

Von seinen Kindern nahm er bei vollem Bewußtsein Abschied. Kurz vor seinem Tode sagte er zu mir (wir sprachen noch oft Englisch, wie es zu Mandatszeiten üblich war): »I want to have a secret scheme with you.« (Ich möchte mit dir ein geheimes Abkommen treffen.) Er mußte mir nicht erklären, was er damit meinte. Ich wußte sofort, daß er, da er genau wie ich fest an ein Fortleben der Seele glaubte, unsere Beziehung über den Tod hinaus weiterführen wollte.

Ich antwortete ihm: »Ich werde jederzeit, solange ich lebe, für jedes Zeichen geöffnet sein.«

Daraufhin Walter: »Glaubst du wirklich fest daran, daß es möglich ist?«

Und ich: »Wenn du es *wirklich* willst, dann bin ich überzeugt, daß es möglich ist.« Es war das letzte Mal, daß ich ihn lächeln sah.

Die Erinnerung an dieses Lächeln ruft in mir die Erinnerung wach an die letzte gemeinsame Nacht in unserer Wohnung. Unser Schlafzimmer war an diesem Abend nur mit einer großen Kerze erleuchtet. Walter lag nackt im Bett und sagte: »Komm zu mir!« Wir lagen eng umarmt, mein Kopf auf seiner breiten Brust, und ich hatte das Gefühl, daß wir bereits zusammen in einem Grab liegen. Damals wäre ich liebend gerne mit ihm zusammen in dieser Nacht gestorben. Ich dachte an einen gemeinsamen Selbstmord, der mit Tabletten so leicht hätte sein können, wußte aber, daß dies all seinen Vorstellungen sowohl von Ethik wie auch in bezug auf unsere beiden Charaktere widersprach. Ich fühlte seinen Tod voraus, und dennoch empfinde ich bis heute die damalige Nacht, mit meinem Kopf auf seiner Brust, als unendlich beglückend.

Am nächsten Tag im Hospital wußte ich, daß es sein letzter Aufenthalt sein würde. Ich blieb Tag und Nacht bei ihm und richtete mich in seinem Krankenzimmer ein, um stundenweise auch zu arbeiten.

Nachmittags ging es Walter gewöhnlich immer schlechter. Da arbeitete ich nicht mehr. Und jeden Abend gegen sechs Uhr klopfte ein Kollege und guter Freund von Walter, Professor Jesmond Birkhan, an unsere Tür und besuchte uns. Eines Abends machte er mir ein Zeichen, ich möge herauskommen. Er setzte sich neben mich auf eine Bank, meine Hand haltend, und murmelte nur: »Sprich nicht, ich weiß, ich weiß ja alles.« An diesem und noch vielen Abenden saß er so neben mir, ohne ein Wort zu sprechen. Ich werde es ihm nie vergessen! Er besucht mich bis heute.

Als Walter an einem Morgen um sechs Uhr früh wieder einen seiner fürchterlichen Erstickungsanfälle erlitt und ich hinausstürzte, um Doktor Meyer zu alarmieren, hielten mich bei meiner Rückkehr zwei starke Krankenschwestern vor Walters Türe auf.

Sie sagten: »Ihr Mann liegt im Sterben, wenn Sie dabei sind, kann er das nicht. Das ist mit Ihnen schon öfter passiert. Sie dürfen jetzt nicht hinein.«

Ich wehrte mich fast schreiend: »Gerade jetzt muß ich seine Hand halten! Ich muß bei ihm sein, wenn er stirbt.«

Aber sie ließen mich nicht los. Erst als der Hospitalarzt aus der Türe trat und mit ernstem Gesicht »Exitus« sagte und verschwand, ließen mich die Schwestern los, und ich konnte mich neben Walters Bett stellen. Der Arzt hatte nicht einmal seine Augen geschlossen. Walter schaute sehr natürlich wirkend zum Himmel. Ich wagte nicht mehr, sein Gesicht oder seine Hand zu berühren. Sein lebloser Körper kam mir vor wie ein unberührbares Heiligtum. Lange stand ich so, doch noch irgendwie mit ihm vereint, seine Nähe noch spürend.

Als ich aus dem Zimmer kam, stand Aharonchik vor der Türe und fing mich in seinen Armen auf. Es war das erste Mal seit Monaten, daß ich anfing zu schluchzen. Damals, in diesen kurzen Minuten, war Aharonchik für mich der einzige starke Halt.

Aharonchik organisierte die Beerdigung. Seinem Freund Walter zuliebe hatte er als oberster Polizeichef des Landes die lange Strecke vom Haifaer Hospital bis zum Friedhof in Shavej-Zion, wo Walter begraben werden wollte, sperren lassen. Vor dem schwarzen Prunkwagen mit dem Sarg fuhren vier uniformierte Polizisten auf Motorrädern, die die Hände nicht von der Hupe nahmen, und den Schluß dieses Trauerzuges bildete eine lange Autokolonne. Ich war davon überzeugt, daß Walter, falls er es hätte sehen können, in seiner Bescheidenheit herzlichst über diese »staatstragende« Prozession gelacht hätte.

Ich wußte schon lange, daß Walter in Shavej-Zion begraben sein wollte, da es ihm in seinem Leben der liebste Ort gewesen war, und hatte bereits ohne sein Wissen auf dem dortigen Friedhof zwei Gräber erworben. Bei jüdischen Begräbnissen ist es üblich, daß der älteste Sohn am Grabe seines Vaters das Kaddisch (»Heiligung«), ein aramäisches Gebet, spricht. Eli mußte zur Hälfte abbrechen, er brachte es nicht fertig weiterzusprechen. Joshua Stern, ein sehr guter alter Freund, sprach das Kaddisch zu Ende.

An diesem Grab starb ein Teil von mir. Das Leben konnte niemals mehr sein, was es bis dahin war. Ein Teil meines Selbst war mitgestorben.

Juden geben sich in den sieben Tagen nach einem Begräbnis ganz der Trauer hin. Sieben Tage lang sitzen die Trauernden zusammen, unterhalten sich über das Leben und die guten Taten des Toten und empfangen die Kondolierenden, die meistens auch für die Beköstigung der Trauernden sorgen, so daß diese während der Schiwa, der Trauerwoche, nicht abgelenkt werden: jegliche Betätigung ruht. – Freunde kamen aus dem Inland und dem Ausland, um an dieser Trauer teilzunehmen. Ich ließ all dies über mich ergehen, indem ich mich, wie das ehemalige Trönschen, in endlose Tagträume entrückte, in denen ich Walter wiederfand. Am achten Tag saß ich wieder an meinem Schreibtisch, so wie er es gewünscht hatte, und fuhr routinemäßig mit meinem Leben fort.

Walter starb im Mai 1972 – eines der sieben Begräbnisse, die ich im selben Jahr überstehen mußte. Bei den sechs anderen Begräbnissen verlor ich nahe Verwandte sowie die besten Freunde, unter anderen Aharonchik. Ich war siebenundfünfzig Jahre alt.

Während der ersten vier Jahre nach Walters Tod lebte ich in einer Gruft der Verzweiflung. Meine Rettung war die Notwendigkeit, Geld zu verdienen, um mich selber und meine Tochter, die in Brüssel Psychologie studierte, finanzieren zu können. Ich hatte das Gefühl, kaum mehr zu existieren. Meine »Persona« als psychologische Beraterin zog ich jeden Morgen an wie eine Uniform, ähnlich wie die unsichtbare Uniform, die ich täglich von früh bis spät als »Spionin wider Willen« tragen mußte. Ich arbeitete völlig automatisch und doch gewissenhaft und gescheit – glücklich, daß ich während der Arbeit an nichts anderes denken konnte. Ich glaube, daß ich damals eine seelische Stärke bewiesen habe, die ich mir selbst niemals zugetraut hätte.

Heute weiß ich, daß ich mein damaliges Vegetieren kaum »Leben« nennen kann. Freunde sagten mir, was ich wußte: ich hätte mich mitbegraben lassen. Dies dauerte einige Jahre.

Eli, der nach Siva lange keine Freundin hatte, geschweige denn eine Verlobte, hatte eine achtzehnjährige Soldatin kennengelernt, die ihn sofort haben wollte und der es mit der Heirat nicht schnell genug ging. Walter hatte sie noch gekannt, die Hochzeit fand nur wenige Monate vor seinem Tod statt. Wir beide, Walter und ich, standen der jungen Frau sehr skeptisch gegenüber. Viel später erfuhr ich, daß Eli von dieser Frau zu hören bekam, daß er glücklich sein könne, sie überhaupt zu haben – aber eben nicht exklusiv: Welche Frau ertrüge es schon, im Bett immer nur ein entstelltes Gesicht über sich zu sehen …

Eli mit seiner verletzten Seele hatte dieser Bösartigkeit nichts entgegenzusetzen. Ich fühlte mich machtlos. Er war meiner Sorge und Liebe entzogen.

Die Mutter seiner jungen Frau, die im Hintergrund die Heirat mit dem reichen Junggesellen kräftig mitbetrieben hatte, machte mir bereits in den letzten Tagen von Walters Leben klar, daß sie »in der Familie ihrer Tochter keine zweite Mutter dulden würde«.

Als wir nach den sieben Tagen der Qual der Schiwa aufstanden und die Gäste gegangen waren, brachte ich meinen Sohn mit seiner Frau zur Haustüre. Dort stellte sich die junge Person vor mich und erklärte mir: »Ich habe Eli klargemacht, daß er zwischen dir und mir zu wählen hat. Ab heute bitte keinerlei Telefongespräche und keinerlei Versuche, uns jemals zu besuchen.«

Sie hatte von ihm verlangt, daß er sich von mir fernhält – in jeder Beziehung und für immer. Und Eli stand mit schneeweißem, versteinertem Gesicht daneben, ohne sich zu rühren … Ich verstand – ich empfand zutiefst, daß seine ihm fürchterlich erscheinende »Entstellung« seinen einst starken und aufrechten Charakter vollkomnnen geschwächt hatte.

Ich fühlte mich langsam zusammenbrechen und sagte nur: »Kinder, geht nach Hause, ich muß mich hinlegen.« Ich legte mich auf mein Bett, Eli folgte mir noch einmal in die Wohnung, während meine Schwiegertochter vorerst vor der Türe stehen blieb. Eli nahm einen Stuhl, setzte sich neben mein Bett und streichelte über mein Haar. Er sagte: »Morgen wird alles anders aussehen. Wir können alle heute nicht mehr richtig denken.« In dem Moment öffnete sich die Türe, und meine Schwiegertochter, mit bösen Augen auf mich blickend, stach mit dem Zeigefinger in meine Richtung und sagte mit hoch erhobener Stimme: »Auch Enkelkinder wirst du niemals haben, denn das hängt alleine von mir ab!«

Tami war bereits abgereist, sie hatte Prüfungstermine und mußte schon vor Ende der Trauer zurück nach Europa. Noch nie im Leben habe ich mich so alleine, verlassen und hilflos gefühlt.

War es Eli, der da mein Haus verließ? *Mein* Eli? Wie wird man damit fertig?

Während dieser Zeit sah ich nur einen einzigen Menschen, Noemi Lahad, die Cousine und Ziehschwester von Gaby Ullmann, der als Fünfzehnjähriger an mich apelliert hatte, wie ich meinem, damals in ferner Zukunft, erwachsen gewordenen Sohn gegenübertreten wolle auf seine Gewissensfragen hin ... Noemi arbeitete in meiner Nähe und verzichtete auf ihr Mittagessen und auf ihre Pause, um oft wortlos bei mir zu sitzen, was ich ihr nie vergessen werde.

Meine Schwiegertochter blieb ihrer Drohung treu. Mein Sohn hat vier Kinder und bereits drei Enkelkinder, die ich, bis auf einen einzigen, nicht kenne. Dieser einzige, der versuchte, mich als Großmutter anzuerkennen, wurde durch seine Mutter davon abgehalten und nahm im weiteren eine Entwicklung, die mir, wenn ich noch weinen könnte, nur Tränen bereitet hätte.

Eli erkrankte sehr schwer an einer Krankheit, von der mir die Ärzte versicherten, daß sie durch eine gespaltene Seele verursacht wird: wenn ein Mensch ständig entgegen seinem eigenen Gewissen handeln muß. Als Mutter kann ich niemals von einem gewissen »Mitleiden« mit seiner Krankheit befreit werden, obwohl ich ihn kaum jemals sehe oder spreche.

Wie jedes Jahr im Herbst feierten wir auch dieses Jahr das »Laubhüttenfest«, das jüdische »Erntefest« zum Gedenken des Auszugs aus Ägypten und der Wanderung durch die Wüste. Tami war in den Ferien zu Hause, und wenige Tage vor dem Fest rief Aharonchik bei uns an: »An diesem Sukkot-Fest habe ich meine ganze Familie um mich versammelt, ich möchte unbedingt, daß du und Tami dabei seid. Ich muß dich dringend sprechen und möchte dir vieles erzählen.«

Ich antwortete: »Aharonchik, so gerne ich käme, ich bin seit Walters Tod noch nicht aus dem Haus gegangen, ich fühle mich einfach nicht fähig dazu.«

»Tami wird dich fahren, du brauchst nicht zu chauffieren, und es gibt keinen Grund dafür, nicht zu kommen, wenn ich dich so sehr darum bitte.«

Ich gab nach und beschloß, daß dies mein erster Ausgang sein würde. Wir kauften, was bei Sukkot üblich ist, schöne Geschenke und besonders kostbare Eßwaren für die ganze Familie und machten uns auf den Weg.

In Aharonchiks Haus, das in einem schönen Gartenviertel von Tel Aviv lag, wurden wir von seiner Frau Malka und seinen Kindern liebevoll empfangen. Auch die auffallend schöne und gütige Tochter Siva, die ich lange als meine Schwiegertochter betrachtet hatte, war da. Jedoch fehlte Aharonchik. Erstaunt fragte ich Malka: »Wo ist Aharonchik?«

»Habt ihr ihn nicht unterwegs gesehen? Ihr habt euch etwas verspätet, und er war sehr ungeduldig, da hat er sich das Fahrrad vom Nachbarn geliehen, um euch entgegenzufahren. Er muß jetzt jede Minute kommen.«

Aharonchik erschien nicht. Die Minuten vergingen sehr langsam. Eine Stunde war bereits vergangen. Vor Angst frierend, schaute ich in Malkas Augen, die von derselben Panik zeugten. Ich versuchte, alle zu beruhigen: »Ihr kennt doch Aharonchik, sicherlich ist wieder irgend etwas passiert, und er ist sofort in das Hauptquartier nach Jerusalem gefahren. Sicherlich hat er jemanden beauftragt, uns das mitzuteilen. Ihr wißt doch, wie nachlässig seine Untergebenen oft sind. Die haben das einfach vergessen.« Mich selber versuchte ich dadurch auch zu beruhigen, aber es gelang mir nicht.

Bei Walters vielen Hospitalaufenthalten war Aharonchik jedesmal, wenn es kritisch wurde, abends von Jerusalem nach Haifa gefahren, um die Nacht bei Walter zu verbringen. Weil es Walter schwerfiel, den Kopf zu drehen, stand Aharonchik stundenlang am Fußende von Walters Bett. Schon damals wußte ich, daß auch Aharonchik herzkrank war, und wollte ihn immer dazu bewegen, sich hinzusetzen. Er aber antwortete jedesmal nur: »Walter kann mich nur sehen, wenn ich vor ihm stehe.« Tatsächlich sagte mir Walter dann in der Früh: »Wann immer ich nachts die Augen aufmache, sehe ich Aharonchik wie einen Schutzengel vor meinem Bett stehen.« Ich weiß, daß diese treue Freundschaftsbezeugung Walter ungeheuer viel bedeutet hat.

Als wir die Warterei alle nicht mehr aushielten, ging Siva ans

Telefon und rief das Jerusalemer Hauptquartier an. Kaum konnte sie sagen: »Hier Siva Sella ...«, platzte es am anderen Ende heraus: »Siva, mein Gott, darf ich dir mein herzlichstes Beileid ausdrücken? Wir sind alle wie versteinert! Was macht deine Mutter?« Siva wurde ohnmächtig. Wir sprangen alle hinzu, um ihr zu helfen. Malka übernahm den Hörer. Malka ist eine starke Frau. Sie drehte sich kreidebleich zu uns um und sagte: »Wir müssen Aharon identifizieren. Er liegt hier im nächsten Hospital. Er hat einen Herzanfall gehabt. Natürlich kennt man ihn, aber es ist eine notwendige Formalität.« Wir begleiteten sie dorthin.

Bei Aharonchiks Begräbnis bekam ich meinen Sohn Eli zum ersten Mal wieder zu sehen. Nach der Beerdigung gingen alle mit Malka nach Hause, um sie zu trösten. Meine Schwiegertochter fuhr nach Tel Aviv, zum Shopping.

Durch meine astrologische Arbeit wurde ich gelegentlich von hohen Militärs aufgesucht. Eine besondere Freundschaft entwickelte sich zwischen David Elazar, dem damaligen Oberbefehlshaber der israelischen Armee, und mir. Genau ein Jahr nach Aharonchiks Tod drohte uns der fürchterliche Jom-Kippur-Krieg, der angeblich für Israel vollkommen überraschend und ohne eine Vorwarnung losbrach. Als am 6. Oktober 1973 der ägyptisch-syrische Angriff begann, waren fast alle Juden in der Synagoge.

David, von seinen Freunden »Dado« genannt, erschien zwei Wochen vorher bei mir und erklärte mir verzweifelt, daß er jeden Tag bei der Prime Ministerin Golda Meir (eine geborene Meyerson) erschiene und sie dringendst um Generalmobilisierung bäte. Ihre Antwort, so sagte er, seine Ausweglosigkeit betonend, sei immer nur: »Dado, mein Lieber, du weißt doch genau, wir haben gar kein Geld zur Generalmobilisierung – das kann ich dir nicht gestatten.« Und das, so sagte er, wiederholte sich von Tag zu Tag. Er war davon überzeugt, daß die arabischen Heere bereits an den Grenzen schlagbereit waren.

David gewann diesen Krieg entgegen jeder realistischen Einschätzung und Erwartung. Dennoch wurde eine »Untersuchungskommission« eingesetzt, die niemand anderen beschuldigte als ihn, daß unser Militär in keiner Weise irgendwie auf den Angriff vorbereitet gewesen sei – auch nicht den Sicherheitsminister Moshe Dayan, der sich zu dieser Zeit in der Sinai-Wüste intensiv damit befaßte, mit Hilfe des Militärs altägyptische Sarkophage auszubuddeln. Obwohl er als Sieger hervorging, wurde David einzig und allein aufgrund seines Amtes als Verantwortlicher für das Debakel verurteilt – für die riesige Anzahl unnötiger Opfer unter den israelischen Soldaten. – Wohl auch aus Gewissensbissen wurde Dado wenig später der begehrte Botschafterposten in den USA angeboten. Dado jedoch hatte andere Pläne, als sich »wegloben« zu lassen. Er sprach von einer Buchpublikation über die Umstände des Jom-Kippur-Krieges, »wo alles drinsteht«, sagte er, und, mit kaum merklichem Schmunzeln: »Die bringen mich um...« Kurz danach ist Dado überraschend gestorben, und das ganze Volk hat schmerzlichst um ihn getrauert. Haifa ehrt sein Andenken, indem es den langgestreckten Strand am Südende der Stadt nach ihm benannte: »Dado-Beach«. Jedesmal, wenn ich dort bin und seinen Namen lese, zieht sich mein Herz zusammen.

Ein Jahr nach Walters Tod, im Mai 1973, hatten einige seiner Kollegen und Freunde beschlossen, einen besonderen Gedenktag für ihn zu organisieren. Da er etliche medizinische Artikel veröffentlicht und in Israel kieferchirurgische Neuerungen eingeführt hatte, kamen Ärzte aus aller Welt, hauptsächlich aus Amerika, darunter Hunderte von Logenbrüdern. Da man sie alle kaum in einem Saal unterbringen konnte, kam man auf die ausgefallene, besonders eindrucksvolle Idee, die Feier in den Katakomben, die sich links an die Klagemauer anschließen, abzuhalten. Die Katakomben waren von Tausenden Kerzen erleuchtet, und ein Kantor mit schöner Stimme sang den Trauergesang. Ein junger Reformrabbiner sprach einen schönen Nachruf.

Als ich mit Tami tief beeindruckt aus den Katakomben hochstieg, kamen wir an der Klagemauer entlang. Da erinnerte ich mich daran, daß der israelische Kriegsheld Moshe Dayan, der, wie mein Sohn, auch ein Auge verloren hatte und stets mit einer schwarzen Augenklappe abgebildet wurde, vor jedem Krieg einen

Zettel schrieb, den er in einer Ritze der Klagemauer verstaute. Auf dem Zettel bat er Gott um einen Sieg, den er tatsächlich immer erhielt. Damals hatte ich, wie so oft in meinem Leben, ein großes Problem und wünschte mir dafür eine glückliche Lösung. Ich dachte mir: »Was Moshe Dayan kann – jedenfalls soweit es sich darum dreht, Gott zu bitten –, kann ich doch auch!« Ich schrieb meine Bitte auf einen Zettel: die Bitte um einen passenden Mann für Tami, mit dem sie glücklich sein würde. Diese Bitte wurde auf den Tag genau ein Jahr später, mit Tamis Hochzeit am 18. Mai 1974, erfüllt.

Im Dezember davor meldete sich bei mir ein junger Soldat und bat dringend für denselben Abend um eine Beratung. In dieser Zeit nach dem Jom-Kippur-Krieg wurden für die psychische Betreuung der Soldaten etliche Anlaufstellen eingerichtet, die diese Aufgabe ehrenamtlich übernahmen. Ich bat ihn, nach acht Uhr zu kommen, so daß mir nach meiner Arbeit noch ein paar Minuten zum Essen blieben. Als dieser junge Mann über meine Schwelle trat, überfiel mich das sichere Gefühl: Hier kommt ein Sohn ins Haus, der bis an dein Lebensende in deiner Nähe sein wird. – Als er nach etlicher Zeit ging, vergaß er sein Schreibheft, das er mir zur Begutachtung seiner Schrift mitgebracht hatte.

Am nächsten Tag kam Tami völlig überraschend aus Brüssel zurück. Sie hatte mir nur ein kurzes Telegramm mit ihrer Ankunftszeit am Flughafen geschickt. Ich holte sie ab, und als wir abends zusammen die Nachrichten ansahen, klingelte es an der Tür: Dort stand Jossi, der junge Soldat, und fragte höflichst nach seinem Heft. Ich bat ihn erst einmal hinein, und wir sahen uns zusammen den Rest der Nachrichten an. Mir kam er wie abwesend vor, und auch Tami schien nichts um sich herum wahrzunehmen. Jossi, der sich bald freundlich verabschiedete, rief am nächsten Tag an.

Er fragte unumwunden, ob er richtig gehört hätte, daß das junge Mädchen von gestern abend »Mutter« zu mir gesagt hätte.

Ich antwortete: »Ja«, worauf er fragte: »Darf ich indiskret sein? Darf ich erfahren, ob sie in festen Händen ist?«

Ich bat ihn, sie dies selber zu fragen.

Tami kam zum Telefon, und er bat sie, am Abend mit ihm auszugehen. Sie ließ ihn kurz warten und wollte von mir wissen, was sie ihm antworten solle. Ich sagte ihr: »Ich habe seine Schrift gesehen. Ich glaube, ihr werdet euch gut verstehen. Du kannst ruhig mit ihm ausgehen.«

Ihre Hochzeit war nur fünf Monate später. Heute sind Tami und Jossi über fünfundzwanzig Jahre glücklich verheiratet. Sie schenkten mir mein »Kleeblatt«!

Kurz bevor im März 1976 mein erster Enkel, Ariel, geboren wurde, meldete sich bei mir ein amerikanischer Pensionär, der dringend eine Wohnung oder ein Haus am Meer mieten wollte. Telefonisch teilte er mir mit, er hätte gehört, daß ich ein unbewohntes Strandhaus besäße. Er wollte dieses gerne mieten. Bei unserem Treffen erklärte ich ihm, daß dieses Haus seit einiger Zeit in völlig verwahrlostem Zustand sei. Nach Walters Tod hatte ich nur Schulden und konnte das Haus, das der Feuchtigkeit des Meeres und den Sandstürmen ausgesetzt war, nicht mehr instandhalten. Außerdem hatten, der nahen Landwirtschaft wegen, eine Legion Ratten den Speicher des Hauses sowie Walters Atelier in Besitz genommen. Ich erklärte es Bob und sagte ihm auch, daß mir für eine Renovierung die Mittel fehlten. Er sagte, da er als Witwer eine Beschäftigung suchte und ein exzellenter »Handy-Man« sei, möchte er die Renovierung selber übernehmen, sein Hobby sei »Do it yourself«. Ob ich es ihm vermieten würde, wenn er es wieder instand setzen würde? Aber auf jeden Fall wollte er es sehen.

Wir fuhren zur Besichtigung, und da er trotz des Verfalls voller Begeisterung war, sagte ich ihm: »Wenn Sie dieses kleine Paradies zu neuem Leben erwecken können, dann können Sie gratis dort wohnen.« Bob besaß eine Wohnung in einer nahen Siedlung, die er beibehalten wollte, und sagte mir zu, daß ich mit meiner Familie das Haus am Wochenende wieder nutzen konnte. Am liebsten hätte ich Bob gleich nach dieser ersten Besichtigung den zweiten Hausschlüssel hinterlassen, aber ich hatte ihn vergessen. Er wollte ihn am nächsten Tag bei mir abholen.

An diesem nächsten Tag setzten endlich bei Tami die Wehen ein, sie hatte ihr Kind schon um einige Zeit übertragen. Ihr Mann Jossi und ich begleiteten sie in die Klinik. Die Geburt war nicht ohne Komplikationen und zog sich lange hin. Der sehr empfindsame Jossi verlor die Nerven und verließ für einige Stunden die Klinik. Da ich keinerlei »zugehörige« Verwandte mehr hatte, saß ich allein und zitternd vor dem Kreißsaal. Zur gleichen Zeit erschien Bob in meiner Wohnung, um den Schlüssel abzuholen. Meine Haushaltshilfe schickte ihn in die Klinik, und als er dort plötzlich vor mir stand, schien er meine Verfassung sofort zu begreifen. Auf meine Frage: »Wo kommen Sie denn her?« sagte er nur: »Ich bin hier Ihretwegen. Ich glaube, Sie brauchen jemanden wie mich.« Lange und bange Stunden saß er neben mir, bis zu Jossis Rückkehr. Inzwischen hatten wir Freundschaft geschlossen. Als Bob ging, wurde endlich, Gott sei Dank, Ariel geboren.

Seine Mutter wurde mit ihm im Arm kurz vorgezeigt, damit wir ihn bewundern könnten. Er sah sehr »fertig« und entzückend aus: lange, dunkle Haare und strahlend offene Augen, sein Gesicht in keiner Weise gequetscht oder faltig wie bei so vielen Neugeborenen. Ich war nicht nur erleichtert, sondern von einer regelrechten Angst erlöst und empfand für dieses Kind von Anfang an eine seltsam tiefe Zuneigung.

Ich ahnte nicht, daß dieser Säugling mein Schicksal nun vollkommen verändern würde. Erst später wurde mir bewußt, wie seltsam Gottes Wege sind.

Kurz nach der Geburt stellte sich heraus, daß dieses blühend aussehende Kind mit einem schweren Herzfehler geboren wurde. Tami übergab mir das Kind mit den Worten: »Ich habe Angst, ihn anzufassen! Mutti, du hast mein Leben gerettet, bitte rette meinen Sohn!« Schon bei dem Säugling erwog man eine Operation am offenen Herzen, wogegen ich mich energisch wehrte. Seine Mutter stillte ihn, die übrige Zeit jedoch war er bei mir, und bald wohnte Ariel bei mir, bis fast zu seinem neunten Lebensjahr.

Bis dahin hatte ich seelisch mehr in Walters Grab gelebt als auf dieser Erde. Ich arbeitete mehr als sonst, ohne mich etwas anderem zu widmen. Ich verzichtete auf mein Theaterabonnement sowie auf das der Israelischen Philharmonie. Ich ging in kein Kino und traf, außer mit meinen Klienten und Auftraggebern, kaum mit Menschen zusammen. Einer von Walters Freunden, der mich besuchte, sagte zu mir: »Du lebst hier in dieser Wohnung allein mit einem Geist. Das muß aufhören.« Ich antwortete: »Du hast recht, jedoch kann, wird und soll es nie aufhören!«

Es war 1976, und ich hatte einen schwerkranken Säugling in meinen zweiundsechzigjährigen Händen! Ich mußte nolens volens ins Leben zurück. Ich pflegte Ariel während vieler Jahre gesund und half ihm, seine schweren Krankheiten durchzustehen, die er aufgrund der Herzschwäche bekam. Indem ich dies tun durfte, schenkte er mir seelische Gesundheit.

Ariel wuchs bei mir auf, und ich sah, wie wunderbar sein Geist und seine Seele sich entfalteten. Ich ließ mir von deutschen Freunden viele deutsche Kinderbücher kommen, die ich ihm auf hebräisch »vorlas«, wenn er im Bett liegen mußte.

Als er vier Jahre alt war, durfte er bereits mit seinen Eltern und mir eine kurze Reise nach Deutschland unternehmen. Morgens früh im Frühstückssaal saß am ersten Tisch ein außergewöhnlich kleinwüchsiger älterer Herr. Ariel zeigte auf ihn und schrie begeistert: »Rumpelstilzchen!« Seine Eltern und ich wären am liebsten unter den nächstliegenden Tisch gekrochen! Der ältere Herr nahm dieses jedoch freundlichst auf und sagte: »Hast du noch nie das lebendige Rumpelstilzchen gesehen? Jetzt wirst du Rumpelstilzchen zum Freund haben!« Ariel setzte sich vertrauensvoll zu ihm, und es entstand zwischen ihnen tatsächlich eine Freundschaft, die dadurch möglich war, daß dieses Hebräisch sprechende Kind dennoch gewohnt war, seine Mutter sowie seine Großmutter Deutsch sprechen zu hören.

Schon als kleiner Junge sah Ariel vom Bett aus stundenlang begeistert den Basketballspielern im Fernsehen zu. Immer wieder wollte er wissen: »Werde ich das eines Tages auch dürfen?« In den ersten Klassen durfte er nicht einmal in der Pause Ball spielen. Auch lernte er zwei Jahre später als seine Schulkameraden schwimmen, da sein Herz geschont werden mußte.

Teils aus Leichtsein, teils aus tiefem Glauben, versprach ich ihm, daß er eines Tages Basketball spielen würde. Ich erklärte ihm, daß er dieses bereits im Bett üben könnte. Auf seine erstaunte Frage, wie?

erklärte ich ihm: »Du kannst dir jedes Mal vor dem Einschlafen, abends und auch mittags, vorstellen, daß du mit einem großen Ball dort vor dem Korb stehst. Zwischen dir und dem Korb ist keinerlei Hindernis, weder ein Brett noch sonst etwas. Darum ist kein Grund vorhanden, den Ball nicht in den Korb zu werfen. Du mußt dir das lebhaft vorstellen, am besten mit geschlossenen Augen, so daß du niemals den Korb verfehlst. Wenn du das gut kannst, tust du dasselbe nur mit mehr Abstand vom Korb. Die Spielregeln kennst du ja bereits viel besser als ich.«

Diese geistigen Übungen vor dem Einschlafen, von denen ich wußte, daß sie ins Unterbewußte sinken, wurden Ariels abendliches Ritual. Nach wenigen Jahren war er davon überzeugt, daß er niemals den Korb verfehlen könnte.

Als er zwölf Jahre alt war und wie so oft mit seinem Vater spazieren ging, kamen sie an einem Basketballplatz vorbei, wo Kinder seines Alters mit einem Trainer übten. Jossi bat den Trainer, Ariel ein wenig mitspielen zu lassen und erklärte ihm: »Mein Sohn war bisher sehr krank. Er war noch nie auf einem Sportplatz, aber er möchte brennend gerne einmal mitspielen. Vielleicht können Sie das erlauben.«

Der nette Trainer sagte: »Selbstverständlich! Kommen Sie in zwei Stunden wieder, um ihn abzuholen.« Als Jossi nach zwei Stunden erschien, kam der Trainer aufgeregt auf ihn zu: »Sie sind der größte Lügner dieses Jahrhunderts! Ihr Sohn hat nicht *einen* Korb verfehlt, und Sie wollen mir erzählen, er sei noch nie auf einem Sportplatz gewesen!?«

Ariel verpaßte erst Körbe, als es ihm bewußt wurde, daß dies auch den größten Stars passiert.

Als Ariel fünf Jahre alt war, erklärte er mir, wie der liebe Gott aussieht: Er liebte es, in meinen Büchern zu blättern und sich die Bilder anzusehen. So fand er auch die »Entstehung Adams« von Michelangelo. Er sagte mir: »Der Maler, der das gemalt hat, war aber sehr dumm!«

Ich protestierte und erklärte ihm, daß dies ein sehr berühmter Maler und Bildhauer gewesen sei. Ariel bestand aber darauf, daß er dumm war: Wenn er klug gewesen wäre, hätte er nicht den lieben Gott wie einen Großpapa mit einem langen Bart, auf einer Wolke sitzend, gemalt. Wenn es so was gegeben hätte, hätte zumindest einer der Millionen Menschen, die auf unserer Erdkugel gelebt haben, ihn mal gesehen. So etwas würde man nicht verschweigen. Das spreche sich rum! Dann wüßten es alle Menschen!

Ich fragte: »Was meinst du denn, wie sieht denn der liebe Gott aus?«

Darauf Ariel: »Darüber muß ich mal nachdenken.«

Am nächsten Tag kam er und sagte: »Jetzt weiß ich, wie der liebe Gott aussieht! Und du? Weißt du es wirklich nicht?«

»Nein, es tut mir leid, ich weiß es nicht.«

Und Ariel, meine übliche Redensart nachahmend: »Denk doch mal nach, Oma!«

»Ich weiß es wirklich nicht. Erklär es mir.«

»Gott sieht aus wie Wind, oder eher wie Luft.«

»Wieso wie Luft?«

»Denk doch mal nach, Oma, du atmest doch jede Minute Luft. Alle Menschen atmen jede Minute Luft, und sehen kann man das nicht. Wir wissen aber, wenn wir keine Luft hätten, würden wir alle tot umfallen. Genauso ist es mit Gott. Wenn es ihn nicht gäbe, würden wir alle einfach tot umfallen.«

Baß erstaunt, dies von einem Fünfjährigen zu hören, lehrte es mich einmal mehr, daß man Kindern sehr genau zuhören soll! Dann findet man unerwartete Schätze.

Ariel war mir das tiefste Glück, das ich in meinen Sechzigern erleben durfte. Der Entwicklung von Ariels Persönlichkeit beizuwohnen und sie in gewissem Maße mitzuformen, war meine Rettung!

Ariel ist überzeugter Pazifist, jedoch gibt es in Israel nur die Wahl zwischen Militärdienst oder Gefängnis. Auch überzeugte Pazifisten können sich des Dienstes für die unfaßbare Minderheit, die Israel im Mittleren Osten darstellt, nicht entziehen.

Ariel verbrachte vier Jahre beim Militär. Während dieser schweren Zeit, sogar, als er im Libanon kämpfen mußte, brachte er es fertig, wenn seine erschöpfte Mannschaft endlich einschlafen konnte, jeden Abend noch eine halbe Stunde zu meditieren. Das gleiche tat er in der Früh, er stand immer eine halbe Stunde vor den anderen auf, um zu meditieren.

In Berührung gekommen mit der Meditation ist Ariel bereits mit vierzehn Jahren. Er fand bei mir ein Buch über die »Silva-Meditationsmethode«, mit der ich selbst mich damals intensiv beschäftigte, verschlang es und verschlang dann alle anderen, die er darüber finden konnte. Seither ist die Meditation Teil seines Lebens. Dadurch ist er sehr ausgeglichen, fröhlich und eine seelische Stütze für manche junge Menschen, die sich an ihn wenden. Bis heute ist Ariel meine intimste Bezugsperson geblieben. Vieles kann ich von ihm lernen. Er und seine jüngeren Schwestern Inbal und Elinor erfüllen jetzt mein Leben mit Glück.

Shavej-Zion gibt es inzwischen nicht mehr für uns. Bob starb an Herzversagen, vier Jahre nachdem wir ihn kennenlernten, und ich mußte das Haus verkaufen. Bobs Tod wie auch der Verkauf waren für mich eine schmerzhafte Katastrophe. Fremde Menschen wohnen jetzt dort, die den Teich mitsamt dem Mosaik zugeworfen und mit Gras bedeckt haben. Das schöne, ziegelfarbene Dach wurde abmontiert und der zartrosa Verputz heruntergehauen. Nun steht dort ein weißer Würfel. Anstelle von Walters Atelier gibt es eine allerdings sehr elegante Garage. Von einer Laube, von Bäumen, Sträuchern und Blumen ist nichts mehr zu sehen.

Wirklich zum Blühen gebracht hatte diesen unseren geliebten Garten unser arabischer Gärtner Suliman, genannt Sliman. Er war liebenswürdig und zuverlässig, und ich vermutete hinter ihm mehr Intellekt, als für einen Feld-, Wald- und Wiesen-Gärtner nötig wäre.

Eines Tages fragte ich ihn: »Sliman, du bist doch hier geboren, wo warst du in dem ersten Krieg zwischen Juden und Arabern, in dem so viele Araber das Land verlassen haben? Und was hast du früher getan, was hast du gelernt?«

Ich bekam zur Antwort: »Ich habe immer gern meinen eigenen Garten bearbeitet, von Beruf war ich Archäologe. Wenn du mein Zimmer sehen würdest – in dem kann man sich vor lauter Fachbüchern kaum bewegen. Jeden Abend lese ich darin.« Dann sagte er nachdenklich: »Ich kann aber auch andere Dinge, die dir vielleicht nützlich sein könnten.«

»Was zum Beispiel?«

»Als ich Student in Jerusalem war, habe ich mir mein Geld im Hotel Fast verdient. Dort habe ich nicht nur Kochen gelernt, sondern auch Putzen, Betten machen und Bedienen. Ich könnte dir helfen, wenn du Besuch hast.«

Natürlich war Sliman fortan unser »Butler«. Sliman verdanke ich unendlich viel kostbare freie Zeit.

Ich wollte aber mehr über ihn wissen: »Hast du keine Familie?«

Traurig senkte er seine Augen: »Ich hatte eine junge Frau und vier Kinder. Als der Krieg anfing, wollte ich dieses Land auf keinen Fall verlassen. Ich hatte niemals Angst vor irgendeinem Juden, und ich wußte, daß sie uns ansässigen Arabern nichts tun würden. Da verfluchte mich mein ältester Bruder und sagte mir, daß es meine Schuld wäre, wenn das Blut meiner jungen Frau und das meiner Kinder vergossen werden würde ...! Er verlangte, meine Familie mit sich zu nehmen, und ich dachte, vielleicht hätte er recht. Ich war damals in den wunderbaren Gärten der Baha'i-Gemeinde angestellt und wollte diesen guten Posten nicht verlassen. Ich war sicher, meine Familie würde sehr bald zu mir zurückkommen, wenn die Araber sehen würden, daß ihnen hier gar nichts geschieht.«

»Und dann?«

»Dann ist meine geliebte junge Frau in Transjordanien* in einem Lager verhungert, zusammen mit meinen beiden jüngsten Kindern. Meine beiden ältesten Söhne haben überlebt. Sie sind Jordanier geworden, aber ich habe trotzdem ab und zu Kontakt mit ihnen.«

* Transjordanien, ein schmaler Landstrich östlich des heutigen Grenzflusses Jordan, war nach seiner Trennung von Palästina 1923 eine Art »Pufferstaat« zum arabischen Jordanien und in dieser Funktion ein Bündnispartner mit Großbritannien. Im Krieg 1948/49 gab es dort riesige Lager für palästinensische Araber, die aus Palästina geflüchtet sind.

Sliman war nicht nur ein ausgesprochener Gentleman, gelegentlich konnte er auch ein raffinierter Diplomat sein: Als eines Tages unser großes Rosenbeet dringend beschnitten werden mußte, versprach er, diese stachlige Arbeit am nächsten Tag in Angriff zu nehmen. Wie es gelegentlich passierte, ohne daß ich ihm dies übel nahm, war er plötzlich zwei Tage lang verschwunden. Wahrscheinlich besuchte er seine Söhne, was ja streng geheim sein mußte, weil sie jenseits der »feindlichen« Grenze lebten.

Ich machte mich selbst an die Arbeit, wahrscheinlich aus Pedanterie, weil ich dachte, es muß sofort geschehen! Als Sliman nach zwei Tagen zurückkam, zeigte ich ihm meine zerstochenen Hände und machte ihm Vorwürfe: »Du hattest mir versprochen, die Rosen zu schneiden. Jetzt mußte ich das alles selber tun – sieh dir an, wie meine Hände aussehen!« Darauf er: »Madame, deine Hände sollen gesegnet sein!«: ein altbekannter, arabischer Segensspruch. Kann man da noch böse sein?

Auf die Dauer der Jahre konnte Sliman sein Schicksal nicht verkraften. Oft redete er von seiner schönen Frau, die, wenn sie gelebt hätte, längst nicht mehr so jung und schön gewesen wäre, wie sie in seinen Gedanken weiterlebte. Depressiv gestimmt, suchte er Linderung darin, in unmäßigen Mengen Marihuana zu rauchen. Wann immer ich mit ihm sprach, spürte ich den gefährlichen süßlichen Geruch. Ich bat ihn dringend, damit aufzuhören, und erklärte ihm, daß es sein Verderben sein würde. Er konnte jedoch nicht mehr davon ablassen. Er hörte auf zu arbeiten, und plötzlich verschwand er von der Bildfläche. Wir sorgten uns um ihn, konnten ihn jedoch nicht finden.

Eines Tages erschien ein netter Araber in der Praxis meines Mannes. Er sagte, er wüßte, daß wir uns immer um Sliman gekümmert hätten. Er sei nun ganz von Kräften, und obwohl er, als sein Freund, versucht hätte, ihn zu pflegen, würde das jetzt nicht mehr genügen. Was er brauchte, sei ein Hospital, in dem man ihn auch von seiner Sucht befreien könnte. Walter suchte ihn sofort auf, und Sliman wurde in einer Klinik gepflegt. Nach relativ kurzer Zeit erschien ein gesunder Sliman auch wieder in der Praxis meines Mannes, um sich bei ihm zu bedanken. Ich lud ihn ein, mit Walter und mir seine Zukunft zu besprechen. Plötzlich hatte ich eine meiner gelegentlichen Eingebungen: »Sliman, hast du noch Kontakt zu deinen Söhnen in Jordanien?«

»Ja, Gott sei Dank! Wir sehen uns öfter, aber ganz im geheimen.«

Ich suchte meine Leute auf, die mit Spionage zu tun hatten, und Sliman wurde sofort aufgefordert, sich bei ihnen zu melden. Fortan saß Sliman elegant wie ein englischer Gentleman mit Trenchcoat, Hut und Zigarre im Park gegenüber von Walters Praxis auf einer Bank. Des öfteren schenkte er Walter sehr alte arabische Kupfergegenstände, von denen er wußte, daß Walter sie sammelte. Auch brachte er ihm eines Tages eine wunderschöne Tanne in einem großen Topf: Er wußte ebenfalls, daß Deutsche diese Tannenbäume, die es hier in der Natur nicht gibt, sehr lieben.

Wir erfuhren dann über meine Spionage-Kontakte, daß Sliman mit Hilfe seiner Söhne sowohl Israel als auch König Hussein, der von manchen seiner eigenen Leute bedroht wurde, große Dienste leistete. Ab und zu fuhr er unauffällig an die Grenze, im übrigen genoß er sein Leben im Park. Ein angemessenes Gehalt sorgte für standesgemäße Unterkunft und Verpflegung. Sliman wurde sehr alt und ist nicht vergessen.

Wenn ich seelisch anders veranlagt gewesen wäre, hätte ich längst vor Shavej-Zion ein anderes Wochenendhaus bekommen können: Gleich zu Anfang des »Befreiungskrieges« 1948 verließen Araber in der Nähe von Haifa ein wunderschönes Dorf. Die alten, aus kunstvoll behauenen Steinen gebauten Häuser erstreckten sich auf einem Hang des Carmels, mit herrlichem Blick über eine weite Ebene auf das offene Meer. Als ich das erste Mal in dieses Dorf kam, waren zwar viele Häuser durch den Krieg sehr beschädigt, aber eine wunderschöne Ölmühle, mit der die Araber das Öl aus den Früchten der unendlich vielen, uralten Olivenbäumen der ganzen Umgebung herstellten, war unbeschädigt erhalten. Vor dem Krieg muß dies ein kleines Paradies gewesen sein.

Unser damaliger Bürgermeister Aba Houshi sah dieses Dorf als »Künstlerdorf« vor. Er gab ihm den Namen Ein Hod. Allen anerkannten Malern, Bildhauern und Schriftstellern wurde es freigestellt, die Häuser gratis in Besitz zu nehmen, sie mußten sie nur wieder erstklassig instand setzen. Ich durfte mich zu diesen Glücklichen zählen und bekam ein wunderschönes, zweistöckiges, uraltes Haus mit herrlichem Blick zugeteilt. Als Walter und ich zur Besichtigung dorthin kamen, waren wir zuerst völlig begeistert von der Umgebung. Dann betraten wir das uns zugedachte Haus. Es hatte ziemlich hohe Gewölbe und kleine, schmale Fenster. An Wandhaken hingen noch Kleider der ursprünglichen Bewohner. Auf einem uralten Kohlenherd, wie ich ihn aus meiner Kindheit kannte, standen einige verbeulte Töpfe. Es führte zwar eine primitive Steintreppe zum Obergeschoß, jedoch war ich nicht in der Lage, mir dieses auch anzusehen. Ich schaute Walter wortlos in die Augen. Er hatte wieder das starke Fernweh im Blick, das mich immer so tief berührte. Er schüttelte den Kopf, und ich sagte: »Das können wir nicht. Ich könnte hier keine Nacht verbringen, ohne die Geister der früheren Bewohner herumschwirren zu sehen.«

Ich wußte, dass *ihr* Leid, welches *mein* Leid gewesen war, mich erdrückt hätte. Walter, der seelisch noch viel verletzlicher war als ich, brauchte weiter nichts zu sagen. Hand in Hand gingen wir schweigend vorbei an alten Mauern zu unserem Auto. Wir haben nie mehr darüber gesprochen.

Dieses Haus bekam dann eine berühmte israelische Malerin, Melitta Schiffer, zugeteilt. Sie renovierte es mit Geschmack und schuf dort viele Ölgemälde, von denen ich eins besitze. Zu einem ihrer Geburtstage organisierte ihr Mann eine große Überraschungsparty in Ein Hod. Während der Feierlichkeiten wurde Melitta eine sehr große Kiste als Geschenk überbracht. Die Kiste war aufwendig eingepackt, mit vielen Seidenbändern und Glückwünschkärtchen. Die Neugierde der Anwesenden bezüglich des Inhaltes war fast spürbar. Als die Kiste geöffnet wurde, kam, zum gelinden Schock aller Anwesenden, ein schönes, neues Klo zutage! Sonst hatte ihr nichts mehr gefehlt.

Ich liebe die beiden Schriftsteller, die Brüder Gerald und Lawrence Durrell. Lawrence hatte 1957 seinen vierbändigen Roman ›Alexandria Quartet‹ fertiggestellt. Dann schrieb er das Buch ›The Eyes of Perception‹. Dieses Buch schrieb er, nachdem das Halluzinogen LSD entdeckt wurde und er mit dieser Droge experimentierte. Dieses Buch faszinierte mich derart, daß ich mit LSD einen Versuch machen wollte. In Haifa erschien ein englischer Arzt, der behauptete, daß ein von ihm kontrollierter Versuch, bei dem er ständig anwesend sei, in keiner Weise gefährlich sein könnte. Ein einziger solcher Versuch würde einem auf eine Art und Weise die Augen öffnen, daß die innere Entwicklung der Persönlichkeit einen enormen Fortschritt machen würde. Ich beschloß, mich so einem Versuch zur Verfügung zu stellen, unter der Bedingung jedoch, daß auch Walter während der ganzen Zeit meines »Halluzinierens« dabeisein sollte.

An dem verabredeten Abend kam der junge Arzt zu uns und sagte: »Sie können sich aussuchen, was Sie erleben möchten, denn ich werde, ähnlich wie ein Hypnotiseur, darauf achten, daß Sie nur das erleben und sehen, was Sie sehen möchten, damit Sie nichts Schlimmes erleben.« Da Walter auch dabei war, fühlte ich mich behütet und empfand keinerlei Angst.

Ich sagte dem jungen Arzt, daß ich noch einmal meine Kindheit in meinem Traumgarten in Godesberg erleben möchte. Sowie ich das bißchen weißes Pulver zu mir genommen hatte, befand ich mich tatsächlich als kleines Kind in diesem geliebten Garten! Der Unterschied zu früher allerdings war, daß jede Blume, auch die kleinste, in einer Schönheit erstrahlte, wie man sie niemals im Leben sehen oder erfahren kann. Ich sah alles in höchst potenzierten Farben, und jedes kleine Gewächs hatte eine tiefe Bedeutung, die ich erahnen konnte, auch wenn ich dies heute weder verstehen, noch beschreiben kann. Ich sah unseren uralten Rhododendronbaum mit dem gewaltigen Stamm. Er war in voller Blüte. Die einzelnen, gebündelten Blüten an diesem Baum sind ja in Wirklichkeit winzige kleine Sterne und wirken erst durch ihre Menge und ihre Nähe aneinander. Da aber sah ich sie, als winzige, unwahrscheinlich bedeutende kleine Sterne. Ein solcher Baum trägt Tausende dieser winzigen Blüten. Die unermeßliche Menge,

Schönheit und Wirkung dieser kleinen Sterne versetzte mich in eine Andacht, deren Tiefe normalerweise unmöglich ist. Der mir bekannte und sehr geliebte Magnolienbaum hatte Blüten, weißglühend und mit einem rosa Schimmer, wie ich sie in meinem normalen Leben nie gesehen hatte. Ich fand meinen geliebten Hund Tell, und seine Augen waren so beseelt, wie im normalen Leben nichts beseelt sein kann. Sein Fell hatte einen Glanz und fühlte sich so glatt und weich an, wie man es im normalen Leben niemals empfinden kann. Ich selber fühlte mich als tausendfach potenziertes Wesen, welches alles erahnen und verstehen konnte, was uns normalen Sterblichen unzugänglich ist. Es war die totale Seligkeit! Welcher Schock beim Erwachen: Die Zimmerwand war einfach eine Wand, die Geranie im Blumentopf war eine Geranie, und mein geliebter Walter, der wissen wollte, was ich erlebt hätte, war einfach mein geliebter Walter, dem ich es schwer erklären konnte. Bis heute ist mir etwas von dieser übersinnlichen Möglichkeit des menschlichen Erfassens geblieben, und dafür bin ich dankbar. Einen zweiten Versuch würde ich niemals wagen, da diese Zauberwelt, die ja doch irgendwie und irgendwo existieren muß, für unsere sterbliche Persönlichkeit zu gefährlich ist. Wir würden uns darin verlieren.

Ende der siebziger Jahre bekam ich einen Brief, in dem der Bonner Oberbürgermeister Hans Daniels die ehemaligen, in der Nazizeit aus Bonn vertriebenen Bürger zu einem Wiedersehen mit ihrer Heimatstadt einlud. Da mir die katastrophale Reise nach Worms sehr in Erinnerung geblieben ist, hatte ich eigentlich keinerlei Lust, Deutschland wiederzusehen. Die Einladung galt für zwei Personen. Im Gegensatz zu mir war Tami Feuer und Flamme und wollte unbedingt sehen, wo ich geboren wurde. Nach langem Zögern ließ ich mich zu der Reise überreden.

Es war ein aufregendes Wiedersehen mit manchen alten Bonnern, die nun in alle Welt zerstreut lebten. Und Hans Daniels kennenzulernen, dessen Vater meine Familie gerettet hatte, hat mich tief berührt.

Unter allem, was uns Besuchern geboten wurde, war auch eine Rheinfahrt auf einem schönen Dampfer. Bei wunderbarem Wetter wurde man aufgefordert, auch die Maschinen zu besichtigen. Ich war unter den wenigen, die auf Deck sitzenblieben, allein an einem Tisch. Es näherte sich mir ein stattlicher Mann, mit tief dunklen, jüdisch anmutenden Augen, und sprach mich freundlich an mit »Shalom!« Neugierig erfreut fragte ich auf Hebräisch: »Wo kommst du denn her?« (Im Hebräischen gibt es kein »Sie«). Er hob beide Hände abwehrend: »So weit geht mein Hebräisch nicht. Bitte reden Sie Deutsch mit mir. Ich heiße Rolf Vogel und bin der Herausgeber der Zeitung ›Deutschland-Berichte‹. Sie als deutsche Israelin kennen sie bestimmt. Darf ich mich zu Ihnen setzten?«

Es entwickelte sich eine fesselnde Unterhaltung, und Rolf Vogel lud mich ein, einen seiner Söhne und dessen Frau am nächsten Tag kennenzulernen. Wir trafen uns in einem Restaurant am Bonner Marktplatz. Rolf hatte seinem Sohn Stephan erzählt, daß ich Graphologin sei, und Stephan bat mich nach dem Essen, etwas über seine Schrift zu sagen. Wir setzten uns an einen Nachbartisch, wo wir ein solches eher zu intimes Gespräch für eine Tischrunde ungestört führen konnten.

Schon aus der Schrift von Stephan ging für mich hervor, daß er einen höchst originellen und einmaligen Ideenreichtum besitzt. Nach etlichen Berufsjahren als Journalist und Redakteur hat er sich selbständig gemacht und eine Firma gegründet, die gesellschaftliche Ereignisse im Bonner Raum und andere »Events« organisierte. Mittlerweile ist diese im Rahmen des Regierungsumzugs nach Berlin verlegt worden.

Er und seine Frau wurden meine ersten und besten Freunde in Bonn. Als ich nach diesem Bonner Besuch wieder nach Israel abreiste, bestanden sie darauf, daß ich nächstes Jahr unbedingt wiederkommen sollte.

Inzwischen besuchte mich Rolf in Haifa. Er, der mit einer jüdischen Mutter während des Krieges als sogenannter »Halbjude« interniert gewesen war, war bereits unzählige Male in Israel gewesen. Er erzählte, daß er in einer geklauten Naziuniform entkommen und danach bis Kriegsende im Untergrund tätig gewesen sei. Er war ein Freund von Ben Gurion gewesen, und jedesmal, wenn er hier in Israel war, war ich verblüfft, wie viele der hiesigen »Honoratioren« er persönlich kannte.

Die so herzliche Aufnahme, die mir bei meinem ersten Bonner Besuch zuteil wurde, veranlaßte mich, im Sommer darauf wiederum Bonn zu besuchen. Es war Stephan, der mich am Flughafen abholte, und auf der Fahrt in die Stadt kündigte er mir an: »Morgen abend gehen wir zusammen ins Theater. Ich fahre dich jetzt kurz an der Litfaßsäule am Markt vorbei, damit du siehst, was geboten wird.« Von wegen »Theaterbesuch«! Es handelte sich um eine Podiumsveranstaltung mit Publikum, die sich »Bonnfetti« nannte, und zu meinem Schrecken sah ich mitten auf der Liste der Vortragenden meinen Namen prangen: »Ruth Zucker spricht über Israel und Astrologie«. Ich dachte, mich trifft der Schlag!

An diesem Abend hatte Stephan noch eine kurze Unterredung mit dem Moderator, um ihm ans Herz zu legen, wer ich sei und daß ich wieder »neu« in Bonn sei und er doch mit dazu beitragen könne, daß ich als Astrologin auch beruflich hier wieder Fuß fassen könnte. Stephan kam sehr geknickt von diesem Gespräch zurück. Der Moderator hatte ihm erklärt, er sei recht erstaunt darüber, daß ich überhaupt auf dem Programm sei! Und als Astrologin – da Astrologie »Mumpitz« sei – würde er mich mit Genuß so blamieren, daß ich mich unter dem Tisch verkriechen müsse.

Stephan war äußerst besorgt, er kannte mich noch nicht sehr gut. Bei meinen unzähligen Auftritten vor Gericht hatte ich meine graphologischen Gutachten oft bis zu sechs Stunden gegen sehr gerissene und wortgewaltige Anwälte zu verteidigen. Für mich war die Bemerkung des Herrn Moderator im Gegenteil eine Herausforderung! Wenn das Plakat mir auch am Anfang einen gelinden Schock versetzt hatte, so fing die Aussicht auf den kommenden Abend jetzt an, mir richtig Spaß zu machen!

Wir kamen in das Theater: Herr Müller-Gerbes sah eigentlich recht nett aus. Er beschränkte sich am Anfang auf sehr freundliche Fragen über Israel, die ich ebenso freundlich beantwortete. Als gewiefter Moderator spürte er, genau wie ich, daß das Publikum schon anfing, sich etwas zu langweilen. Darauf ging er sofort zur Astrologie über und setzte eine höchst ironische, wenn nicht eine sarkastische Miene auf. Er wollte wissen, wieso eine offensichtlich so gebildete Dame wie ich sich mit solchem Unsinn befassen könnte. Ich zitierte zuerst die Tatsache, daß der Mond, der ja ein toter, ausgelöschter Planet sei, alle Ozeane, sogar bis auf deren tiefsten Grund, zu Ebbe und Flut veranlaßt. Nachdem der menschliche Körper über neunzig Prozent aus Flüssigkeit bestünde, könnte es ja kaum sein, daß dieser tote Planet nicht auch einen Einfluß auf unser körperliches Dasein ausübe. Wie stark müßte dann der Einfluß der lebenden Planeten auf das menschliche Dasein sein! Schon auf diese erste Antwort hin klatschte das Publikum wie verrückt. Sie waren offenbar alle auf meiner Seite. Auch bei dem weiteren Wortgefecht, bei dem sich Müller-Gerbes sehr bemühte, mich »unter den Tisch« zu reden, nahm der Beifall des Publikums bei meinen Antworten nur an Heftigkeit zu.

Nach der »Vorstellung« gab es innerhalb des Theaters eine Cocktailparty. Dort konnte ich mich vor lauter Bitten um private Horoskope kaum retten. Der Preis spielte keine Rolle. Ich wohnte damals in einem kleinen, aber exklusiven Hotel in Bonn. Ich hatte an dem Abend die Telefonnummer des Hotels verteilt. Es kamen so viele Anrufe, daß ich am zweiten Tag die Telefonistin bat, keine weiteren Anrufe anzunehmen, da ich rein zeitlich so viele Klienten nicht empfangen könnte.

In diesen Tagen meldete sich bei mir der »kleine« Toni Goy aus meinem Traumgarten, der mich in einer Zeitung entdeckt hatte. Inzwischen waren wir beide nahe an den Siebzigern. Zuletzt hatten wir uns als Sechsjährige gesehen. Die Freude war groß, und auch diesmal haben wir uns wunderbar verstanden.

Trotz meiner Bitte, Anrufe abzuwimmeln, meldete sich die Telefonistin doch wieder bei mir: Die israelische Botschaft sei am Telefon, ob sie durchstellen dürfe. Natürlich konnte ich das nicht abschlagen. Es war die Frau des Botschafters, die mir sagte, daß eine sehr liebe, enge Bonner Freundin von ihr, die vier Jahre mit ihrem politisch hochgestellten Mann in Israel verbracht hätte, mich unbedingt kennenlernen möchte. Ob ich nicht eine Ausnahme machen könnte und trotz des Andrangs, ihr zuliebe, diese Dame zu einem Gespräch bitten.

Selbstverständlich erklärte ich mich dazu bereit. Dies war der Auftakt zu einer lebenslänglichen Freundschaft. Noch ehe Heinke Sudhoff bei mir erschien, brachte man mir ein weißblaues Bouquet (die Farben Israels!), Margeriten und Kornblumen. Der Strauß war mit einem breiten, weißblauen Band dekoriert, auf dem stand: »Damit Sie nicht allzu großes Heimweh bekommen!« Bei mir erschien eine große, schlanke, bildhübsche Frau. Wir verstanden uns auf Anhieb und hatten viele gemeinsame »abwegige« Interessen, weitab von jedem bürgerlichen Rahmen.

Wir wollten uns am Abend zum Essen wiedertreffen. Sie lud mich in irgendein höchst extravagantes Restaurant ein. Als sie mich abends in der Lobby abholte, läutete das Telefon an der Rezeption: wieder für mich! Es meldete sich ein israelischer Freund, dessen Beruf ihn zu vielen Reisen zwang. Er teilte mir mit, er sei mit einem unserer »schweren Jungs« (hohes Militär) unterwegs. Sie seien bereits am Bonner Bahnhof, fünf Minuten von meinem Hotel, und im übrigen sehr hungrig und kämen mich jetzt besuchen. Sehr verlegen teilte ich das meiner Gastgeberin mit und erklärte ihr, daß ich diese Freunde aus Israel nicht abweisen könne, daß ich aber vorschlüge, doch lieber in das kleine italienische Restaurant an der Ecke zu gehen. Heinke nahm diese Änderung auf wie ein Kumpel. Da wußte ich, daß man mit ihr durch dick und dünn gehen kann, und dennoch zitterte ich über das mögliche Benehmen meiner Landsleute. Als die beiden ankamen und mit dieser blendend aussehenden Frau konfrontiert wurden, waren sie anfänglich etwas betreten und eingeschüchtert. Später, bei italienischem Wein, lockerte sich (leider Gottes) die Stimmung der »schweren Jungs«. Mein junger Freund, genannt Israel, der schon lange weltgewandt war, saß mir gegenüber. Neben mir und Heinke genau gegenüber saß der andere. Dessen Eßmanieren befremdeten mich in dem Maße, daß mir das Essen nicht schmeckte, als er aber sein Messer quer durch den Mund zog und Heinke sichtlich einen kleinen elektrischen Schock bekam, fürchtete ich um unsere gerade erst eingeweihte Freundschaft. Sie aber überging auch dies mit ihrem Charme und hatte keinerlei Probleme angesichts ihres nicht charmanten Gegenübers.

Sowie ich bei diesem zweiten Besuch in Bonn etwas Zeit für mich hatte, erfüllte ich mir den Herzenswunsch, Dinah wiederzufinden, in der Hoffnung, daß sie noch am Leben sei. Wir hatten den Kontakt niemals abgebrochen: Während unserer schweren Jahren in der Emigration vor dem Ausbruch des Zweiten Weltkrieges hatte Dinah stets versucht, uns mit Lebensmitteln zu versorgen, wobei sie sicherlich finanzielle Opfer brachte. Nach dem Krieg, als in Deutschland alles knapp war, konnten wir uns mit Lebensmittelpaketen revanchieren. Ich fand Dinah in Neuss, nicht sehr weit von Bonn. Sie war eine sehr bejahrte, dickliche und schwer bewegliche Dame geworden. Als ich sie umarmte, sprang der Quell meiner ehemaligen tiefen Liebe für sie unverändert auf. Sie konnte auf meinen Arm gestützt, ihren Stock in der anderen Hand, länger mit mir spazierengehen. Durch die Verteilung der Rollen, sie unbeholfen und ich als Beschützerin, empfand ich eine unendliche Zärtlichkeit für sie. Während all der Jahre, die ich wieder nach Bonn fuhr, begleitete ich sie bis zu ihrem Tode. Gegen Ende ihres Lebens lebte sie in einem schönen Altenheim. Bei meinem letzten Besuch hatte ich bei der Firma Stern, für die ich arbeitete, ein wunderschönes, großes Kreuz aus Korallen für sie erstanden. Soviel ich weiß, hing dieses bis zu ihrem Ende über ihrem Bett. Sie hinterließ eine durch den Krieg verwitwete Tochter: Ruth hieß sie, ich hatte sie als mein Patenkind aus der Taufe gehoben. Dazu kam ein sehr bezaubernder Enkel, den ich auch kennenlernen durfte. Für dieses vaterlose Kind war sie als Oma eine formende Kraft, so wie sie es für mich gewesen war.

Mein Freund Stephan Vogel war zu der Zeit in einem Verlag tätig. Ich besuchte ihn dort, und während ich auf unsere gemeinsame Rückfahrt wartete, ermutigte er mich, durch die verschiedenen Abteilungen zu schlendern, um alles etwas kennenzulernen. Unter anderem kam ich in einen kleinen Raum, wo an einem Tisch ein Mann saß, wohl in den Vierzigern, der mich sofort tief beeindruckte. Ich fragte spontan: »Was machen Sie hier?« In dem muffigen Zimmer kam er mir völlig deplaziert vor! Ich wußte selber nicht, wieso, war aber überzeugt, daß es sich hier um einen ganz besonderen Menschen handeln müsse. Zurück in Stephans Büro, fragte ich ihn: »Weißt du, wen du da sitzen hast, in dem kleinen Zimmer gegenüber?«

»Ja, das ist Christian Hugot. Wieso, was ist mit dem, der redigiert unser ärztlich-psychologisches Magazin.«

»Hast du denn nicht bemerkt, daß der was ganz besonderes ist?«

»Wieso?«

»Ich sage dir, der Mann ist ganz außergewöhnlich. So jemanden trifft man nicht jeden Tag. Den mußt du zu dir nach Hause einladen.«

»Ach, Unsinn! Wenn ich den einlade, muß ich alle einladen. Das kann ich ja wirklich nicht!«

Ich insistierte umsonst.

Als wir zu Hause ankamen, erzählte ich Stephans Frau, Jutta, welchen Eindruck dieser Redakteur auf mich gemacht hätte. Sie wurde sofort neugierig und bat Stephan, ihn doch bitte tatsächlich einzuladen. Lange konnte Stephan unserem vereinten Druck nicht standhalten. Es war Sommer, und Christian wurde tatsächlich eingeladen, zu einem wunderbaren Sommerabend auf der Terrasse.

Schon an diesem ersten Abend, als er uns erzählte, daß er sich als frommer Christ selber Hebräisch beigebracht hätte und dabei sei, das heilige Buch »Sohar« zu bewältigen, hörten wir von ihm so viel über jüdische Mystik und Mystik im allgemeinen, daß wir uns fast die ganze Nacht unterhielten.

Als er mich eines Tages aus der Redaktion nach Hause brachte, erzählte er mir, wie unglücklich er in seinem Posten sei. Dann aber erzählte er mir auch, er hätte ein Hobby: Seit seiner Jugend hätte er sich für Steine interessiert und daraus ein wahres Studium gemacht. Er könnte Menschen mit seelischen Problemen durch eine Edelsteinbestrahlung sehr helfen. Er täte dies völlig unentgeltlich, da das ja eigentlich kein »Beruf« sein könnte. Ich war sehr neugierig und bat ihn um soch eine »Edelsteinbehandlung«.

Christian hatte ein Stativ erfunden, welches er neben einer bequemen Couch aufstellte, auf die der »Patient« sich hinlegte. Das Stativ trug einen füllfederhalterähnlichen Behälter, in dessen Spitze sich jeweils ein erleuchteter Diamant, Rubin, Smaragd befand. Der Strahl wurde von Christian auf den Punkt zwischen den Augenbrauen des liegenden »Patienten« geführt, welchen man das

»dritte Auge« nennt. Ich, damals noch als »Versuchskaninchen«, fiel sofort in, wie es mir schien, einen tiefen Schlaf. Christian behauptete, es sei eine Art Trance, man hätte nur das Gefühl, eingeschlafen zu sein. Unweigerlich hatte man dabei einen bunten, höchst prägnanten und tiefen Traum. Während dieser Zeit, ungefähr zwanzig Minuten, saß Christian ruhig abseits. Sowie er das Licht wieder auslöschte, wurde man »wach«. Dann konnte man ihm entweder den Traum erzählen, den er dann psychologisch deutete, oder aber man konnte ihn für sich behalten und selbst darüber nachdenken.

Schon bei dieser ersten »Behandlung« hatte ich das Gefühl einer wahren Erleuchtung! Ich stand noch immer unter dem starken Einfluß des schweren Unfalls, den mein Sohn erlitten hatte. Ich konnte damit nicht fertig werden. Mit Christians Hilfe konnte ich meinen inneren, mich zerreißenden Protest teilweise überwinden und das Erlebnis als ein unumgängliches Leid befriedeter akzeptieren.

Als ich verstand, welch ungeheure Hilfe Christian seinen Mitmenschen leisten könnte, schlug ich ihm vor, sein Hobby als Hauptberuf auszuüben.

Christian war auf vielen Gebieten ein Künstler und ein mit vielen Gaben begnadeter Mensch. Das Haus, das er bewohnte, hatte im Untergeschoß einen übermäßig großen Raum. Als er meinem Rat folgte und diesen Raum als »Heilstätte« ausstattete, konnte ich meinen Augen kaum glauben: Dort hatte er, mit relativ bescheidenen Mitteln, eine Atmosphäre geschaffen, wie ich sie nirgendwo erlebt habe: Der tiefblaue, dichte Teppichboden war mit meterhohen, gläsernen Lichtsäulen umrahmt. Dadurch war das Licht, nur von unten kommend, magisch gedämpft. Weder von den Seiten noch von der Decke kam Licht. In der Mitte des Raumes war eine Art Altar: Auf diesem war eine beleuchtete, märchenhaft umfangreiche Steinsammlung aufgebaut. Die Farb- und Formensymphonie war unbeschreiblich. In einer Ecke stand ein bescheidener, kleiner Schreibtisch mit einem Sessel, auf den er sich während der Bestrahlungen zurückzog. An einer Wand standen zwei Liegen (falls Paare zusammen behandelt werden wollten). Die Liegen hatten wohlig weiche Matratzen und zarte Daunendecken. Auch die Kopfkissen waren nach Wunsch entweder weich oder härter. In einem gemütlichen kleinen Erker stand ein Tisch, dann gab es noch ein Sofa und Sessel.

Christian hatte sowohl Medizin als auch Psychologie studiert und besaß einen tiefen Fundus an Weisheit. Auch konnte er hellseherisch Begebenheiten voraussehen, wovon er allerdings mit größter Vorsicht Gebrauch machte. Nur sehr selten im Leben habe ich interessantere und aufschlußreichere Gespräche geführt als mit Christian in seinem »Zauberreich«. Unendlich viele meiner Freunde und Bekannten, nicht nur aus Deutschland, sondern auch aus Israel, pilgerten zu Christian. Wir alle, die wir ihm zu tiefem Dank verpflichtet waren, erlebten einen tiefen Schock, als er Ende der neunziger Jahre, ganz plötzlich, an Herzversagen starb. Ich glaube nicht, daß irgend jemand, der Christian kannte, jemals ohne eine Erinnerung an ihn weiterleben wird.

Das Haus von Stephan und Jutta Vogel wurde mir in den folgenden zwanzig Jahren zu einer zweiten Heimat. Es lag in der Nähe von Bonn. Sie »adoptierten« mich quasi als Familienmitglied. Zufällig war ich auch in Bonn, als ihre beiden Töchter, Fee (1981) und Pia (1983), geboren wurden. Als sie heranwuchsen und ich gelegentlich in ihren Schulklassen über Israel erzählen sollte und sie ankündigten, daß ihre »Oma« die Schule besuchen würde, war ich darüber sehr stolz. Zu der Zeit war das Haus Vogel ein Zentrum für Prominenz. Dort lernte ich die mir so sehr sympathische Rita Süssmuth kennen. Am Abend, als die Berliner Mauer fiel, durfte ich mit ihr durch die erste Öffnung von West- nach Ost-Berlin gehen. Wir besuchten das vorletzte Konzert von Leonard Bernstein, der am anderen Tag in West-Berlin sein allerletztes Konzert gab. An dem Abend, als der Chor singen sollte »Freude schöner Götterfunke ...«, ließ Bernstein den Chor »*Freiheit* schöner Götterfunke ...« singen. Das gesamte Publikum heulte vor Glück. Die Euphorie der Menschenmenge, die ich dort vor und bei dem Konzert erlebte und die mich vollkommen in ihren Bann riß, ist mir unvergeßlich!

Durch diese Begegnung lernte ich auch Justus Frantz kennen. Sein Name war mir nicht fremd. Dies hing mit einem Abenteuer zusammen, welches aus meinem Leben nicht mehr wegzudenken ist: Der von mir sehr verehrte, ehemalige deutsche Botschafter in Israel, Niels Hansen, der während seiner vier Jahre in Israel perfekt Hebräisch lernte, blieb mit Israel eng verbunden. Er besuchte auch nach seiner Amtszeit regelmäßig seine Freunde in Israel und interessierte sich ganz besonders für die jemenitischen Juden. Da ich eine jemenitische Tochter habe, war ihm meine Zuneigung bekannt. Er lud mich bei einem seiner Israelbesuche ein, mit ihm einen von jemenitischen Juden gestalteten Künstlerabend zu besuchen. Er brachte wie immer einen ganzen Trupp deutscher Freunde mit sich, denen er das Land und die Bewohner näherbringen wollte.

Der Abend fand in einem großen Kinosaal statt. Als erstes verlangten seine vielen Begleiter, er möge eine Ansprache halten, um ihnen das kommende Ereignis näher zu erklären. Niels, ein großer, stattlicher und sehr charismatischer Mann, stieg auf die Bühne und erklärte: »In diesem Land spreche ich nur Hebräisch! Ihr müßt also meine Rede auf Hebräisch über euch ergehen lassen. Meine Freundin, Ruth Zucker (ich saß, daraufhin erstarrt, in der ersten Reihe), wird sich hier zu mir auf die Bühne bemühen und simultan übersetzen.« Natürlich konnte er besser Deutsch als ich, und die Gesellschaft brach in Gelächter aus, als ich als Dolmetscherin auf die Bühne ging. Er sprach in höchst elegantem Hebräisch, und seine Hebräischlehrerin, die ihn vier Jahre unterrichtet hatte und im Publikum saß, warf ihm bei jeder gelungenen Redewendung Handküsse zu. Der Clou des Abend war ein jemenitischer Junge, der plötzlich mit einem »Faltklavier« auf der Bühne erschien. Er war zwanzig Jahre alt und ein Bild von einem jungen Orientalen. Er setzte sich lächelnd, mit absoluter Selbstsicherheit, an das nunmehr aufgestellte Klavier und fing an, europäische Klassiker wie Bach, Brahms und Chopin zu spielen. Nach dem rasenden Applaus sagte er mit plötzlich tiefer, ernster Stimme: »Jetzt möchte ich noch eine Trauersymphonie vorspielen, die ich zu Ehren meines besten Freundes Leonard Bernstein komponiert habe.« Diese bewegende Symphonie war unvergeßlich und erschütternd. Niels Hansen sagte zu mir, als wir alle im Gehen waren: »Ruth, um den muß man sich kümmern! Laß ihn nicht los. Ich muß jetzt leider weg, aber du bist ja hier.«

Sein Wunsch wurde mir zum Vermächtnis! Ich erkundigte mich sofort bei dem Organisator des Abends, ob der »Junge« alleine hier sei oder ob vielleicht auch die Eltern anwesend seien. Der Organisator, offensichtlich neidisch, sagte etwas abfällig: »Die Eltern kannst du noch erreichen, die stehen da draußen, aber was willst du von denen? Meine Kinder spielen auch Klavier!« Ich eilte hinaus und fand das sehr ärmlich aussehende jemenitische Ehepaar. Auf meine Frage, ob sie die Eltern des Pianisten seien, fiel mir seine Mutter fast weinend um den Hals. Sie sagte: »Sie sind der erste Mensch, der überhaupt nach ihm fragt, seit Leonard Bernstein gestorben ist.«

Es stellte sich heraus, daß Eliad Sharoni bereits als Kind durch seine Musikalität auf sich aufmerksam machte. Die Eltern kauften ihm ein ramponiertes Klavier und konnten später auch einen Lehrer bezahlen. Einige Jahre vor dem Militär schenkte ihm jemand ein Billett zu einem Konzert von Leonard Bernstein. Er war selbstbewußt genug, um diesen in seinem Hotel aufzusuchen. Eliad bat Bernstein, ihm eine eigene Komposition vorspielen zu dürfen. Daraufhin gab »Lenni« ihm jedesmal, wenn er nach Israel kam, einige Stunden Unterricht. Als Eliad zum Militär mußte, schrieb Bernstein dem Militär einen Brief (die Kopie davon besitze ich bis heute), in dem er erklärte: Er verstünde, daß Eliad seinem Land drei Jahre lang dienen müsse, bat jedoch seine Vorgesetzten, ihm eine Aufgabe zuzuteilen, bei der er seine Hände schonen könnte, da er ein einmalig begabter Musiker sei. Aber natürlich lachten die Militärs über diesen Brief und schickten ihn mit einem Lkw in die Steinwüste, wo er drei Jahre lang die schwerste körperliche Arbeit verrichten mußte. An dem Tag, an dem Eliad vom Militär entlassen wurde, starb Leonard Bernstein. Unser Treffen fand nicht lange danach statt.

Von Eliad selbst erfuhr ich, daß er von seinem zwölften bis vierzehnten Lebensjahr, als er auf der Rubin-Akademie in Jerusalem war, ein Stipendium von »irgend jemandem aus Deutschland« bekommen hätte –. Es stellte sich heraus, daß der Geldgeber ein gewisser Niels Hansen war! Ohne Eliad auch nur irgendwie zu kennen, hatte er damals einem armen, musikalisch begabten Kind zwei Jahre des Studiums gestiftet.

Ich trat in diesem Sinne die Nachfolge von Niels Hansen an. Eliad kam nach Deutschland und wurde unter anderem in den Master-Kurs in Schleswig-Holstein aufgenommen – eine Initiative des Pianisten Justus Frantz, den ich bei dieser Gelegenheit kennenlernte.

In Hamburg erhielt Eliad im folgenden eine erstklassige musikalische Ausbildung. Sein jahrelanger Wohltäter, der ihn aus Liebe zur Musik quasi »adoptierte«, war Herr Egbert Diehl. Unter seiner Obhut lebt Eliad bis heute. Während seiner letzten Ferien in Israel komponierte er Lieder für das Musical »Der Dybuk«, ein altjüdisches Theaterstück, welches bis heute aufgeführt wird. Er hatte diese Musik auf dem völlig ramponierten Klavier in dem kleinen Haus seiner Mutter in Israel komponiert, wo er sie mir auch vorspielte. Inzwischen ist diese Musik auf CD erschienen, und wir hoffen dieses Musical bald in London und Amerika auf der Bühne zu sehen und zu hören.

Sosehr ich Zeit meines Lebens Christian Hugot vermissen werde, wo wird mir auch Johannes Wasmuth immer fehlen.

Unsere erste Begegnung fand in meinem Bonner Hotel statt. Er hatte sich, wie er mir später erzählte, auf einen Viertelstunden-Termin eingestellt. Wir trafen uns in der Lobby, und da es sommerlich und um sieben Uhr abends noch strahlend hell war, bat ich ihn, draußen mit mir ein paar Minuten im Hotelgarten zu sitzen. Wenig später bestellte er ein opulentes Dinner für zwei. Wir unterhielten uns. Es war lange nach Mitternacht, als er das Hotel verließ. Unter anderem erzählte er mir, daß er viel lieber Jude gewesen wäre als Christ, da er lieber zu der Opferseite als zu der Täterseite gehört hätte. Dann vertraute er mir fast seine ganze Lebensgeschichte an:

Er war noch sehr klein, als die Nazis seinen Vater zum Erschießen abgeholt hatten. Daraufhin war seine Mutter sehr erkrankt, und eines Tages hatte er sie tot vorgefunden. Vor Schrecken ist er dann einfach von zu Hause weggelaufen. Als er vollkommen erschöpft an einen Bahnhof kam, fuhr gerade ganz langsam ein langer Zug ein: Waggons voller jüdischer Kinder. Er wollte unbedingt zu ihnen gehören und versuchte, als der Zug auf seiner Höhe war, hinaufzuklettern. Ein Erwachsener, er sah sehr blond und »arisch« aus, stieß ihn jedoch brutal zurück.

Wasmuth glaubte an einen Schutzengel. Er sagte, dieser hätte einen Mann zu ihm geschickt, der ihn aufgehoben und mit zu sich genommen hatte, nachdem er nur erzählen konnte, daß er niemanden auf dieser Welt hätte, zu dem er gehörte, nicht einmal mehr eine Mutter. Dieser Mann hatte Johannes in einer Lehrwerkstatt untergebracht, wohin er ihm täglich Essen von zu Hause mitbrachte. Dort, in dieser Lehre, hatte er gelernt, flache Metallgegenstände zu stanzen, die aussahen wie menschliche Figuren oder manchmal wie Tiere oder dekorative Kerzen. Während der Mittagszeit, wenn sein Chef zu Tisch ging, hatte er immer an dem Kellerfenster der Werkstatt gesessen, mit seinen Figuren gespielt, und die Kinder, die oben auf der Straße von der Schule nach Hause gingen, hatten ihm dabei zugesehen. Wasmuth erzählte mir, damals hätte wieder sein Schutzengel eingegriffen: Eines der Kinder, dem er solch ein Figürchen geschenkt hatte, zeigte dies seinen Eltern, und die wollten wissen, welches gleichaltrige Kind diese gemacht hätte. Sie erahnten das Schicksal dieses Jungen, von dem ihr eigenes Kind erzählte, und nahmen ihn in ihre Familie auf, so daß er auch eine normale Schule besuchen konnte. Sein innigster Wunsch war es aber, den Bahnhof wiederzufinden, in dem er glaubte, seinen Schutzengel das erste Mal gespürt zu haben. Er fand den Bahnhof »Rolandseck«, der inzwischen stillgelegt war, und glaubte ganz fest, daß dies »sein« Bahnhof sei.

Weiterhin erzählte er mir in der Nacht, wie er zu Ruhm und Geld gekommen ist. Er, der sagte, daß er ein »armer Mann« sei, der nie Geld hätte und »alles von Tag zu Tag seinem Schutzengel überließe«, lebte in einer Prachtvilla mit einem herrlichen Garten, in den er mich des öfteren einlud. Sein dortiges Gästebuch enthielt Eintragungen unter anderen von Jehudi Menuhin und Leonard Bernstein und vielen anderen Künstlern, die ihn alle zutiefst verehrten. Kein Mensch verstand warum und, wie er mir anvertraute, am wenigsten er selbst!

Als er eines Tages von einem Parisbesuch zurückfuhr, kam er an einem Viehmarkt vorbei. Dort waren auch sechs Käfige mit zusammengepferchten Hühnern, die in fürchterlicher Hitze ohne Wasser fast am Ersticken und Verdursten waren. Er kaufte alle sechs Käfige und lud sie auf den hinteren Sitz seines Autos. Die Hühner ließ er in seinem großen Garten los und fand es »dekorativ«, dazu ein paar weiße Gänse zu kaufen. Der Gärtner mußte sich fortan auch um diese Tiere kümmern. Leider fand auch ein Fuchs den Weg zu seinem Garten. Der Gärtner wollte diesen erschießen, Johannes jedoch bevorzugte es, jedesmal eine neue Gans oder ein neues Huhn zu erwerben, bis die »Fuchsplage« endlich aufhörte – woran eventuell dann doch der Gärtner Schuld sein konnte? Johannes frühstückte in seinem großen Wohnzimmer mit offener Doppeltür zum Garten. Im Zimmer stand auch eine Couch mit schönen Seidenkissen, die gelegentlich auf das glänzende Parkett fielen. Er erzählte mir bei einem Frühstück folgende Geschichte, die ich ihm kaum abnahm:

Eines der Hühner, die er gerettet hätte, käme jeden Morgen auf ein rosa Seidenkissen und legte ihm dort ein Ei zum Frühstück – jeden Morgen! Er glaubte zu wissen, daß es sich jeden Tag um dasselbe Huhn handelte, das ihm seine Dankbarkeit für die Rettung vom Viehmarkt bezeugen wollte. Bis ich dieser »Legezeremonie« nicht selber beigewohnt hatte, habe ich es nicht geglaubt, aber auch die Hausangestellte versicherte mir, sie käme jeden Morgen ins Zimmer, um das Ei abzuholen, welches nach vier Minuten Kochen von Herrn Wasmuth verspeist würde.

Sein Wahrzeichen waren seine berühmten Hosenträger: Er trug tagtäglich ganz breite, knallrote Hosenträger, entweder ganz ohne oder mit geöffneter Jacke. Ich glaube, es amüsierte ihn köstlich, daß man ihn schon von weitem an seinen Hosenträgern erkannte.

Zum großen Betrübnis seiner unendlich vielen Freunde erkrankte Johannes Wasmuth und verstarb nach langer Krankheit Mitte des Jahres 1999. Für wie viele Menschen dies einen Verlust bedeutete, ist nicht einzuschätzen. Ich hatte das große Glück, ihn bis kurz vor seinem Tode des öfteren besuchen zu dürfen. Wir, Johannes und ich, waren bis zu seinem Tod befreundet.

Einer meiner ersten Besuche in Deutschland, der zu meiner Versöhnung mit dem Deutschen Volk sehr viel beigetragen hat, war ein Besuch bei Prälat Hermann Maas in Heidelberg. Durch gemeinsame jüdische Freunde wurde mir aufgetragen, ihn zu besuchen. Als ich ihn mit gewissen Beklemmungen anrief, lud er mich so herzlich ein, daß ich mich schnellstens auf den Weg machte. Mit diesem bedeutenden Menschen durfte ich einen ganzen Nachmittag verbringen. Obwohl die Zeit mir viel zu kurz war, werde ich Prälat Maas niemals vergessen. In seinem Arbeitszimmer, in dem er mich empfing, stand ein schwarzes Kruzifix, fast so hoch wie ein Baum. Der gekreuzigte Jesus aus Bronze sah fast lebendig aus. Dieses Symbol seines tiefen Glaubens beeindruckte mich und zog immer wieder meine Blicke auf sich. Prälat Maas bemerkte es und sagte: »Ich liebe diesen jüdischen Jesus. Darum lebe ich täglich mit ihm. Heute kann ich zwischen meiner und Ihrer Religion kaum noch unterscheiden.«

Ich wußte, daß Prälat Maas sich freiwillig Juden angeschlossen hatte, die in ein Konzentrationslager deportiert wurden. Er kam sicherlich seelisch und körperlich nicht unbeschädigt, aber doch wenigstens lebend zurück. Wenn man in seine Augen blickte, erkannte man die Tiefe seiner Seele. Ich verstand vielleicht zum ersten Mal wirklich, daß ein Mensch nur durch echtes Leid zu seiner eigenen, höchsten Entwicklung gelangen kann. Sehr bald fühlte ich mich in seiner Gegenwart, als hätten wir uns schon lange gekannt. Er benutze wunderbare Worte, um mir zu erklären, wie glücklich es ihn machte, von einer Jüdin aus Israel aufgesucht zu werden. Noch mehr als früher empfand ich, daß zwischen Menschen, egal welcher Herkunft und welcher Art, keine Hindernisse bestehen sollten und daß es eigentlich gar nicht schwierig sein sollte, Brücken zu schlagen.

Im Bonner Rathaus fanden viele herzliche Empfänge für uns ehemalige jüdische Bonner Bürger statt. Diese Empfänge finden Jahr für Jahr bis zum heutigen Tag statt. Für mich als Graphologin war das Gästebuch des alten Rathauses natürlich eine Fundgrube: Alle Honoratioren der Welt, die jemals Bonn besuchten, hatten sich dort mit ihren Unterschriften, manche auch mit persönlichen

Kommentaren verewigt. Ein Journalist, dem mein Interesse an diesem Buch auffiel, bat mich um ein Interview, in dem ich die »erotisch-sexuellen Neigungen« all dieser Bonner Gäste graphologisch analysieren sollte! Sicherlich hätte ich eine sehr fette Pfründe damit verdienen können. Vielleicht wäre ich sogar berühmt geworden? Dennoch habe ich davon großen Abstand genommen.

Ich habe nie versucht, von meinen Beziehungen zu Persönlichkeiten der Öffentlichkeit persönlich zu profitieren. Und auch in dem folgenden Fall drehte es sich nicht um mich selber, sondern um meinen Schwiegersohn Jossi. Meine engere Familie damals bestand aus dreizehn Mitgliedern, wovon zwölf ohne Schwierigkeiten die deutsche Staatsbürgerschaft zurückbekamen, die uns durch das Naziregime entzogen worden war – außer mein Schwiegersohn, der keinerlei Verwandte in Deutschland hatte. Nachdem ich bei einem Anwalt war, kannte ich die entsprechenden deutschen Gesetzesbücher. Darin kann man dem Sinn nach lesen: Wenn innerhalb einer deutschen Familie Familienmitglieder durch ihre unterschiedliche Staatsangehörigkeit als Minderheit innerhalb dieser Familie leben, liegt es im Ermessen des jeweiligen Beamten, auch diesen die deutsche Staatsbürgerschaft zu gewähren, damit innerhalb der Familie keine Differenzen entstehen.

Ich bemühte mich mehrmals zu den betreffenden Beamten nach Köln, bei denen die Entscheidung, Jossi, dem einzigen in unserer Familie ohne deutschen Paß, diesen zu gewähren, offenbar nicht »in ihrem Ermessen« lag. Ein einziger, sehr liebenswürdiger Beamter sagte: »Frau Zucker, ich selber habe leider nicht die Befugnis, die Sie benötigen, ich verspreche Ihnen aber, daß ich diese Akte niemals schließen werde, so daß Sie jederzeit darauf zurückkommen können. Vielleicht treffen Sie ja später mal auf einen anderen Beamten.«

Da ich im allgemeinen nicht dazu neige, mich auf »später mal« zu verlassen, beschloß ich, mich an einen damals sehr hohen und wichtigen Politiker zu wenden, für den ich ehrenamtlich beratend tätig war und den ich nicht nur verehrte, sondern der mir auch persönlich sehr sympathisch war. Als ich ihm mein Problem erklärte, sagte er: »Liebes Kind, für mich bedeutet das nur einen Federstrich. Arbeite mal schön weiter, dann werde ich dir das gerne erledigen.« Nach langer Zeit und bestem Einverständnis zwischen uns benötigte er meine Arbeit nicht mehr. Geraume Zeit war seit seinem Versprechen bereits vergangen. Bei unserem vorletzten Treffen in seinem Büro erinnerte ich ihn daran. Er antwortete: »Sie haben doch den allerbesten Anwalt in Bonn!« Auf meine erstaunte Frage, »Ich dachte, ich benötigte dann keinen Anwalt mehr?!«, sagte er: »Ich meine Ihre *Anwältin*! Sie wissen schon, wen ich meine!«

Da verstand ich, daß er auf eine meiner Freundinnen anspielte, die ihrer Schönheit und ihres Charmes wegen bekannt war. Er fuhr fort und sagte schamlos: »Wenn Sie mir *die* bringen, dann kriegen Sie meine Unterschrift!«

Als ich meiner Freundin diese Unterhaltung mitteilte, mußten wir beide herzlich lachen, obwohl mir nicht zum Lachen war. Ich hatte ihn anders eingeschätzt. Kurz vor meiner damaligen Abreise wurde ich zu einer Party eingeladen, wo sich die »Crème« der Politbranche traf. Auch unser »Freund« und meine schöne Freundin waren zugegen. Als sich unser »Freund« verabschiedete und sich bereits seinen Überzieher nahm, sprach ich ihn noch einmal auf sein Versprechen an. Ich wollte einen letzten Versuch machen. Als Antwort zeigte er mit dem Zeigefinger auf meine ziemlich entfernt stehende Freundin und sagte: »Ich habe Ihnen ja gesagt, bringen Sie mir *die,* dann bekommen Sie Ihre Unterschrift!« Es versteht sich von selbst, daß mein Schwiegersohn leider bis heute keinen deutschen Paß hat.

An einen meiner öffentlichen Auftritte erinnere ich mich gerne, es war die damalige ZDF-Talkshow »Live aus der Frankfurter Oper«. Zusammen mit Amelie Fried moderierte Trutz Beckert, der, wie so viele andere, nicht an Graphologie glaubte und mich eigentlich als Gaudi in die Sendung eingeladen hatte. Ich bat eine Mitarbeiterin des Senders, mir vorzeitig ein gutes Exemplar der Schrift mitsamt Unterschrift von Herrn Beckert zu beschaffen: Ich ließ ihm sagen, daß ich gerne unentgeltlich seine Schrift analysieren würde, um diese, wie die anderen Schriften, die er mir bei der Sendung spontan vorlegen wollte, öffentlich zu kommentieren.

Als ich zum Aufzeichnungstermin der Sendung in die Oper kam, bat mich Herr Beckert in das gegenüberliegende Operncafé, um vor der Sendung die Analyse seiner Schrift in Augenschein zu nehmen, ehe ich sie der Öffentlichkeit preisgeben würde. Schon beim ersten Satz sagte er, der Graphologie doch »lächerlich« fand: »*Das* sagen Sie aber nicht!« Ebenso war seine Reaktion auf alle weiteren Sätze. Zum Schluß verbat er mir, irgend etwas über seine Schrift verlauten zu lassen, sagte jedoch fairerweise: »Ich bin erschlagen! So was hätte ich nicht für möglich gehalten! Sie kennen mich besser als irgend jemand auf dieser Welt! Ich bin Junggeselle, und mein Hobby ist Kochen. Allerdings koche ich nur für Menschen, die mir lieb und wert sind. Ich möchte Sie zu einem guten Diner einladen, wann immer Sie Zeit haben.«

Wir gingen wieder hinüber in das Operngebäude. Die Sendung begann. Als erstes brachte man mir die Schrift von Jürgen Möllemann, dem damaligen Minister für Bildung und Wissenschaft. Als Schriftmuster schickte er mir von seinem Tisch den netten Vers auf die Bühne (da man mich als Israelin angekündigt hatte): »Nun bin ich aber mal gespannt / auf Weisheit aus dem Morgenland!«

An meine Analyse seiner Schrift kann ich mich kaum entsinnen, ich weiß nur noch, daß ich ihm, unter vielem anderen, sagte, daß er eine ganz besondere Liebe für Blumen hätte und daß sein Haus wahrscheinlich immer reich damit geschmückt sei. Er stimmte begeistert zu.

Danach wurde Justus Frantz von Trutz Beckert interviewt: Er solle uns mitteilen, wie und wo er sich nach der letzten langen Tournee nun in seinen Ferien ausruhte. Er antwortete spontan: »Ganz allein auf einer einsamen Insel.« Man bat ihn, eine Schriftprobe für mich zu machen. Neugierig schaute er mich an, als ich diese Schrift einige Minuten studierte. Dann sagte ich laut und deutlich, so daß jeder im Publikum es hören konnte: »Herr Frantz – normalerweise sind Sie ein sehr aufrechter und ehrlicher Mensch, jedoch heute abend haben Sie furchtbar gelogen.« Im Publikum wurde es etwas unruhig. Ich fuhr fort: »Ich glaube Ihnen, daß Sie auf eine einsame Insel gehen. Jedoch mutet mich Ihre Schrift so auffallend erotisch-sinnlich an, daß ich Ihnen keinen Moment glaube, daß Sie *alleine* auf diese Insel gehen!« Darauf lachte Justus schallend und mit ihm das Publikum. Er gab zu, daß ich recht hätte.

Als ich das nächste Mal in Deutschland ankam und mich auf ein näheres Kennenlernen mit Trutz Beckert freute, wurde ich mit einer Hiobsbotschaft empfangen, daß er bei einem Bootsunfall ums Leben gekommen sei. Bis heute bedaure ich die Nichterfüllung einer viel versprechenden, interessanten Freundschaft.

Etwas beunruhigend war auch ein zweites Abenteuer, welches mir ausgerechnet nicht in dem spannungsvollen Israel, sondern zwischen Villip und Bonn passierte. Einer der Abende, den ich bei Familie Vogel verbrachte, hatte sich bis tief in die Nacht hineingezogen. Da ich meine Freunde so spät in der Nacht nicht bemühen wollte, mich zurück nach Bonn ins Hotel zu bringen, willigte Stephan ein, mir sein »Stammtaxi« zu bestellen. Da sich zwischen Villip und Bonn der Weg durch einen tiefen Wald zieht, bestand er am Telefon darauf, man möge nur den Herrn Müller, »seinen« Taxifahrer, persönlich schicken! Wenig später schellte ein mächtiger, dunkel aussehender Mann an der Türe, der in keiner Weise Ähnlichkeit mit Herrn Müller hatte. Stephan protestierte: Er hätte Herrn Müller bestellt! Dieser Chauffeur erklärte ihm sehr höflich und freundlich, Herr Müller sei unabkömmlich, man hätte in der Zentrale alles versucht, aber unmöglich. So hätte man ihn als Stellvertreter geschickt.

Da ich in keiner Weise snobistisch oder ängstlich bin, sagte ich Stephan, daß das alles okay sei, und setzte mich sogar ostentativ vorne neben den Fahrer. Ich schwieg, jedoch nach einer Weile sagte mir der dunkle Herr in perfektem Deutsch mit rheinländischen Akzent: »Sie kommen aus Israel.« Ich war erschlagen: Ich war von Kopf bis Fuß in deutscher Kleidung eingekleidet, auch meine Handtasche war nagelneu und »made in Germany«. Ich antwortete: »Ja, aber woher wissen Sie das?«

Darauf er: »So was fühle ich sofort! Auch ich stamme aus Israel.«

Auch ich fühle manche Dinge sofort und hatte eindeutig das Gefühl, daß es sich bei ihm nicht um einen Juden handelte. Seiner Sprache wegen wollte ich wissen: »Sind Sie jetzt Israeli oder Deutscher?«

Er antwortete: »Weder noch.«

Ich schaute ihn fragend an, worauf er sagte: »Ich bin PLO!«

Die Todfeinde der Israelischen Juden! Mir wurde etwas mulmig. Ich sagte nichts. Wir fuhren inzwischen durch ein tiefes dunkles Waldstück.

Er: »Sind Sie eine nationalistische Israelin?«

»Ich bin überzeugte Israelin! Nationalismus liegt mir nicht!« Inzwischen überlegte ich mir, wie gefährlich die Situation wohl sei. Ein »praktischer« Straßengraben war vorhanden. Er hätte mich mit Leichtigkeit erwürgen können. Mir war bekannt, daß es für PLO-Mitglieder eine große Heldentat bedeutet, einen Juden umzubringen.

Da sagte er: »Auch ich bin nicht rabiat nationalistisch. Hier in Deutschland geht es mir sehr gut, und ich bin von meinen früheren Idealen etwas abgerückt. Ich hätte einen israelischen Paß haben und damit ein friedlicher Israeli sein können. Oder aber sogar, nachdem mein Vater bereits in Deutschland Taxi-Chauffeur war, hätte ich auch einen deutschen Paß bekommen können. Ich bin aber dennoch überzeugter PLO – können Sie das nicht verstehen?«

Ich antwortete ihm, daß ich es sehr wohl verstehen könnte und daß ich wüßte, wie wichtig jedem Menschen eine Heimat sei, besonders, nachdem ich meine eigene verloren hätte. Daraufhin entwickelte sich zwischen uns ein freundschaftliches politisches Gespräch, in das wir so vertieft waren, daß wir noch lange vor meinem Hotel im Auto weiter diskutierten. Den Zähler hatte er ausgeschaltet. Zum Abschied kritzelte er auf ein Stück Papier eine Adresse und eine Telefonnummer. Er gab es mir und bat mich, seine Mutter zu besuchen, um ihr zu erklären, wie gut es ihrem Sohn in Deutschland gehe.

Als ich die Adresse sah, ein besonders berüchtigtes Dorf, schaute ich ihn an und sagte: »Du weißt doch genau, daß ich als Jüdin da nicht erscheinen sollte. Das wär ja noch gefährlicher, als mit einem PLO durch den Wald zu fahren!«

Er lachte herzlich und bat mich, seine Mutter zumindest telefonisch zu grüßen. – Ich habe es mehrmals versucht, jedoch war die Telefonnummer, die er mir gegeben hatte, nicht mehr gültig. Seine Mutter konnte ich leider niemals erreichen.

Durch Familie Vogel lernte ich auch kurz vor seinem Tode den Bildhauer Arnold Breker kennen. Er war bereits vor der Nazizeit weltberühmt. In dieser historischen Periode allerdings erhielt er den Ruf, ein Anhänger Hitlers zu sein. Seit eh und je hatte er übermenschlich große Statuen in klassischer Ausführung hergestellt. Alle seine Werke waren atemberaubend schön. Nach der Nazizeit wurde er von allen, besonders aber von den ehemaligen Mitläufern, verpönt und allgemein geächtet. Keines seiner Werke durfte mehr in Museen ausgestellt werden. Man fand es seltsam, daß ich als Jüdin bereit war, Breker persönlich kennenzulernen. Da ich aber seit eh und je ein »Kunstnarr« war und seine wunderbaren Werke gesehen hatte, besonders ein Relief: »Ich und Du«, erklärte ich mich bereit, ihn aufzusuchen. Das Relief stellt ein nacktes Paar dar, Mann und Frau, die sich gegenüberstehen: Daraus sprach eine innige Zärtlichkeit. Es ist ein beseeltes Kunstwerk.

Ich fand Breker auf Anhieb sympathisch: Er strahlte ein starkes menschliches Entgegenkommen aus. Er war offensichtlich gerührt, daß ich als Jüdin und Israelin ihn in seinem eigenen Haus aufsuchte. Er hatte seit der Vorkriegszeit niemals mehr einen Juden zu Gesicht bekommen. Er gewährte mir sofort ein Privatgespräch in einem kleinen, abgelegenen Salon in seinem Haus. Ich fragte ihn, wieso ein Künstler wie er, der mich so tief beeindruckte, fähig war, einem Hitler die Hand zu reichen.

Er antwortete, mir frei in die Augen schauend: »Es war menschliche Schwäche. Sie müssen sich vorstellen, alle meine Freunde waren Maler, die konnten nach Paris fliehen, und obwohl sie hungerten, konnten sie irgendwie an Leinwand und Farbe kommen. Ich wollte frühzeitig mit ihnen immigrieren. Ich war und bin, einzig und allein, Künstler und hasse Politik. Ich habe jedoch von klein auf ein unüberwindliches Bedürfnis gehabt, Stein und Marmor zu formen. Wenn ich einen unförmigen Block Marmor zu Gesicht bekomme, sehe ich bereits darin die wunderbare menschliche Figur, die daraus erlöst werden möchte. Jeder edle Stein und besonders Marmor sind unwahrscheinlich teuer. Wie wäre ich in Paris an Marmor gekommen? Ich wußte, daß Immigration das Ende meiner Tätigkeit sein würde, und ich mein innerstes, tiefstes Bedürfnis nie wieder stillen könnte. Aus menschlicher Schwäche habe ich meine Seele dem Teufel verkauft, nur weil ich von diesem Teufel mit mehr Marmor versorgt wurde, als ich überhaupt bearbeiten konnte. Unter seiner Ägide durfte ich Künstler bleiben und bin dadurch heute, vielleicht zu Recht, von meiner Umgebung geächtet.«

Ich konnte mir nicht helfen, ich mochte Breker. Ein Jahr später brachte ich ihm eine Gruppe israelischer A-capella-Sänger, die er mit einer rührenden Dankbarkeit empfing. Er sagte mir, mit nichts hätte ich ihm ein größeres Geschenk machen können. Varda, die Frau des Leadsängers Raphael Seelig, eine bildhübsche, junge Frau, machte einen besonderen Eindruck auf Breker. Als wir uns verabschiedeten, fiel er ihr mit feuchten Augen um den Hals: »Mein Leben ist bald zu Ende. Ich möchte, daß du dich an mich erinnerst, solange du lebst. Dann werde ich in dir weiterleben.« Diese jungen israelischen Musiker liebten Breker ausnahmslos, obwohl sie seine Vergangenheit kannten. – Ich behaupte immer: Juden können nicht hassen!

Sein wohl berühmtester Schüler ist der Bildhauer Kurt Arentz. Dieser hatte in seiner Anfangszeit wunderbare bronzene Tierfiguren hergestellt. Inzwischen hat er die Köpfe fast aller amerikanischen Präsidenten nachgebildet. Auch für seine Grabmonumente ist er berühmt.

Bei einem gemeinsamen Abendessen im Hause Vogel lernte ich ihn persönlich kennen. Seine starke, faszinierende und schillernde Persönlichkeit fesselte mich auf Anhieb.

Mein geliebter Enkelsohn Ariel war bereits mit vier Jahren das erste Mal mit mir in Bonn. Später, mit neun Jahren, nahm ich ihn jedes Jahr in seinen Sommerferien mit nach Deutschland. Als ich Arentz 1987 kennenlernte, war Ariel wieder einmal mit mir. Er war damals zwölf Jahre alt. Arentz schaute ihn an und sagte begeistert: »*Den* Kopf dieses Jungen muß ich verewigen! Komm' mal schnell mit mir in die Küche.« Ich ging auch mit und sah, daß Arentz dort einen großen Fotoapparat deponiert hatte. Er fing an, Ariel von allen Seiten zu fotografieren. Schnell lief ich zurück zu Stephan in den Salon: »Stephan, was kostet so ein Kopf bei Arentz?« Darauf Stephan: »So um die vierzig- bis fünfzigtausend!«

Ich lief zurück in die Küche: »Herr Arentz, bitte hören Sie auf! Ein solches Kunstwerk kann ich mir unmöglich leisten!«

»Wer spricht hier von Geld? Meine Arbeit geht Sie gar nix an! Wenn Sie wollen, können Sie mir ja ein Horoskop machen.«

Der Kopf wurde unwahrscheinlich schön. Im Katalog von Arentz ist der Kopf auf der ersten Seite mit Ariels vollem Namen abgebildet. Es existieren drei Exemplare. Eines davon steht in einem Museum, ein zweites im Wohnzimmer von Arentz und das dritte im Wohnzimmer von Ariels Eltern, wo es oft als »der junge Kennedy« bewundert wird.

Im Hause Vogel erlebte ich mehrere Zusammentreffen mit dem großen Künstler Christo und seiner Frau Jean-Claude. Sie waren stets in Begleitung ihres »Hoffotografen« Wolfgang Volz und seiner Ehefrau Silvie. An solchen Abenden traf Christo sich dort mit wichtigen Repräsentanten aller deutschen Medien. Stephan, der Christo sehr gut gesinnt war, wollte die seinerzeit vorherrschende Stimmung gegen die Verhüllung des Reichstags »umdrehen«. Im Laufe der Gespräche tauchte auch die Frage auf, ob die Verhüllung dieses Gebäudes, das historisch negativ im Mittelpunkt gestanden hatte, bei der jüdischen Gemeinde in Deutschland und auch bei den einflußreichen Juden in Christos Wahlheimat Amerika auf Widerstand stoßen könnte. Ich wurde damals damit beauftragt, die jüdische Reaktion auszuloten: Ich führte ein Telefonat mit dem inzwischen verstorbenen Vorsitzenden des Zentralrats der Juden in Deutschland, Ignaz Bubis. Er versicherte mir, daß von jüdischer Seite keine Bedenken zu erwarten wären.

Schließlich ließ sich der Deutsche Bundestag dazu bewegen, seine Einwilligung zur Verhüllung zu geben.

Ebenfalls bei Familie Vogel lernte ich Antonius Nienhaus kennen. Er war zwar nicht persönlich, sondern ganz allgemein an meiner astrologischen Arbeit interessiert. Im Verlauf unserer Bekanntschaft schlug er mir vor, bei einer hübschen Idee mitzuwirken: Er wollte Floristen dazu anregen, spezielle »Geburtstagssträuße« entsprechend der zwölf Sternzeichen zu verkaufen. Ich sollte für jedes Zeichen eine kurze psychologische Analyse des jeweiligen Charakters anfertigen. Diese Analyse sollte auf einer hübschen bunten Karte jedem Strauß zugefügt werden. In ganz

Deutschland waren bald in jedem Blumengeschäft diese Sträuße zu haben.

Über zwanzig Jahre fuhr ich jährlich, und oft mehrmals, nach Deutschland. Daß ich mich in Deutschland wieder so wohl fühlte, habe ich ohne jeden Zweifel Stephan und Jutta Vogel zu verdanken. Stephan unterstützte, wo er konnte, sowohl mich als auch alle israelischen »schrägen Vögel«, die ich ihm anempfahl. Jutta wurde nicht nur meine beste Freundin, sondern auch meine Vertraute, und bis heute bewundere ich sie.

Die schönsten Stunden meines »Witwenlebens« habe ich unter Juttas und Stephans Obhut verbracht.

Vielleicht ist es für das seelische Gleichgewicht notwendig, gelegentlich in die eigene Vergangenheit zurückzuschauen. Vielleicht versteht man sich dann selber besser.

Schon als Kind wußte ich, daß ich Jüdin bin. Es bedeutete mir gar nichts: Ich war zwar einmal mit meinem Großvater in der Synagoge, wo es mir sehr gut gefiel, aber im übrigen ging ich mit Begeisterung mit meiner Dinah in die katholische Kirche. Begeisterung, weil ich Dinah liebte, weil es so wunderbar nach Weihrauch roch und wegen der Orgelmusik. Da akzeptierte ich Dinahs »Lieber Gott« und »Jesus Christus«.

Bereits als ich vierzehn Jahre alt war, »gehörte« ich zu Mahatma Gandhi, den ich zutiefst verehrte. Damals war ich bereit, mich völlig dem Hinduismus zu verschreiben und sogar Gott als »Harihara« zu akzeptieren. Auch der Buddhismus hat mich lange interessiert. Später, angeregt durch Graf Dürckheim, hat mich der japanische Zen-Buddhismus lange gefesselt. Sechs Jahre lang habe ich zweimal am Tag nach der Zen-Methode meditiert.

Ich habe sehr viel über Religion und dementsprechend über das Jenseits sowie über Reinkarnation nachgedacht. Das Schicksal, das mich an der Gurgel packte, hat mich zum Judentum geführt, obwohl ich mich leichter im Neuen Testament zurechtfinde als in der Hebräischen Bibel. Ich stelle mir vor, wenn die grausamen Römer den Juden Jesus nicht gekreuzigt hätten, wäre er sicher *mit* seinen Jüngern in die Welt gezogen, um als junger »Reformrabbiner« seine neue Version des Alten Testamentes zu predigen. Da Jesus sein Judentum nie in Frage gestellt hat, wären heute alle Christen Juden! Die Jünger Jesu, ausnahmslos alle Juden, betrachteten ihren Heiland, den sie vergötterten, niemals anders als ihren »Wunderrabbi«. Die jungen Menschen, die von den Römern ihrer Religion wegen den Löwen zum Fraß vorgeworfen wurden, waren herkömmlich Juden, jedoch die Urväter des Christentums.

Heute betet die ganze monotheistische Welt, die christliche, die moslemische und die jüdische, zu einem gleichen Gott – gleichviel ob man ihn »Gott«, »Elohim« oder »Allah« nennt. Dieser monotheistische Gott wurde erstmals von der jüdischen Religion, von Moses in der Wüste und von Jesus, proklamiert. Der berühmte Spruch Jesu: »Liebe deinen Nächsten wie dich selbst« hat er der alten jüdischen Bibel entnommen, er stammt von einem Juden namens Hillel und heißt auf Hebräisch: »Ve ahavta l'Reacha kamocha«.

Heute steht die Welt auf zwei Hauptpfeilern: Der erste sind die Zehn Gebote, die Gott dem Juden Moses per höherer Intuition vermittelte. Kein Gericht der Welt und keine staatliche Gesetzgebung könnte ohne diese existieren. Der zweite ist die Liebe zu dem Juden Jesus Christus. Sollte, oder besser gesagt, könnte das nicht zu einer vollkommenen Harmonie zwischen Juden, Christen und Moslems, deren gemeinsame Abstammung von dem Juden Abraham ja niemals geleugnet wurde, führen?

Während zweitausend Jahren haben die von den Römern aus Judäa vertriebenen Juden an ihrem Osterfest hoffnungsvoll proklamiert: »Nächstes Jahr in Jerusalem!« Danach, nach zweitausend Jahren, wurde den Juden ein »Homeland« (eine Heimstätte) in Palästina international zuerkannt. An einen »Staat« hat niemand gedacht, am allerwenigsten die Juden, da sie wußten, daß dort bereits eine arabische Bevölkerung existierte. Diese Araber waren anfangs sehr friedlich, bis sie von den fanatischen Mohammedanern, von dem »Mufti« aus Jerusalem, besonders aber auch von der britischen Mandatsregierung aufgehetzt wurden. Die Briten folgten dem Grundsatz »Divide et Impera!« (Trenne und herrsche!). Zu Anfang freute sich die arabische Bevölkerung über die neue

Art der Bewässerung, die ihnen die Juden beibrachten, und sehr früh schickten sie auch ihre Söhne, später sogar auch ihre Töchter, auf die jüdischen Universitäten (die erste wurde in Jerusalem errichtet). Als in der Mandatszeit die arabischen Aggressionen und der Terror überhandnahmen, etablierte Ben Gurion die Haganah. Fünf Mal seit der Staatsgründung 1948 wurde die jüdische Bevölkerung nicht nur von vielen ansässigen Arabern, sondern besonders von den umliegenden arabischen Staaten angegriffen. Sie wurden als »Fremdkörper«, »Eindringlinge« und »Usurpatoren« bekämpft. Fünf grausame Kriege hat diese Ideologie angezettelt. Die Juden haben niemals einen Krieg angefangen, und doch sind sie, erstaunlicherweise, noch hier: Im ersten Krieg – der Staat war kaum geboren – waren sie eine dreiviertel Million, inklusive Frauen und Kinder. Die angreifenden arabischen Staaten waren insgesamt zweihundertvier Millionen. Fromme Juden glauben, daß »die Hand Gottes« mit im Spiel war. Ben Gurion prägte sein bekanntes Credo: »Wer im Heiligen Land nicht an Wunder glaubt, ist kein Realist.«

Die Juden wären, nach allem, was ich glaube, mit einem friedlichen »Homeland« (versus »Staat«) zufrieden gewesen. Das jüdische Volk, welches laut jüdischem Kalender seit 5762 Jahren nicht untergegangen ist wie andere antike Völker, konnte sich letzten Endes, trotz verzweifelter Bemühungen, niemals wirklich an andere Völker assimilieren. Sie wurden seit jeher von allen Völkern als manchmal relativ positiver, jedoch meistens sehr negativer Fremdkörper empfunden. Wie hätten sie sich auch ein »Volk ohne Land« vorstellen sollen? Dadurch wurden die Juden für ihre Mitbewohner etwas beängstigend Geisterhaftes. Die meisten Menschen empfanden, daß ein Volk ohne Land keinerlei Lebensberechtigung hätte. Dabei haben sich gerade die deutschen Juden als besonders zum deutschen Volk zugehörig empfunden. Einer unserer jetzigen Parlamentsmitglieder, der von allen hiesigen deutschen Juden verehrt wird, ist Tomy Lapid. Als junger Mensch ging er in die Armee. Er hatte vorher niemals engeren Kontakt mit sehr frommen Juden gehabt. Diese beten mehrmals am Tag, aber vor allen Dingen bei Sonnenaufgang. Beim Beten tragen sie auf ihrer Stirn ein kleines, »heiliges« Kästchen, worin die Zehn Gebote enthalten sind, und an beiden Armen religiös bedeutende Lederriemen. Als Tomy frühmorgens aus seinem Schützengraben herauskroch und dies zum ersten Mal sah, stürzte er zu seinem Vorgesetzten: »Einer von uns ist ein Spion! Ich werde es dir zeigen, komm mit! Er hat einen Sender auf der Stirne und etwas Elektronisches an den Armen.« Tomy, der bewußte deutsche Jude, hatte noch niemals einen sehr frommen Juden beten sehen.

Auch haben mir nicht-jüdische Freunde gestanden, daß sie bei einem Blick in eine Synagoge Juden beim Gebet beobachtet hätten. Sie hätten bei dem Anblick der sich im Gebet wiegenden Männer, den Kopf bedeckt mit einem großen schwarzweißen Gebetsschal und Unverständliches »Kauderwelsch« (nämlich Hebräisch) murmelnd oder singend, einen tiefen Schauder empfunden (was natürlich Abscheu bedeutet). Ich konnte dies meinen Freunden niemals übel nehmen, da ich es menschlich verständlich finde.

Fühle ich mich diesem Land Israel verbunden? Tausendfach! Verbunden durch seine Sonne, seine ockerfarbige Erde, die bei Sonnenuntergang rosa-golden aufleuchtet, durch das Meer und durch seinen fast immer blauen Himmel. Ich fühle mich durch seine Wüsten verbunden, durch den sandigen Negev und die Steinwüste Judäa. Durch zwölf Jahre der völligen persönlichen Hingabe an das Bestehen einer Heimstätte für die Juden. Tausendfach durch meine hier geborenen Kinder, Enkel und Urenkel. Lächerlicherweise werde ich sentimental, wenn ich den blauen Davidstern auf der Fahne sehe: ein Dreieck nach oben weisend auf die göttliche Welt, ein Dreieck nach unten weisend zu unserer Welt. Schon die alten Ägypter haben das Dreieck nicht nur in ihren Pyramiden als etwas Heiliges empfunden. Wenn ich unsere Nationalhymne »Hatikvah« (»die Hoffnung«) höre, empfinde ich eine mit etwas Glück gemischte schreckliche Angst! Ich bekomme eine Gänsehaut. Nationalismus hasse ich bis heute. Mit der Erde dieses Landes, in der so viele, die ich innigst geliebt habe, ruhen, bin ich verbunden. Zu der Kultur des Landes kann ich mich, zu meinem tiefsten Bedauern, nicht verbunden fühlen. Wer hier nicht die hebräische Sprache, das heißt die alte Bibelsprache, völlig beherrscht und sie korrekt schreiben kann, ist und bleibt auch in der heutigen Zeit ein Außenseiter. Wir, die wir in das damals primitive Palästina fliehen mußten, sind eine neue »Generation der Wüste« – wie damals die jüdischen Sklaven, die aus Ägypten nach dem Heiligen Land wanderten: Wir haben auch mindestens vierzig Jahre gebraucht, um dazuzukommen, uns als zivilisierte Menschen über Wasser zu halten.

In die Literatur dieses Landes kann ich mich nicht vertiefen. Der israelischen Kultur stehe ich fern. Mit jedem Tage meiner israelischen Existenz fühle ich es schmerzlicher, daß ich ihrer Kultur fremd gegenüberstehe – hauptsächlich der hiesigen modernen Kultur, jedoch auch der Kultur der frommen Juden, da ich sie verstehen möchte. Wurzeln konnte ich hier keine schlagen.

Nein – ich hätte es nicht geschafft, auch noch die schwere hebräische Sprache perfekt zu bewältigen. Bei Gericht konnte ich sechs Stunden lang einem gewieften Anwalt im Kreuzverhör auf perfektem Hebräisch gegenüber bestehen. Mündlich gelingt das. Aber um tief in die Sprache einzudringen, benötigen Einwanderer ein langwieriges, kostspieliges Studium, zu dem ich in meinem schweren Leben wirklich weder Zeit noch Geld hatte.

Die »Gnade der späten Geburt« ist nicht nur in Deutschland bedeutend, fast ebenso bedeutend ist sie hier: Die deutschen Kinder, die mit ihren Eltern einwandern konnten und noch klein genug waren, um normal in eine Schule zu gehen, beherrschen die Sprache wie die Israelis. Die junge israelische Generation liebe ich, so wie ich die jungen Deutschen liebe. Unsere jungen Israelis, die sich schon mit achtzehn Jahren an den diversen Fronten opfern, damit die jüngeren Geschwister und die alten Menschen wie ich hier leben können. Von denen kommen niemals alle zurück.

Ein junger deutscher Freund, Daniel Baumann, hat einen klugen Satz über unsere Jugend gesagt. Er meinte, ihre Seelen seien erst dreiviertel fertig. Natürlich hatte er recht damit: Durch ihre frühe Erziehung wurde unserer Jugend vorenthalten, daß unser Volk zweitausend Jahre hier abwesend war und daß andere Menschen hier gelebt haben. Dies wurde bewußt so dargestellt aus Angst, sie könnten niemals wirklichen Opferwillen aufbringen, in dem Maße, wie es hier nötig war und leider bis heute nötig ist, wenn sie auch nur einen einzigen Moment daran zweifeln würden, daß dieses Land Israel ihre unbestrittene und unbestreitbare Heimat ist. Das letzte Viertel ihrer Seele können sie erst bei voller Reife erreichen, wenn sie verstehen, daß die Palästinenser ihre Brüder sind. Natürlich ist es dann aus mit dem mutigen Kämpfen. Dies ist die große, viel zu oft übersehene, unendliche Tragik dieses Landes. Trotz aller Primitivität, verglichen mit Europa, wäre hier alles auf dem Boden des immer noch existierenden Idealismus zu ertragen, wenn nicht diese Tragik unentwegt im Hintergrund stünde. Ich liebe sie, die Jungen mit der »Dreiviertel-Seele«, wie auch die alten Pioniere, wovon nur noch Vereinzelte am Leben sind.

Wurzeln in Deutschland? Die wurden von allem, was geschehen war, durchtrennt. Zwischen Verzeihen oder Vergeben und Vergessen liegt ein Abgrund. Ich konnte vergeben und verzeihen, jedoch vergessen kann ich nicht. Ich liebe die Nachkriegsgeneration der Deutschen (sie sprechen meine Sprache!). Ich könnte niemals die Kinder für die Sünden der Väter oder der Großväter verantwortlich machen. Jeder Mensch ist frei und Herr seines eigenen Gewissens. Ich habe versucht, in noch so kleinem Rahmen, für mich und für andere eine Brücke zwischen Israel und Deutschland zu bauen. Dafür wurde mir das Verdienstkreuz am Bande verliehen, wofür ich dankbar bin. Von Israel besitze ich das Ehrenabzeichen der Untergrundkämpfer. Kürzlich wurde ich mit einer Urkunde als eine der »100 führenden Frauen Haifas« geehrt. All das empfinde ich gelegentlich als gar nicht zu mir passend. Über Ehrenbezeugungen mir gegenüber muß ich leider immer lächeln. Wissen wir denn, was wirklich, vom großen All aus gesehen, ehrenhaft ist?

Kann ich mein Leben voller Liebe umarmen und ein eindeutiges Ja zu ihm sagen? Ich habe mir das immer gewünscht! Hätte ich es wirklich anders leben können? Dazu sage ich ein klares Nein! Denn dann wäre ich ja in keiner Weise die, die ich heute bin. Und mit der bin ich eigentlich ganz zufrieden.

Zeittafel

1914–1918	Erster Weltkrieg
1917/18	Großbritannien erobert Palästina und unterstellt es einer Militärverwaltung
2. 11. 1917	Balfour-Erklärung: Großbritannien sichert den Juden die Errichtung einer ›nationalen Heimstätte‹ in Palästina zu.
1918/19	Von Spanien ausgehende Grippe-Pandemie fordert weltweit 20 Mio. Todesopfer.
1922	Gründung der Haganah, der geheimen Selbstschutzorganisation der Juden in Palästina.
1922/23	Der Völkerbund überträgt gemäß der alliierten Beschlüsse von San Remo (1920) Großbritannien das Mandat über Palästina.
Nov. 1923	Die Stabilisierung der deutschen Währung beendet die Inflation der Nachkriegszeit.
1929	Auf dem 16. Zionistenkongreß wird die erweiterte Jewish Agency for Palestine gegründet, der Konflikt zwischen Juden und Arabern in Palästina eskaliert.
30. 1. 1933	Hitler wird Reichskanzler. Stetig zunehmende Repressionen gegenüber den jüdischen Bevölkerungsteilen Deutschlands, seit 1940 Deportationen.

1930, 1939 Die britische Regierung erläßt restriktive Richtlinien zur jüdischen Einwanderung in Palästina; bei verstärktem Druck auf die Juden Europas kommt es zu einer dramatischen Flüchtlingssituation.

1939–1945 Zweiter Weltkrieg

15. 5. 1948 Das britische Mandat über Palästina erlöscht, am gleichen Tag Ausrufung des unabhängigen Staates Israel durch den Jüdischen Nationalrat.

1948/49 Unabhängigkeitskrieg Israels. Ägypten erobert Gaza, Jordanien besetzt die Altstadt Jerusalems.

5. 6.–
10. 6. 1967 Sechstagekrieg. Besetzung des Gaza-Streifens und weiterer angrenzender Gebiete durch israelische Truppen. In der Folge verstärkt Übergriffe palästinensischer Araber.

Okt. 1973 Jom-Kippur-Krieg: Ägyptisch-syrischer Angriff auf Israel.

März 1979 Israel erklärt sich zur Räumung der Sinai-Halbinsel bereit, Normalisierung der Beziehungen zu Ägypten.

Dez. 1981 Annexion der Golanhöhen durch Israel.

Dez. 1987 Intifada: Anhaltender Aufstand der Palästinenser in den besetzten Gebieten.

Sept. 1993 Gegenseitige Anerkennung Israels und der Palästinensischen Befreiungsorganisation (PLO).

Danksagung

Ich möchte dieses Buch nicht in die Welt schicken, ohne denen, die es möglich machten, von ganzem Herzen zu danken:

Da ist zuerst mein junger Sekretär Maurice (Moris) Kaletta, der neben seiner oft schweren Arbeit als Volontär für Israel seine Freizeit opferte, um – oft unter Zeitdruck und bei Nacht – meine Texte im Computer lebendig werden zu lassen.

Besonders danke ich auch meiner guten Freundin Marlies Schäfer, die mir eine Woche ihres beschäftigten Lebens schenkte, um den Anfang des Buches zu Papier zu bringen, und mich nebenher noch pflegte und »bekochte«.

Mein Dank gilt auch besonders meiner Lektorin Martina Georg, die mein Buch ›Im Auftrag für Israel‹ betreute, in dem ich die zwölf Jahre meines »Spionagelebens« für die Haganah beschreibe, und in deren Hände ich vertrauensvoll auch dieses Buch legen darf.

Von Herzen danke ich meiner Cousine Bettina Maloigne und ihrem Mann Mike. Bettina reiste gleich, als ich mit meinen Aufzeichnungen begann, nach Haifa, um mich anzuspornen. Bei ihrem zweiten Besuch las sie bereits, was ich zu Papier gebracht hatte. Mike inspirierte mich, weil sein Blick aus einer anderen Dimension stammt, zu der nur wenige Menschen einen Zutritt haben.

Last not least verdanke ich das Entstehen dieses Buches meinen beiden treuen israelischen Freundinnen Nava Speicher und Noemi Lahad, die sich ständig um mein seelisches Wohl bemühten, wenn mein üblicher Optimismus ins Wanken geriet.